JN297199

法整備支援とは何か

鮎京正訓【著】
Masanori Aikyo

名古屋大学出版会

法整備支援とは何か

目　次

はじめに

日本においては、一九九〇年代の中頃から「法整備支援」という用語が登場した。法整備支援という言葉は、したがって新しい用語であり、それにかんする研究は、法学にとって新しい学問的な課題である。その用語の登場以来一五年以上を経たいま、法整備支援にかんする研究がどのような意味で学問として成立しうるかについて、本格的に検討すべき時期になったといえよう。

さて、本書の題名は、『法整備支援とは何か』であるが、本書の題名の由来にふれておきたい。

法整備支援にかんして著者がまとまった形で最初に書いた論文は、二〇〇〇年に刊行された『社会体制と法』誌創刊号に掲載した「『法整備支援』とは何か？　それをどう考えるか？」であった。同誌は、一九八九年東欧社会主義体制の崩壊、一九九一年ソ連邦解体という事態を受けて、従来から存在した社会主義法研究会が再編されて新しく設立された「社会体制と法」研究会の年報である。同誌創刊号に寄稿した原稿段階での元のタイトルは、「法整備支援の現状と課題」というものであったが、同誌創刊号の編集長であった小森田秋夫教授（当時、東京大学。現、神奈川大学）より、「原稿を読んだが、『法整備支援とは何か？　それをどう考えるか？』というタイトルの方がふさわしいのではないか」、と助言をいただき、まったくその通りである、と考え、そのようなタイトルで発表した経緯がある。それ以来、著者にとって、「法整備支援とは何か」、「それをどう考えるか」という内容的には二つのポイントが研究の中心となった。今回、本書を刊行するにあたり、同様の書名にしようかとも考えたが、やや長くなるので、前半だけを掲げ、『法整備支援とは何か』とした。しかし、本書は、「法整備支援とは何か」、「それをどう考えるか」という二つの問題を検討するものであり、そして、そのような視点からの構成となっている。その意味で、小森田教授の助言は、たんに論文のタイトル名にとどまらず、著者がこれまで法整備支援論に一貫して取り組んできた際の、重要な視点を与えていただいた。

さて、本書における法整備支援論の考察対象と方法の特徴について、ふれておくこととする。

第一に、本書の法整備支援論は、著者が日本政府による法整備支援プロジェクトに初発の段階から今日に至るまで継続的かつ直接的に関与してきたという経緯から、なによりも日本の法整備支援に実際にかかわった経験＝実感を重視し、そこから学問的課題を抽出するという考察態度を、きわめて強くもっている。すなわち、一九九〇年代中頃から今日に至る、日本の法整備支援の実際と経験に多くを依拠した法整備支援論だということができる。このような考察態度を採ったのは、日本の法整備支援が、今後どのような方向へ進んでいったらよいか、また、「それをどう考えるか」という、著者の強い問題関心があるからである。

もちろん、日本の法整備支援の方向性を見出していくためには、国際機関、諸外国の援助機関の法整備支援論の動向にかんする詳細な研究は不可欠であり、それを本格的に論ずることに今後いっそう取り組まれるべきであるが、この分野の研究としては、松尾弘教授（慶応義塾大学）の研究（『良い統治と法の支配――開発法学の挑戦』日本評論社、二〇〇九年）に注目してほしい。それにたいして、本書は、法整備支援にかんする日本の経験とそこの議論にこだわり、とくに法整備支援をめぐる「理念」と「対象国」をどう考えるか、また、法整備支援における「法学教育支援」の意義に重点を置いて考察した。

本書の第二の特徴は、著者の専門がベトナム法研究であり、したがって、社会主義法研究、地域法研究という視点から、ベトナムをはじめとするアジア諸国への法整備支援を考察するという方法を採ったことである。また、著者はとくに、ベトナム憲法史研究を専門とし、さらに、ベトナムにおける人権論に大きな関心をもっているため、地域法研究とはいうものの、憲法と人権に考察の重点が置かれている。そして、そこには、そのような作業をつうじて、日本の法整備支援における人権、民主主義分野の支援の可能性をどのように考えるかという問題意識が存在している。

法整備支援は、それが立法支援であれ、法曹養成支援であれ、法学教育支援であれ、法整備支援を実施する被支援国の法と社会をめぐる歴史と現状をふまえることなしに行うことはできないし、なによりも、行われる法整備支援の現実の意味を考察するうえでも、現地の法研究者という視点からの考察は不可欠であると考えている。

最後に、本書を出版した意図についてふれておきたい。

日本の法整備支援は、開始から一〇数年の歳月を経て、法に携わる人びと、法を研究する人びとに従来とは比較できないほどの大きな関心をよんでいる。

とくに、法を学ぶ若い世代、法曹をめざす若い世代の人びとが、新しいアイデアをもち、また果敢に途上国、体制移行国の法整備支援の現場に出向き、さらに、「開発と法」にかんするプログラムをもつ欧米の大学で法整備支援論を学ぶために留学するなど、日本の法曹の世界、法学教育の世界に新しい息吹があらわれてきている。

本書の刊行は、なによりもこれら法整備支援の新しい担い手である若い世代に、日本が行ってきた法整備支援の経験と、その中で形づくられてきた理論を共有してもらい、著者を含む「法整備支援第一世代」から、これらの「第二世代」へとバトンをうけわたすことを意図している。

若い世代が法整備支援に取り組み、新しいアイデアにもとづく活動が着実に行われていることに、「うらやましさ」を覚えながらも、第一世代の経験に「誇り」をもち、著者を含む第一世代が今後何をなしうるか、を確定するためにこそ、本書は刊行された。

序章

比較法研究と法整備支援

1　法整備支援が比較法研究に問いかけるもの

法整備支援は、ある国または国際機関などが他の国あるいは地域の法の形成に、援助という行為をつうじて、直接的にかかわっていくという意味において、特殊な性格をもつ現象である。もちろん、このような法現象は、今日ではＥＵ統合とヨーロッパ各国法との関係、あるいは、条約にかんする各国による準備過程で、相互の法状況の改革が直接に討論のテーマとなることが多々あるという意味において、まったく珍しいというわけではない。しかし、立法支援、司法制度改革支援、法学教育支援などからなる法整備支援が、ある国、ある国際機関により被支援国にたいして、系統的に、しかも長期にわたって行われる際には、当該被支援国の法制度をはじめとする法状況全般について、本格的な調査、研究を不可欠とする。しかも、法整備支援において対象となる国は、従来の日本の法律学がほとんど研究対象としてこなかった国でもあり、その国における法の問題の調査および解明は、初歩からの出発となる。従来の日本の比較法研究においては、その大部分が欧米の法と日本の法などとの比較という形で行われてきたが、他方、近年では「非西欧諸国の法」の研究の重要性が意識されてきたことも、またたしかなことである。

本章では、法整備支援を比較法研究、外国法研究という観点から考察する場合に、いかなる問題が横たわっているかについて論じ、法整備支援研究が日本の比較法研究に与えつつあるインパクトは何か、を整理していくことにする。

あらかじめ本章の結論を示せば、法整備支援の経験は、日本の比較法研究につぎのような課題を提起している。

第一に、日本においては、「外国法研究」と「比較法研究」が存在したが、その両者の区別と、また区別する意義は、それほど自明ではなかったように思われる。一般には、「外国法研究」を行うことが、「結果として」、「比較法研究」にも貢献する、という理解がなされたり、また、「法系論」などをつうじて独自の「比較法研究」が行われてはきたが、「法系論」によって何がみえてくるかについては、それもまたそれほど自明であるわけではなかった。

他方、法整備支援は、ある被援助国にたいして、複数の援助国（例えば、日本、ドイツ、フランスなど）が同じ法分野の支援に関与することがあるため、なによりも、より具体的な法分野での「比較」という問題がきわめて明瞭な形であらわれてくると同時に、例えば「法系」の相違が被援助国の法の移入にもたらす実際の展開過程も、それほど図式的ではない、という現実がある。

そうであるとするならば、従来の「法系論」が、今日の法整備支援の実際の中でいかなる役割を果たしているかを再検討することは、比較法研究の絶好のテーマともなりうる。一言でいえば、法整備支援時代の、換言すれば、グローバル化時代の「比較法研究」とは何か、がいま問われている。

第二に、それでは、「外国法研究」のあり方は、法整備支援研究の中で、どのように考えられるのであろうか。そして、法整備支援というファクターをふまえたうえでの「外国法研究」は、「比較法研究」にどのようなインパクトを与えるのであろうか。

「外国法研究」とはいっても、ここでは、日本の法整備支援の直接的な対象である「アジア諸国法研究」を念頭に置きながら、問題を考えてみることとする。日本の法整備支援対象国の主要な地域である、ベトナム、ラオス、カンボジア、モンゴル、ウズベキスタンを例にとると、法整備支援が開始された一九九〇年代中頃において、これらの国の法を研究する日本の研究者は、各々一人あるいは若干名だけであり、また、その研究対象の法分野も、ごく限定されたものであった。

法整備支援の開始以降の、きわめて大きな変化は、それらの国にＪＩＣＡ長期専門家として派遣された検察官、裁判官、弁護士、法学研究者が、その国に対する法整備支援を実施するために、「必要上」、当該諸国の法を本格的に調査、研究するようになったことであり、「多くの眼」によって、とくに「多くの法実務家の眼」によって当該諸国の法の考察が行われるようになったことである。

日本のアジア諸国法研究においては、中国法研究は、他のアジア諸国法研究に比較し、圧倒的に研究者の数も多く、したがって、各法分野ごとの研究も専門的に行われてきたが、他のアジア諸国の場合は、そうではなかった。研究者からみた、訳語を含むいわゆる研究上の厳密さをめぐる問題は、もちろんありうるとしても、これらの長期専門家による現地の法情報の獲得は、従前に比較し圧倒的な量となり、全体として、現地の法をめぐる研究が飛躍的に向上した。

このことについて、法実務家により行われた現地の法調査、研究は、「にわか仕立て」であり、また「国策」に左右されるので、本格的な「外国法研究」とは呼ぶことができないという意見が一部に存在するが、このような意見には与しえないし、なによりも、この間の例えば「ICD NEWS」（法務省法務総合研究所国際協力部報）に掲載された、主として法実務家の現地法状況にかんする論文は多くの新しい情報を与えてくれている。そして、その結果、法整備支援開始以降のアジア諸国法研究は、まったく新しい段階へと至っており、アジア諸国法研究を発展させるためには、これらの成果をふまえることはきわめて重要である。

さらに、このような法整備支援がもたらした一連のアジア諸国法研究という「外国法研究」は、これまで観念的に構想されてきた「法系論」にもとづく「比較法研究」がほとんどリアリティをもたないことを示し、そうではない方法にもとづく「比較法研究」の進展を求めている。

第三に、これまでの日本の比較法研究の主要な問題関心は、日本法と欧米法の距離を測ったり、あるいは、「段階の違い」か「型の違い」かという設問にもとづいて構想されてきたが、法整備支援の経験は、まったく別の尺度を比較法研究に与えることとなった。

それは、法整備支援の被援助国の法の実際と法改革、ならびに支援の結果生み出されてくる法状況を観察することにより、日本法と欧米法との距離を測定する際に、「非西欧」世界、すなわち、これまでの経験では、アジア諸国の法というもう一つ別の比較対象を設定し、複数の国の法の距離を測ることが可能となり、これらの作業をつうじて、逆に、これまでの日本法理解、西欧法理解そのものを見直すという契機を新たに生みだすに至っている。したがって、法整備支援をつうじて、それが日本の比較法研究に問いかけているものを解明していくことは、重要な理論的課題となってきている。

2　法整備支援研究からみた日本の比較法研究の軌跡

(1) 比較法研究者における「アジア」、「非西欧」の位置づけ

日本の比較法研究において、「アジア」、「非西欧」の位置づけを強く意識した代表的な研究は木下毅『比較法文化論』(一九九九年)[1]である。

木下は、「『法文化圏』―『法系』―『法族』」といった立体的な東西法文化の構造モデル(法文化類型+人間類型)が、マクロ的に構築さること[2]をめざし、「東西法文化」に強い関心をもつ。もちろん、その場合の「東」とは、中国、日本などを強く念頭に置くとともに、さきの「法文化圏」、「法系」、「法族」という「三位一体的分類基準に基づいて、現今世界の法秩序の分類をテンタティブな形で示[3]」している。

例えば、ベトナム法はどのように分類されているかといえば、「北東アジア法文化圏」の「東アジア法系」の「ヴェトナム法族」という具合に分類されている。[4]他方、「ヒンドゥー法文化圏」の「東南アジア法系」の中に「インド・シナ法族」が分類されており、おそらく、タイ法、カンボジア法、ラオス法などは、この「インド・シナ法族」の中に位置づけられていると思われる。[5]木下の法文化圏論は、「『法の支配』の理念から最も遠い位置関係にあ[6]」るという「官僚制的法から成る『北東アジア法文化圏』」を一つの軸として考察しているところに特徴がある。[7]

ところで、このような法圏論・法系論は、世界の法の大まかな見取り図を示す意味では、有益ではあるが、それ以上でもそれ以下でもない。とくに今日の法をめぐるアジア各国の状況は、グローバル化の中で大きく変容し

ており、また、多くの国がかつて植民地支配のもとにあり、旧宗主国の法の影響を強く受け、また、いくつかの国では社会主義法の影響を受けた経緯をもっている。そうであるとすれば、法圏論、法系論は、今日の具体的な法をめぐる動向をふまえて再構成されざるをえないし、ある意味では、「まだら模様の中の法圏論・法系論」とならざるをえない。とはいえ、木下の研究からは、「東」を強く意識した問題意識を発見することができる。

つぎに、滝沢正『比較法』（二〇〇九年）[8]をみておこう。滝沢『比較法』は、日本における比較法にかんする新しい書物である。滝沢によれば、比較法とは、「異なる法体系に属する実定法の全部または一部を対象として比較を行う学問」のことである。[9]そして、興味深いのは、「比較法の方法」にふれた部分である。滝沢は、「比較の実践」という項目で、「制度的比較と機能的比較」をあげ、「制度的比較が出発点となるが、それが社会統制の中でどのような役割を担っているのかについても考慮する。項目別比較に体系的比較を加味するのとは別の意味で、その事項がどのように機能しているのかを、法社会学の助けを借りて探求することになる。制度的比較では対応関係がよく示すことができないような法制度については、とりわけ機能的比較が不可欠となる」[10]と論じている。

滝沢は、さらに、さきの東西法文化を論じた木下の研究について、「西欧の比較法学者の発想からはおそらく出てこない、きわめて独創的で大胆な分類である」としつつも、「もっとも、これにより世界の諸法が截然と区別できるかについては、いささか疑問もある」[11]と述べている。

滝沢は、アジア諸国の法の問題にたいしては、大きな関心をもちながらも、叙述は禁欲的であり、日本の比較法研究の歴史にふれて、研究「対象の拡大」[12]の項目で、「近時の対象国の拡大として注目されるのは、アジアの諸法への関心の高まりである」[13]として、近年では、「中国法以外でも、韓国法、台湾法といった極東法に分類できる近隣諸国、東南アジア法、ヒンズー法、イスラム法などに関する講座や専門家も少数ながらみられるようにな」ったことに注目している。[14]

そして、「さらに研究にとどまらず、実践と関わる比較法として近時注目されるものに、法制度支援があ」り、「東南アジアや旧ソ連下にあった中東欧や中央アジアの諸国では、欧米諸国の援助の下に法の近代化を積極的に図っており、ベトナム、カンボジア、ウズベキスタンなどそのいくつかにわが国が深く関与して」おり、「明治維新ののちに西欧型の法典編纂を成し遂げた日本が、その経験を生かしつつどのような国際貢献ができるか、まさにわが国の比較法の水準が試されているといえよう[15]」と指摘している。

五十嵐清『比較法ハンドブック』（二〇一〇年[16]）は、日本における最新の比較法にかんする書物である。五十嵐は、比較法にかんする理論と歴史を、内外の詳細な文献を紹介しつつ論じ、また、本書のテーマである法整備支援にも言及しており、本書にとってもきわめて有益な著書である。五十嵐は、比較法と外国法の関係についてつぎのように述べている。

五十嵐によれば、「『比較法（学）』とは、要するに、種々の法域（国家がひとつの法域であることが多いが、アメリカ合衆国のように、多くの法域に分かれる例も少なくない）における法秩序全体、またはそれを構成する法制度や法規範の比較を目的とする法学の一分野である」と定義される。[17]そして、「外国法」との関係については、「比較法と外国法の区別ははっきりしない。一応、比較法は二つ以上の法体系における法の比較をいうのに対し、外国法ということばは、特定の外国の法を比較を含まないで記述する場合に用いられる。しかし、比較の契機なしに外国法の記述をすることはほとんど考えられず、外国法研究の多くは比較法の名を冠してもさしつかえないと思われる。わが国では、両者を区別する傾向が強いが、諸外国ではあまりこだわっていないようである[18]」と述べ、「比較法と外国法との区別を否定する見解」も紹介している。[19]

五十嵐は、「法の継受と比較法」という表題をもつ一節で、「法整備支援と比較法」を項目としてとりあげ、「日本による法整備支援が成功するかどうかは、これまでの比較法の蓄積の多さに関係する」と述べるとともに、「アジア諸国に対する法整備支援に多くの学者や実務家が関与することにより、これまで手薄であったアジア法の研究の発展が期待されるだけでなく、法整備支援を経験することを通じて、比較法の理論一般に対する反省と新たな展開も期待される」[20]と指摘している。そして、五十嵐は、「アジア法の統一性と多様性」を論じるとともに、日本、韓国、中国、台湾など「東アジア法系の可能性」を主張している。[21]

また、広渡清吾『比較法社会論研究』（二〇〇九年）[22]は、書名にあらわれているように、従来の「比較法学」のあり方とは区別するために、自らの方法にもとづき、より直截に「比較法社会論」という視角から、「比較」法研究にアプローチしようとしたものである。

広渡によれば、「方法論的に比較法学と法社会学を基礎」とするものとしての「比較法社会論」とは、「末弘〔厳太郎――引用者〕の実践的な要素をも含んだ問題意識にそくして、その方法のあり方を表現しようとする意図がある」[23]とする。そして、広渡は、「比較から問題解決へ」[24]という問題意識を強くもち、「比較における『問題』と『解決志向』」[25]という問題にたいしてきわめて自覚的である。すなわち、広渡によれば、「比較のための『問題』の設定そのものが、その問題の『解決策』を求めて設定される」のであり、そして、この「実践的な要素」をともなう認識者の作業について、「比較の作業をする認識者は、比較対象の研究において、自己の固有の判断基準で比較対象のいずれかに優位性を認めて選択するのではなく、比較を通じて問題のよりよい解決の処方箋を独自に見いだしていくことが可能だと思われる」と述べているが、[26]これは、政策的プロジェクトとしての「実践的要素」を多分にもつ法整備支援における「比較法研究」の可能性を考える上で重要な指摘であった。

広渡は、上記の指摘との関連から、「比較法社会論」の理論的構築に不可欠であると思われる「法整備支援」について、「補論 法整備支援と比較法社会論」を論じている。広渡は、「比較の作業をする認識者」のあり方に関心をもっているため、「補論」では何よりもこの「法整備支援プロジェクトと学術研究の関係」にふれているが、この問題は、かつて中国華北を中心として行われた、末弘厳太郎らによる「中国農村慣行調査」とその認識の「科学性」をめぐる論争を、明確に意識してのものであると受けとめることができる。

広渡の法整備支援論においては、①「法意識・法文化が必ずしも、国民国家の領域を単位として成立しているわけではなく、地域的偏差が大きいことに留意する必要がある」ことを指摘している点、②法整備支援に取り組む日本の法学者は、欧米の法システムと概念装置についての知見によって法と社会の関係を分析しているが、「法整備支援プロジェクトは、もともと、これらの知見によってとらえきれない社会と法に向き合うプロジェクトではないのか」という点、の指摘[27]が重要である。前者については、国民国家をこえて、例えば、少数民族地域に共通する法文化、ルールの存在などにかんする研究が必要であろう。後者については、当該地域の法が従来の概念装置と知見でとらえきれるかどうかという設問とは別に、従来の概念装置と知見にもとづく「実践的な要素」から被援助国に法の移植を行っていく、というもう一つの要素も合わせて考えなければならない。

ただし、広渡が提起するこの問題は、法整備支援従事者が欧米の法と概念装置にもとづく支援を行う能力しかもちえない場合には、他の選択肢はないのであり、逆に欧米の法と概念装置の問題点と限界を、そのようなプロジェクトを通じて、明確にしていくことこそが求められているといえよう。

3　日本の比較法学と法整備支援研究

これまでの考察をふまえると、日本の法整備支援研究は比較法研究に、どのような学問的発展を求めていると考えられるのであろうか。法整備支援の対象国を念頭に置くと、現下の法整備支援研究は、以下の三つの法学研究分野について、比較法研究の方法的および理論的考察を求めていると考えられる。

第一に、日本の法整備支援は、ベトナム、ラオス、カンボジア、モンゴル、ウズベキスタン等の国々にたいして中心的に行われている。これらの国々は、いうまでもなく、かつて社会主義体制を経た国か、あるいは現存社会主義国である。したがって、社会主義法の歴史研究の一環として、法整備支援を位置づけることが可能であるし、また逆に法整備支援という一つの現象をつうじて、社会主義法を考察することができる。

第二に、同様に、日本の法整備支援対象国は、「アジア」に属している。法整備支援対象国は、当然のことではあるが、本来は「アジア」に限定されているわけではない。しかし、経緯は別として、日本政府の場合には、「アジア法整備支援」といわれるように、「アジア」諸国にたいする法整備支援を行ってきた。したがって、法整備支援研究は、「アジア法」研究にも大きな影響をもつことになる。ただし、本書においては、「アジア法」という用語は、「アジア諸国の法」というように、地域的な対象との関連で用いており、「アジア法」という一つのまとまった法の体系などを意味しているわけではない。とはいえ、日本において、アジア諸国の法の研究は今後いっそう本格的に取り組まれる必要がある、という立場を本書はとっており、日本におけるアジア諸国法研究と法整備支援研究についての、とくに方法的関連をみていくことは重要であると考えている。

第三に、日本の比較法研究と法整備支援研究にかんするものである。日本の比較法研究と法整備支援論の関連としては、①法の移植、法の継受などにかかわる論点、②かつての日本の植民地支配との関連での台湾、朝鮮、中国等にたいする旧慣調査、慣行調査、さらには支配地域であったベトナムにたいする安南旧慣調査、の主として方法論にかかわる論点、端的にいえば植民地法研究における「科学性」をめぐる議論、が浮かびあがってくる。また、法整備支援研究の一環としての「法令翻訳」、「法律辞書」の各国比較研究は、類似の法律用語がアジア諸国においてどのような異同をもつかというきわめて重要かつ興味深い論点をも、浮上させている。

(1) 社会主義法研究と法整備支援研究

日本の社会主義法研究の成果全体から法整備支援研究を位置づけることは、本書ではなしうる課題ではない。ここでは、日本の代表的な社会主義法研究者が、現在の法整備支援対象国となっている若干の国々について考察してきた問題を紹介し、社会主義法と法整備支援をめぐる問題の一端を検討することにとどめたい。

かつて、藤田勇は、「生成期社会主義」論との関連から、一九七〇年代中葉に生起したカンボジアのポル・ポト政権とそれによってもたらされた大虐殺という事態をも念頭に置きながら、「粗野な共産主義」の現象の存在を指摘した。[28] ポル・ポト支配の後、カンボジアには数名の法曹しか生き残らず、カンボジアにおけるその後の法制度構築は、文字どおり、ゼロからの出発となった。そして、一九九〇年代初頭には国連による統治（UNTAC：国連カンボジア暫定統治機構）のもとで新憲法（一九九三年）が制定され、その後、一九九〇年代末からは日本を含む多くの外国援助機関の法整備支援により、民法、民事訴訟法、刑法、刑事訴訟法などが制定されていった。

藤田のいう「粗野な共産主義」という理解は、いうまでもなく、マルクスの『経済学・哲学手稿』（一八四四年）の第三手稿の「私的所有と共産主義」の項目にある「粗野な共産主義」から由来しており、このような視点は、ポル・ポトの統治が毛沢東の文化大革命とその法ニヒリズムに依拠した考え方であることを示唆した。このことは、ポル・ポトが制定した一九七六年「民主カンプチア憲法」が、前年の毛沢東が制定した一九七五年中国憲法の三〇カ条に比べ、さらに短く二一カ条であることにも明瞭にあらわれている。したがって、ここでは「粗野な共産主義」にもとづく「法ニヒリズム」を、法整備支援にあたってどのように克服していくか、という点が大きな問題となる。

稲子恒夫は、元来の研究対象であるソ連、中国とともに、ベトナムにも関心をもっていた。稲子は、すでに「ヴェトナム民主共和国独立宣言」（一九四五年）を、『人権宣言集』（岩波文庫）[29]にフランス語テキストから翻訳をしていた。そこにおける稲子の「解説」は、今日からみても卓越しており、「ヴェトナム独立宣言は、植民地人民の人権宣言であると同時に帝国主義国家に対する告発状である。ヴェトナム独立宣言は、第二次世界大戦後もえあがったアジア・アラブの民族解放運動の最初の産ぶ声であった」[30]と述べている。ベトナム独立宣言を、「植民地人民の人権宣言」としてとらえているところに稲子の真骨頂があるが、ベトナム独立宣言は「人権」ではなく「民族の権利」を主張しており、この「民族の権利」こそ「植民地人民の人権宣言」であると理解しているところに稲子の考察の立脚点がある。

同時に稲子は、一九八一年に、日本の法学者としては最初の本格的なベトナム法調査に入り（もちろんそれ以前に、アメリカ合衆国によるベトナム戦争に反対する日本の法曹がハノイ等に行ってはいたが）、ベトナム法の特質および研究方法を以下の諸点に見出した。

第一に、稲子は、ベトナム法が中国法および儒教の影響ともかかわって「法ニヒリズム」の文化をもちつつも、毛沢東時代の中国法、ポル・ポト時代のカンボジア法における「法ニヒリズム」とは異なり、訪問当時のベトナム法がソ連法の圧倒的な影響のもとにあることを知った。第二に、戦前・戦時中の日本の仏領印度支那支配との関係で行われた、東京大学法学部所属の宮沢俊義、福井勇二郎、刑部荘らによる「安南法研究」の軌跡を詳細にたどることにより、それらの研究が「水準が高い」ため、これらの地域の法学研究の再出発をはかるにあたり、依拠すべき学問研究として位置づけることができる、としたことである。(31)

一方、中国の文化大革命と中国法をめぐる理解において、稲子とは正反対の立場をとっていた福島正夫は、ベトナム法についても関心をもち、一言でいえば、中国法との類似性のもとにベトナム法を位置づけようとする立場を提示した。ベトナム革命がとくに一九五〇年代において中国革命の方式を数多くとり入れ、具体的には土地改革、百花斉放・百家争鳴などのいわばコピーのようなやり方をベトナムがとりいれてきたことは周知のことがらであるが、一九六〇年代からはソ連型の社会主義法を採用してきたことは明らかであり、また、さきの稲子のベトナム訪問時にソ連の法律顧問がハノイに常駐し、ソ連がベトナムにたいする「法整備支援」を行っていた当時の環境のもとでは、福島の、ベトナム法を中国法と類似のものであるという視点から考察しようとする立場には、疑問が存在した。

しかし、現在の時点から、福島の立論を考えてみると、ベトナム法の歴史と現在をより包括的に把握しようとする場合には、少なくとも一九九〇年代初頭までのベトナム法を、ソ連型の法制度の亜流としてだけみる考え方は、再考の必要性が生じてきているように思われる。

例えば、ベトナムにおける「郷約（村のおきて）」の復活、あるいは農村における人びとの法意識のあり方など、ベトナムが中国と同様、圧倒的な「農村国家」、「農民国家」であるという、中国社会との共通性という側面から、ベトナム法を考えることが重要である。すなわち、公式に制定された法制度そのものは、圧倒的にソ連法の影響のもとにあったとはいえ、伝統法、法意識にかかわる、法の現実においては、中国法との共通の面を多くもっていたのではないか、という視点からのベトナム法研究が、あらためて必要となってきている。

社会主義法研究者でもあったが、より本質的には中国法史を専門とした仁井田陞は、中国の周辺諸国における法をめぐる問題をも考察したが、その考察には、現在の法整備支援を考える上にも有益な提言がふくまれている。一六世紀におけるベトナムの洪徳《ホンドゥック》法典を研究した仁井田は、それが唐律の影響を強く受けながらも、妻の財産権の規定などに、唐律とはまったく異なるベトナム独自の規定があることを明らかにした。このような仁井田の研究から学ぶことは、中国やソ連など、大国の法が周辺諸国の法にたいして強く影響を与えていることを認めながらも、具体的な法の検証の中で、法整備支援対象国の法がもつ独自性を明らかにすることである。法系論は、このような実証的な作業を経ることを通じて、よりいっそうの説得力をもちうるであろう。

(2) アジア法研究と法整備支援研究

本来、アジア法整備支援研究にとって、日本の「アジア法」研究あるいは「アジア諸国法」研究は、大きな支えとなるものでる。一般的にいえば、日本がアジア諸国にたいする法整備支援を行おうとする場合、支援対象国の法と社会をよく知る「地域研究者」としてのアジア諸国法研究者の仕事は、必要かつ不可欠な領域である。しかし、現状ではアジア諸国法研究（者）と法整備支援研究（者）との協働あるいは連携は、十分ではない。この両者の協力関係を築き上げることは、日本の法整備支援研究の発展にとって、重要な課題である。

概して、アジア諸国法研究者にとって、法整備支援は、「うさん臭い」ものとしてみられている。その理由はいくつか考えられるが、第一に、アジア諸国法研究者は、日本とアジア諸国とのこの百年以上にわたる歴史に敏感であり、法整備支援がアジアへの日本の再進出のお先棒かつぎであり、そのようなプロジェクトが現地の人びとにどう受けとめられるかについて疑問をもっていること、第二に、上記の点と密接に関連するが、かつての日本の植民地支配にかかわって行われた台湾旧慣調査、朝鮮旧慣調査、中国華北農村慣行調査などの歴史をふまえて、「国策」のためのアジア諸国法研究は、「よい結果」を生みだすことはできない、と感じていること、第三に、上記の歴史認識とは別に、日本の法整備支援にこれまでかかわってきたプロジェクトのメンバーの多くが、民法、民事訴訟法などをはじめとする日本の実定法研究者であり、「アジアを専門とはしない研究者による法整備支援などおよそ的確であるはずはない」、という思い、疑問が存在している。

日本の法整備支援にたいするこれに類似した批判は、じつは日本のアジア諸国法研究者だけではなく、韓国の法整備支援関係者からも提起されているものである。韓国では、日本によるアジア諸国にたいする法整備支援は、何よりも、かつて日本がアジア諸国を侵略し、帝国主義的支配を行った経緯があり、日本はアジアの人びとに信頼されていない、そして、それにたいして、韓国はアジア諸国を侵略したのではなく、日本により侵略され、その点で多くのアジア諸国との共通性をもち、相互信頼を獲得することが容易であり、さらには、軍事独裁政権から民主化を経て経済発展をなしとげてきた歴史をもち、この点こそ、日本ではなく、韓国こそがアジア諸国にたいする法整備支援を行ううえでのモデルを提供することができる、という意見が存在する。[32] 日本のアジア諸国法研究者、韓国の研究者による指摘は、共通する論理が存在しているし、それ自体としては、問題の指摘として当たっている面もある。しかし、これらの指摘は、問題の一つの面を指摘しているにすぎない、と考える。日本は、現行の日本国憲法下において、かつての軍国主義、帝国主義的なアジア侵略を反省するところから出発し、「全世界の国民が、ひとしく恐怖と欠乏から免かれ、平和のうちに生存する権利を有することを確認する」（前文）ところから、戦後世界を出発させた。したがって、例えば、日本弁護士連合会は、法整備支援（日弁連は「国際司法支援活動」という用語を用いているが）の意義を、何よりも、憲法前文の「平和を構築し、専制と隷従、圧迫と偏狭を地上から永遠に除去しようと努めてゐる国際社会において、名誉ある地位を占めたいと思ふ」という「国際的な協力の責務が謳われて」おり、「この前文の文書を精神的な拠り所として、さらに憲法及び弁護士法の基礎である基本的人権の尊重、平和に生きる権利ならびに国連憲章、国際人権宣言などに国際司法支援の理念の根拠を求めている」[33]。法整備支援の「理念」にかんするこのような理解が、法整備支援にかかわる日本のすべての機関の共通の確認事項になっているかどうかは明確ではないにしても、日弁連による法整備支援への理念の提起は、説得的であり、「理念」を考えるうえで参考となるものである。したがって、今日の日本が法整備支援を実施するのは、平和国家理念にもとづく国際協力の一環として行われているのであり、帝国主義的侵略の一環として行っているのではないことを明確にしておかなければならない。また、事実、このような日本の基本的立脚点は、被援助国にはかなりの程度理解を得ているものと思われる。

アジア諸国法研究（者）と法整備支援研究（者）との連携、協力については、研究状況、研究史的背景との関連で、より本質的な問題を、日本のアジア諸国法研究者あるいは日本の法学研究者は考える必要がある。日本のアジア諸国法研究者、法学研究者にとって重要なことは、第一に、中国法については多くの研究者がいるので別として、中国以外の地域の法の研究者を育成することである。アジア諸国法研究を専攻する研究者にとって、大学でのポストの確保が現状では困難であり、したがってアジア諸国法研究の重要性がなによりも大学において了解される必要がある。大学は、これらの地域の法研究の緊急性を理解しておくことが必要である。

第二に、日本の法整備支援の現状を前提とした場合、ウズベキスタンなどイスラーム法が支配する地域を援助対象としており、今後、アフガニスタンをはじめとするイスラーム国が援助対象国としてさらに浮上してくる可能性もあり、大学、研究機関ではイスラーム法教育と研究のいっそう本格的な進展を追求する必要がある。

第三に、アジア諸国法研究は、とくに法整備支援対象諸国の法の研究は、一般に蓄積も少なく、専門とする法分野もごく一部に限られてきた。しかし、法整備支援に携わる主として法実務家による長期にわたる現地での法整備支援と法情報の収集の量は圧倒的であり、したがって、法学研究者と法実務家の恒常的な法情報の交換こそが、当該アジア諸国法研究にとって、決定的に重要である。そのためには、法整備支援を通じて獲得される法情報の日常的な交換にもとづく公開、研究＝実務融合型の「法整備支援学会」の設立を含む、研究者と実務家の協力は、アジア諸国法研究の進展に大きな寄与をなすであろう。

この点では、日本の法学研究者・法実務家だけではなく、法学教育支援との関連で日本に留学し、研究し、その成果をまとめた留学生の学位論文もまた、そのアジア地域にかんする有力な法情報として位置づけることができる。したがって、留学生の学位論文を可能なかぎり公刊し、日本のアジア諸国法研究者にとっての学問的共有財産としていくことが求められている。

アジア諸国にたいする法整備支援の実施と、そのもとでの法情報の収集は、日本の従来のアジア諸国法研究のあり方と水準を、きわめて大きく変えつつある。逆にいえば、日本のアジア諸国法研究は、ようやく「ふつうの」法学研究になってきたともいえよう。一人の研究者が、その一つの対象国の法全般を扱ったり、その研究者の専門外のことまで発言を求められることが徐々に少なくなり、研究者が固有の専門領域（多くの場合は、各実定法）の分野で成果を示すということが求められる段階になっていく、という方向へ確実に進み始めた、ということができるであろう。

「アジア諸国法研究」、「法と開発研究」、「法整備支援研究」は、各々、すべてが学問的研究でなければならないし、たとえ、それが「政策」研究を含みこむ場合であっても、学問的研究でなければならない。問われているのは、政策研究であるから科学的たりえないということではなく、当該研究がアジア諸国の法と社会を正しく認識しているかどうかということである。

(3) 法の移植論研究と法整備支援研究

法整備支援研究にとって、理論的および実務的にもっとも重要な論点の一つは、法の移植論にかんするものである。「法の継受論」、「法の移植論」、「法の移転論」などの用語であらわされる問題の領域が、ここでの論点ということになる。

法整備支援という実際のプロジェクトを行ううえでは、その支援内容が立法支援であれ、法曹養成支援であれ、司法制度改革支援であれ、さらには法学教育支援であれ、なによりも、そのような法整備支援が、他国の法およびその経験を多かれ少なかれ「移植」していくという契機をもつ以上、その「移植」の過程と結果にたいして注意深くあらねばならない。

このように、法整備支援にとって、法の移植論は中核的な位置を占めるが、本書では、法の移植論をめぐっては、福島正夫の比較法論、法の継受論の基本的枠組みにもとづいている。なぜ福島正夫の法の継受論かという問題であるが、福島の学問的立脚点は、日本の近代法学の中で、特異な位置にあると考えるからである。

第一に、福島は日本近代法史研究にみられるように、明治期以降の日本の近代法の発展と法の継受の問題にとりくむと同時に、地租改正の研究にみられるように、前近代的な法システムから近代的な法システムへの移行という問題に、真正面から取り組んだ。第二に、福島は、穂積陳重の『法律進化論』の評価にみられるように、「法の進化」とは何か、比較法研究の動機づけとは何か、という問題にこだわって研究した。第三に、福島は、日本の植民地支配との関連において、台湾旧慣調査、朝鮮旧慣調査について本格的な検討を行うとともに、中国華北農村慣行調査にたいしては、東京側の研究者の一員として、自らも調査、研究に実際に携わった経験をもっている。第四に、福島は、現下の法整備支援が対象としている、旧ソ連法、ベトナム法など社会主義法研究をも専門としてきた。第五に、福島の法の継受論は、法の継受の過程において、「法の根づき」という問題に大きな関心を払うとともに、さらには、法の根づきが実現しえたとしても、その結果それが意味するところは、その国の「諸階層」によって異なる、という視点を明確に打ち出したことである。

以上のような福島の学問的営為は、現在の法整備支援研究にとって、比較法論、法の移植論を考察するうえで、多くの有意義な観点を提供している。

(4) 何をどのように比較するのか——比較法研究の課題と法整備支援

日本における比較法研究をめぐる一つの論点は、「比較法研究」が「外国法研究」とどのように異なるか、というものである。一般的にいえば、「外国法研究」とは、例えば日本人研究者がフランス法研究、あるいは、ベトナム法研究を行うことを指す、といえよう。

しかし、「比較法研究」は、少なくともどこかの国、地域の法を二つ以上研究し、それを「比較」するという作業が加わるという点において、「外国法研究」とは異なるとされてきた。例えば、前述のように、滝沢正『比較法』(34)の「比較法の定義」によれば、「二つ以上の異なる法体系に属する法の全部または一部を相互に比較して、その間の異同を明らかにすることを目的とする学問」であるとしている(35)。

しかし、日本において実際には、「外国法研究」と「比較法研究」とはそれほど相違を意識することなしに行われてきた、といえよう。その理由は、例えば「外国法研究」としてのフランス法研究を行う場合には、多くの場合、日本法との比較、あるいは両者の距離を測定するというようなことが自明の前提として存在していたからである。

また、外国法研究としてベトナム法を研究する場合は、例えば、同様の社会主義法圏に属する旧ソ連法、中国法との異同を比較法的手法を用いて行うことが当然であり、この場合は、外国法研究のある意味では一部を構成するものとして比較法研究が組み込まれてきた。したがって、日本における比較法研究は、外国法研究の一つの構成要素として扱われることが多かった。

この外国法研究と比較法研究をめぐる基本的な論点は、「何と何」を比較するかという問題よりも、一体「何のために」比較という作業が必要か、という問題が、あまり明確ではなかったのではないか、ということである。「何のために」比較するか、という問題は、さまざまなレベルでの動機づけがありうるし、それは法系論を構築するためというような動機づけも考えられる。

この点で、法整備支援という「実務＝研究融合型」プロジェクトは、「何のための比較」かという問題がきわめて具体的かつ実際的に問われるという特殊性をもっているように思われる。「何のための比較か」という、比較の動機づけが具体的に明らかになれば、「どのように比較するか」という手法の開発はそれほど困難ではない。

ところで、法整備支援の場合において、「何のために比較するか」という問題は、以下のような回答が準備されることになろう。

第一には、法整備支援においては、法整備支援を行う際の「理念」＝「哲学」＝「基本目標」が何であるかが問われることとなり、諸援助機関により、「法の支配の確立」、「グッド・ガバナンス」、「人権、ジェンダー、民主主義」等の「理念」が掲げられており、「何のために」にかかわる「理念」、「目標」が明らかになれば、それを実現するためにこそ必要な比較が行われるということになる。

第二には、法整備支援研究において比較法的手法を用いるのは、直截にいえば、移植した法が「根づく」ための条件を探るためである。移植した法が「根づく」かどうかの問題を測定するのは、きわめて困難な課題である。なによりも、それを確認するためには時間が長くかかるし、さらには、どのような形で根づくのか、また、根づいた結果、その地域にどのような社会的実態をもたらすか、など、多くのファクターが考慮されなければならない。しかし、そうであればこそ、他の国の経験が参考となるし、すでに行われている他の国の経験と問題点を整理し、相手国に伝え、可能な限り精密な比較にもとづく法の研究が求められることになる。

第三には、とくに法学教育支援は法に携わる人材育成というきわめて重要かつ中枢的な支援であり、上記の法の根づきの問題も結局のところ、当該国における法的能力をもつ人びとが将来的にどのように層として形成されるかにかかっている。これら法整備支援を受けている国の法発展と法学教育発展の礎をつくるために、どのような法学教育を形成していくかということは、いかなる法制度を受容し形づくっていくかという問題とならんで、「国家百年の計」ともいうべき課題である。したがって、法学教育の目標、内容、カリキュラム等の策定は、途上国支援における最大の課題でもある。

上記の三つの諸問題は、明治期日本の近代法受容の時代とそこでの経験とやはり類似しているといえよう。もちろん、明治期日本の近代法の形成と西欧法の継受が、大局的には、当時の不平等条約からの脱却すなわち条約改正というわば「政治的課題」への対応という動機づけをもち、現下の、一九九〇年代に開始される法整備支援がWTOをはじめとする経済のグローバル化にともなういわば「経済的課題」への対応という直接的な動機づけをもつことは否めないにせよ、法の受容の具体的な構造それ自体は、大きく異なることはないように思われる。

そうであるとするならば、法整備支援でいま問われている比較法研究上の理論的課題は、かつて明治期日本に穂積陳重が比較法研究、また法律進化論で問いかけたことが、あらためて、これらの国々でも問われることになる。そして、じつは、同様の問いは、日本をはじめとする現在の援助国側にも問われている、といえよう。このように両者にかかわる構造があるからこそ、法整備支援をめぐる比較法研究は、一方的なものではなく、援助をする側、される側の双方にとって研究に値する法学研究上の論点を提起しているということができる。

すなわち法整備支援をめぐる比較法上の理論問題とは、第一に、各々の国、地域の歴史および文化と法のかかわりの問題であり、第二に、「法律進化論」にかかわって、西欧法を一つの到達すべき基準としてそれへの距離をはかることによって「進化」の方向性を見出すのか、また今日的用語でいえば「世界標準」を設定したうえでそれとの比較で問題を考察することの妥当性という問題である。法整備支援をめぐる実際との関係で上記の諸点を考察した場合、「人権、ジェンダー、民主主義」というような法整備支援分野において、とくにきわめて鋭い対立が生ずることとなる。

それと同時に、日本が法整備支援の分野において「人権、ジェンダー、民主主義」をめぐる法分野で、体制移行国、アジア諸国にたいして、いかなる法と制度、メッセージを発することができるか、という問題自体も問われている。

これらにたいする回答はひとまず置くとしても、法整備支援は、支援という行為をつうずることにより、支援する側の法制度のあり方のみならず、支援する側の法の理念のあり方そのものを映し出す鏡としても存在している。

第1章

「法整備支援」とは何か？　それをどう考えるか？

——「近代日本の範」と今日の課題

本章の目的は、日本とアジア諸国との関係のなかで新たにあらわれてきた法整備支援について、それが登場した一九九〇年代に考察の焦点を合わせながら、第一に、それが当時の日本においてどのような具体的な形態で行われてきたのか、第二に、そのなかでもとくに政府開発援助（ＯＤＡ）の一環として行われてきた法整備支援の一九九〇年代の状況を明らかにし、第三に、法整備支援をめぐる一九九〇年代の日本の議論状況を検討し、第四に、法整備支援をめぐる法理論的諸課題が何であったかを提示すること、である。法整備支援と一九九〇年代論は、すでに法整備支援の初発において、日本の法整備支援をめぐる、およそ基本的な論点が萌芽的に明らかになってきていたという意味において、きわめて興味深い考察対象である。

1　「法整備支援」の諸形態

一九九〇年代の日本において、途上国にたいする法整備支援は、すでにさまざまな個人、団体、機関により行われていた。以下に分類する法整備支援の諸形態は、その実施主体に着目したものであるが、しかしそれらは相互に重なりあっていて、截然と区別することは困難であり、したがって分類は便宜的なものである。

第一には、弁護士個人または弁護士グループによる法整備支援があった。このような支援のあり方は、とくに一九九〇年代初頭のＵＮＴＡＣ以降のカンボジアにたいする日本カンボジア法律家の会（ＪＪリーグ）によるカンボジアへの法律図書の寄贈、あるいはその後に行われた日本の刑法教科書、民法教科書をクメール語に翻訳しての寄贈運動などがある。(1) それは、カンボジア復興期以来一貫して法整備支援を行っている、弁護士の桜木和代を中心とする日本カンボジア法律家の会による活動である。桜木らは、一九九〇年代初頭、日本の自衛隊がＰＫＯ（平和維持活動）でカンボジアに派遣された時期、日本国内では自衛隊の海外派兵について憲法論議がさかんに行われたが、桜木は、この議論とは別に、日本の法律家として、カンボジアにたいして何が支援できるのかを真剣に考えた。そして、最初の支援活動としてプノンペンの王立法経大学に法律図書を寄贈する運動を行い、日本の弁護士、大学教員などによびかけ法律図書を数多く贈った。しかし、この運動は、現地ではあまり反響をよぶことなく終わった。当時、フランスは、この大学にたいし、ダローズ（Dalloz）社と提携し、フランス語の法律学全集を何百セットという規模で寄贈し、さらにフランスの大学法学部の教員を長期でプノンペンへ派遣し、この教科書を使いフランス語による法学教育を開始していた。日本から贈った図書は、言語も内容もさまざまであり、したがって桜木らの支援は実をむすばなかった。

しかし、桜木らは、その後、このときの反省にもとづき、日本の法律学の基本科目の教科書をカンボジア語に翻訳して寄贈する、という新たなプロジェクトを開始し、刑法については中山研一、民法については池田真朗の教科書を贈り、これらの活動は、カンボジア側からもきわめて大きな評価を得た。この分類のなかには、UNTACのもとでのカンボジアにおける国連人権センターで法整備支援に従事した佐藤安信の活動、[2]あるいは欧州復興開発銀行（EBRD）法務部法制改革チームに派遣された日本人弁護士の活動なども含まれる。[3]

第二には、法学部学生による法整備支援があった。例えば、一九九一年にエチオピアから独立したエリトリアにたいする法整備支援の活動は、その代表的なものであり、法学部の学生で司法試験合格後に一年間にわたりエリトリアの司法省と協力して刑法改正などに取り組んだ土井香苗の活動がある。[4]現在は、弁護士としてヒューマン・ライツウォッチの東京事務局長として活躍している土井香苗は、法学部生のときに、司法試験に合格し、その後、「アフリカに行く！」[5]と、小さいときからの夢を実現するために、「ピース・ボート」に乗った。そして、そこで、エチオピアから独立したばかりの新興国エリトリアに出会った。その後、再度エリトリアに出かけた土井は、エリトリアの「法務大臣に会う」[6]作戦を考え、一九九七年三月三日に、大臣との面会がかなった。そのとき、土井は大学四年生であったが、法務大臣から、「新憲法を実現するには、ほかのさまざまな法律を整える必要があります。近いうちに、民法、刑法、商法の改正委員会が始まります。現在エリトリアは、エチオピアに併合されていた時代の法律を暫定的に使用していますが、これはできるだけ早いうちに、新しい法律に変えていかなくてはなりません。人民がその利益を享受できるように、さまざまな改革も必要です。あなたには、世界各国の法律をリサーチする仕事をお願いしたいと思います」[7]といわれ、得意科目であった「刑法のリサーチ」[8]を申し出、一年間にわたり現地に滞在し、日本、欧米諸国の刑事法関連資料の提供を行った、という。

この土井の活動は、個人による先駆的な法整備支援として位置づけられるし、その中で、エリトリア側から提起された、「先進国からの押しつけではない、自国にあった固有の法体系が必要である」[9]という考え方は、その後の日本の法整備支援の中心的な論点ともなっている。

第三には、大学法学部または国際開発系大学院などが、ベトナム、ラオス、カンボジア、モンゴルなどの大学と学術交流協定を締結し、現地の法学研究者との共同研究を行ったり、研究者個人として法案起草過程に参加するなどの形態における法整備支援があった。一九九〇年代初頭からの森嶌昭夫のベトナム民法典の起草作業への協力などは、これにあたる。また、名古屋大学大学院法学研究科が行った「アジア法政情報交流センター」および「法政国際教育協力研究センター（ＣＡＬＥ）」の設立にむけた取り組み、とくにアジア諸国の留学生の受け入れと法学教育への関与などは、法整備支援の一環として位置づけられるものである。[10]

第四には、従来よりアジアの法律家との協力および連帯の活動に携わってきたローエイシアあるいは日本国際法律家協会などアジア諸国の法律家との交流を掲げた活動も広い意味での法整備支援という性格をもってきた。

第五には、一九六二年に設立された国連アジア極東犯罪防止研修所（ＵＮＡＦＥＩ）によるアジア・太平洋地域の諸国の刑事司法行政の発展と相互協力を目的とする実務家への研修の実施、および一九九六年に発足した財団法人国際民商事法センターの一連の活動なども、法整備支援としての性格をもっている。[11]

第六には、法務省、外務省、国際協力事業団（ＪＩＣＡ。当時の名称）などが行ってきた日本の政府開発援助（ＯＤＡ）の一環としての法整備支援がある。[12]

五と六を除く上記の事例は、法整備支援というものは、志さえあれば、だれでもどこの国にたいしてでも行うことができることを示している。本書では、日本政府が行う法整備支援を主要な検討対象としているが、本来、このような市民、ＮＧＯ等による法整備支援は、いっそう活発に行われる必要があるし、事実、人権分野をはじめ、多様な支援が行われつつある。

また、日本の法整備支援の軌跡を考察する際には、固有の領域として「法学教育支援」という重要なジャンルがあり、日本の大学のいくつかがこの分野の支援に携わってきた。その中でも、名古屋大学大学院法学研究科および法政国際教育協力研究センター（CALE = Center for Asian Legal Exchange）は、体制移行国から多数の留学生を受け入れ、大学院に英語コースを設置し、また、ウズベキスタン、モンゴル、ベトナム、カンボジアに、「名古屋大学日本法教育研究センター」を設置し、「日本語による日本法教育」を行ってきた。その経緯と経験の分析は、日本の法整備支援論を検討するうえでの重要な課題であり、これについては、後の章で詳細に検討していくこととする。

上記の分類から明らかなように、法整備支援は、個人、団体、大学、国家機関などさまざまなレベルで担われ、それらの活動の動機づけも異なっている。したがって、法整備支援は多義的な内容をもつことになる。ただし、日本の法整備支援の意味を理解していくうえでは、それがなによりも、弁護士、学者、学生などの途上国の法整備にたいする自発的支援として先行して行われ、その後、これらの活動に後押しされるかたちで、ＯＤＡとしての法整備支援が開始されていったということに留意しておくことは必要である。この点について、さきのエリトリアの法整備支援にかかわった土井は、「国際的な法律分野の協力は、国家間の問題ともなるため、必ずしも直球が直球として理解されるとは限らない難しい世界である。そもそも、司法支援というのは、先進国がポスト植民地支配として行ってきた感さえある」と、法整備支援の性格についてその危険性を指摘しながらも、「しかし、日本の司法支援は民間主導だったという性格上、他の国にはないユニークな性格がある」[13]と述べている。

したがって、日本における法整備支援の全体像を理解するうえでは、これらのすべての分野の法整備支援について解明することが必要であるが、本章では、法整備支援がここに分類したようなさまざまな主体によって行われていることに留意しつつも、しかし、国家と国家との関係としてあらわれるＯＤＡとしての法整備支援に焦点をあてながら、法整備支援という援助形態が日本の法律学にとってもつ意味を検討していくことにする。その理由は、ＯＤＡとしての法整備支援が財政的にも人的にもきわめて規模が大きいばかりではなく、それが国家の政策として行われているという性格をもっているからであり、法整備支援論は、これにたいする検討を避けてとおることができないと考えるからである。

2　政府開発援助（ＯＤＡ）としての法整備支援

（1）ＯＤＡとしての法整備支援とは何か

「法整備支援」、「国際司法支援」、「法制度整備支援」など、いろいろな用語で呼称されるプロジェクトは、一九九〇年代の初頭からすでに諸外国の援助機関および国際的な援助機関において行われてきた。例えばベトナムを例にとると、とくに一九九〇年を前後する時期からスウェーデンのＳＩＤＡ（スウェーデン国際開発庁。その後、Ｓｉｄａと名称変更）が行ってきたが、日本の外務省およびＪＩＣＡ（国際協力事業団、現・国際協力機構）がＯＤＡの一環として正式に法整備支援を開始するのは、一九九六年以降のことである。

この場合、「正式に」という意味は、日本のＪＩＣＡが相手国のカウンター・パートと、支援の内容を明記した文書（Ｒ／Ｄ）に署名するという形式をとったものが交換される手続きを経ることをいう。そして、ベトナムにたいする日本による法整備支援は、「重要政策中枢支援プログラム」として開始された。もちろん、そのような文書の締結には至らないかたちのものでも、それ以前に、個別的に例えば「国別特設」という形式で行われてきた途上国の法律実務家の研修生としての受け入れ、日本の法律専門家の現地への派遣などの事業もここで対象とするＯＤＡとしての法整備支援の内容を構成する。

ところで、法整備支援は、援助の実務の領域では、「知的支援」と位置づけられており、それは『移行期にある国』に対する開発を支えていく人材養成や、経済計画策定、法制度の確立といった一国の制度や政策の形成に関する支援[14]」を意味し、ＯＤＡ白書では、「知的支援」を「グッド・ガバナンス（良い統治）」論の重要な領域として位置づけてきたところに特徴がある。

したがって、このようなＯＤＡとしての法整備支援は、日本においては新しい経験であり、一九九六年以降の歴史をもつにすぎない。しかし、このような短い歴史をもつにすぎない法整備支援ではあるが、近年においては法整備支援の対象国も大幅に拡大する方向にあり、また、法整備支援に従事する日本の法学研究者、法実務家の数も飛躍的に増大している。したがって、この新しい現象についてその経緯と課題を明らかにし、学問的な検討を加えておくことが強く求められている。

途上国への法整備支援という問題は、いうまでもなく援助をとりまく政治的および経済的な文脈とは無縁ではなく、またその評価をめぐってはさまざまな意見がありうるが、「法整備支援」に学問的な検討を加え、それがもつ日本の法理論上の課題を分析しておくことは、法学研究者、とくに体制移行国の法に関心をもつ研究者にとってこそ緊急の課題であるといえよう。

なぜならば、一九九〇年代に日本のODAとしての法整備支援が主要に対象国としてきたのは、「体制移行国」という用語によってODA白書で分類されている国々だからである。ODA白書にいう「体制移行国」とは、「社会主義体制から民主主義・市場経済体制へ移行しつつある諸国」を指し、具体的には、「主要な体制移行国」としては、一、モンゴル、二、中・東欧諸国、三、中央アジア・コーカサス諸国、四、ベトナム、中国、などがあげられており、これらの地域にたいする知的支援の重要性が指摘されてきた。[15]

一九九二年に閣議決定された「ODA大綱（旧）」は、その「原則」のなかで「開発途上国における民主化の促進、市場指向型経済導入の努力並びに基本的人権及び自由の保障状況に十分注意を払う」とし、またODA白書は、これらの地域への支援の意図につき「体制移行国は、中央アジア・コーカサス諸国、モンゴルなど、地政学的に重要な位置を占めている場合が多い。こうした諸国において民主化が逆行すれば、地域への平和と安定への障害にもなりかねない。また、社会主義体制を奉じる中国やヴィエトナムなどの諸国においても、市場経済の浸透は押し止められない流れとなっている。こうした認識がODA大綱に込められた体制移行支援の考えとなっている」[16]と述べた。

例えば、ソ連崩壊にともない一九九一年に独立国家となったウズベキスタン共和国では、ドイツの援助機関であるGTZ（ドイツ技術協力会社）が最高経済裁判所への支援を行い、UNDP（国連開発計画）およびOSCE（ヨーロッパ安全保障・協力機構）はオンブズマン制度への支援を行い、また世界銀行は通信関連法への支援等を行ってきた。

ウズベキスタンは、旧ソ連の構成国であり、独立後も六法をはじめとする法整備はすでに進行しており、また法学教育および法曹養成も制度的に明確なかたちで行われていた。ベトナム、カンボジア、ラオスなど六法自体の制定が法整備支援の対象となり、法学教育、法曹養成も制度的に構築することが課題となった国々の状況とはまったく異なっていた。しかし、旧来の制度、例えば検察庁による監督制度を存続させた上に新しい制度例えばオンブズパースン法を「接ぎ木」するなど、ウズベキスタンの法整備状況が抱える課題は依然として多い[17]。

このウズベキスタンにもみられるように、総じて、旧社会主義諸国および現存する社会主義諸国が、法整備支援の対象国となってきたのであり、法整備支援がこれらの諸国に与える影響を考察しておくことは、これら諸国の法の地域研究としても内在的な固有の課題である。

(2) ODAとしてのベトナム法整備支援

① 日本によるベトナム法整備支援の経緯と内容

ODAとしてのベトナム法整備支援が開始されたのは、一九九六年一二月一日からである。そのとき、日本のJICAとベトナム司法省とのあいだで合意された内容は、ベトナムの市場経済化の速度にあわせ、急速に進行する立法作業への助言を中心とするものであった。具体的には、支援した法分野としては、民事訴訟法、民事執行法、破産法、海事法などの民事法関係、商法、会社法、独占禁止法、知的所有権、投資法、証券取引法などの経済関連法、刑事訴訟法などの刑事法、であった。

そして、技術協力の方法としては、①専門家の派遣（検察官、裁判官、弁護士などを長期専門家として派遣、現地での当該テーマにかんするセミナーの開催のための短期専門家派遣など）、②研修生の受け入れ（司法省役人、裁判官、検察官等を日本で短期の研修を行う、あるいは長期研修生という身分での大学院などでの研修、学位取得）、③機材供与（例えば法案起草作業のためのコンピュータなど）に加え、④法の社会学的な調査を行うことにより制定された法が実際にどのように社会のなかで機能しているかという問題が重視された。日本のベトナムにたいする法整備支援は、フェーズ一が一九九六年一二月から一九九九年一一月まで行われ、フェーズ二が一九九九年一二月から二〇〇二年一一月まで実施された。フェーズ二で対象となった法分野は、民法改正、裁判判決にかんする法、企業破産法、海事法、刑事訴訟法、民事訴訟法などである。そして、フェーズ一では、派遣される長期専門家が一名であったのにたいし、フェーズ二ではそれが三名に増員されるなど、従来以上の規模での法整備支援が行われ[18]、二〇〇〇年代に入った後も継続的にベトナム法整備支援が行われてきた。

日本の法整備支援は、ベトナムに続き一九九九年からはカンボジア司法省にたいしても開始され、カンボジアにたいしては、ベトナムとは異なり、民法および民事訴訟法の起草作業への直接的な技術協力というかたちで進行したのがひとつの特徴であるが、ベトナムにたいする法整備支援は最初のプロジェクトであり、日本における「知的支援」のあり方を考えるうえで、これにたいする検討と総括はきわめて重要である。同時に、ＯＤＡとしてのアジア法整備支援が二〇〇〇年代には従来の枠を越えて例えば中央アジア諸国、モンゴル、インドネシア等へと拡大し、したがって、ベトナムへの法整備支援のありかたを相対化していく視点も不可欠である。そのためには、法整備支援ということがらがもっている役割および性格についての一般理論を構築しておくことが重要であろう。

②ドイモイ（刷新）と法整備支援の関連

一九八六年のベトナム共産党第六回大会は、「ドイモイ（刷新）」というスローガンを採択し、国家的所有と集団的所有の二つの所有形態のみを規定した一九八〇年憲法体制からの本格的な離陸を開始し、市場経済化と対外開放政策を柱とするドイモイ路線を提起した。

しかし、一九八九年の東欧社会主義諸国の崩壊と一九九一年のソ連邦の崩壊は、ベトナム社会に深刻な影響を与え、その渦中において制定されたベトナム一九九二年憲法[19]は、一方では伝統的な社会主義法の類型に適合的な性格をもちながらも、他方ではドイモイのいっそうの進展に適合的な諸条項を付与するに至った。前者については、例えば、国家の編成原理としての「民主集中原則」、「社会主義的適法性」などを強調しつつ、他方では、所有形態における「私的所有」の新たな承認、「人権」概念の登場などそれまでのベトナム憲法には存在しなかった法的カテゴリーを認めた。保守派と改革派の妥協の産物として制定された一九九二年憲法は、したがって不可避的に両派の力関係のもとで、力点がどのようにでも推移しうるという性格をもっていた。一九九六年の第八回党大会において、改革派がドイモイのいっそうの進展をよびかけ「発展」をスローガンとして押し出したのに対して、保守派が「平等」を主張したのは、ドイモイのもとでの階層間、地域間格差の是正という問題等が生じていたからであった[20]。

一九九二年憲法制定後、ベトナムにおいて最大の課題となったのは、民法典の制定であり、これは一九九五年に制定された。そして、その後、商法の制定がつづき、また、刑法、刑事訴訟法の改正へと向かっていった。この間、裁判所の機構改革が行なわれ、また、オンブズマン制度の導入の是非、憲法裁判所構想など、国家組織のあり方をめぐる議論も進行していくことになった。

ところで、法整備支援という観点からベトナム法の歴史を概観する場合には、以下のような点に留意する必要がある。

第一には、ベトナム法は一九世紀のフランス植民地法の支配下に入る以前は、きわめて長期にわたり中国法の圧倒的な影響のもとにあった。この点は、仁井田陞の安南法についての研究に詳しく論じられているが、このような植民地化以前の時代において、注目すべきことは、ベトナム法における儒教的伝統の存在および郷約（「村のおきて」）の制定である。[21] 儒教的伝統をどのように考えるかという問題は、のちにみるスウェーデンのＳｉｄａのベトナム法にかんする報告書においても重要な論点として扱われている。また、郷約をめぐる論点は、一九九〇年代に入り、まさにドイモイの進展過程で当時の共産党書記長ドー・ムオイが郷約の復活を呼びかけ、その後、各地においてフランス植民地時代に「改良」され、また、その後の社会主義化の過程で廃止された郷約が復活するという事態が起こっており、これは、とくに「法治国家」のよびかけのもとで国家法ではない「村のおきて」をどのように位置づけるのか、そしてとくに、司法制度をめぐる論点とも関連している。

第二には、フランス植民地時代に、フランス植民地法がベトナム社会に与えた影響をどのように考えるかという問題である。フランスがこの時代にベトナムで制定した法律の分野としてはなによりも反植民地運動を弾圧し秩序を維持するための刑事法が典型的なものであったが、例えば安南では、民事・商事訴訟法などをはじめとして多くの法典化が行われた。ベトナム知識人のファン・ボイ・チャウは、フランスによる刑法制定を「人種を陰滅する法」[22] とよび、それを「近代法」の導入とよぶことにフランス法研究者であり「安南法」研究にも従事した福井勇二郎もとまどったほどであったが、[23] それにもかかわらず、それらのフランスによる法整備は、植民地下での「近代法の導入」とよべなくもない。しかし、それは、自主的な制定権限を実質的に喪失した状況のもとでのできごとであった。

第三には、一九四五年九月の独立宣言以降のベトナム法の基本的な性格を考察するとき、一九五〇年代末まではベトナム法は中国法の非常に強い影響のもとにあった。中国的な社会主義法の系譜から、その後の一九六〇年代以降、ベトナムはソビエト法への傾斜を強めていくことになり、また、たしかに、期間的には旧ソ連などと較べそれほど長期にわたったわけではないが、この時期、ベトナム法は社会主義法としての性格を顕著にもつことになった。例えば、ベトナム一九八〇年憲法が当時のソ連の法律顧問のもとで制定されたことはこのことを如実に示している。

第四に、一九九二年憲法制定以降にベトナム法整備が進展したのは、三ヶ月章が指摘するように、「他国の強力な経済攻勢の中で、新しく法律制度を整備しなければならないという立場におかれている」からであった。(24)

③ 一九九〇年代の日本によるベトナム法整備支援のなかで生起してきた諸問題

日本によるベトナム法整備支援は、日本にとっては最初の経験でもあり、その過程で検討すべきいくつかの諸問題が生まれてきた。

第一には、国際援助機関および外国援助機関など他のドナーによる法整備支援との関連づけである。例えば、UNDPとデンマークの援助機関は、ベトナム最高人民裁判所にたいし、最高人民裁判所と地方人民裁判所をつなぐコンピュータ・ネットワーク事業への支援を行ったし、また、アメリカ合衆国とカナダ政府は、裁判官の再教育のための資金援助、地方裁判所職員への英語教育などを支援した。一九九〇年代の中頃には、ベトナム最高人民検察庁には、コンピュータ統計センターがあり、二〇の省および市とのネットワークを確立したが、このネットワークの情報の流れは地方から中央への一方的なものであり、中央から地方への流れを確立するには至っていなかった。この改善プロジェクトにたいしては、UNDP、デンマークが協力した。そして、二〇〇〇年までには、一日単位での犯罪統計の集約が可能となるように支援した。検察官の外国での研修については、フランス、イギリス、ドイツ、デンマーク、オーストラリアが協力して行った。一九九五年のASEANのジャカルタ会議ではＡＳＥＡＮ構成国間で検察庁職員の研修および犯罪情報の交換についての協力のための覚え書きが交わされ、また麻薬問題にかかわって中国およびラオスの検察庁との協力も進展した。ベトナム国会への支援としては、Ｓｉｄａによる「国会の活動能力向上」プロジェクトが行われ、国会運営にかかわる諸問題、例えば立法能力の向上、法学教育、英語研修、コンピュータ技術の習得などを内容とする。また、ＵＮＤＰによる「法的能力向上」プロジェクトも行われてきた[25]。

一九九〇年代の日本によるベトナムへの法整備支援は、主として民商事法を中心とする支援であるのにたいし、諸外国および国際援助機関の支援は、立法、行政、司法など国家組織の全体にわたる援助として行われる場合も多く、それは、法の支配の確立という点に援助の目的を置いているからであった。

したがって、一方では民商事法中心の日本の援助にたいしては、ベトナム側からは、市場経済化への直接的な領域でもあり、効果的であるという評価とともに、刑法、刑事訴訟法へのいっそうの支援をはじめあらゆる法分野への支援を要望する意見が存在した。

第二には、法整備支援を行う際のカウンター・パートをめぐる問題である。第一フェーズにおけるベトナムへの法整備支援のカウンター・パートは、日本の場合にはベトナム司法省であったが、他の機関例えば最高人民裁判所、最高人民検察庁など、レシピアント内部での利益調整をめぐる問題が存在した。この問題には、さきに指摘した、どのような法分野に支援するかという問題も関連しており、例えば最高人民検察庁が主管として担当する刑事法分野への援助をどのように行っていくかについて、ベトナム司法省と最高人民検察庁の関係、それらベトナム側の両機関と日本の援助機関との関係が問題となった。そこで、第二フェーズ以降においては、司法省をメイン・カウンター・パートとしながらも、最高人民検察庁および最高人民裁判所もカウンター・パートに加わった。

④ベトナム法整備状況への評価

ベトナム法整備支援に日本より早く一九九〇年代初頭から取り組んできたスウェーデンは、ベトナムの法整備状況についての評価をすでに先行して行っていた。ここで取り上げるのは、一つは、ベトナム法整備支援の過程でベトナム司法省とスウェーデンの援助機関が共同作業としてまとめた報告書（第一次報告書および第二次報告書）であり、いま一つは、『途上国への法整備支援』というタイトルでスウェーデンの研究者によって公刊された書物である。

「ベトナムにおける法の支配の強化にたいする支援」というＳｉｄａのプロジェクトは、一九九〇年代の初頭より開始された。このプロジェクトにおいてスウェーデンは、競売法、仲裁法、会社法、合作社法、民事訴訟法、刑事訴訟法、行政法、裁判所法、法規範文書法、家族法、国籍法などへの支援とともに、ジェンダーや人権についてのセミナーも行ってきた。Ｓｉｄａの法整備支援の特徴は、法の支配を掲げるとともに、あらゆる法分野全体にかかわってきたことである。

「第一次報告書」によると、ベトナム法をとりまく状況は、つぎのように理解されていた。第一に、法学教育の分野の問題点であり、社会主義法システムから西側の法のシステムへの移行に必要な法学教育の重要性という問題である。第二に、立法過程において問題点があり、法の位階構造自体の不分明が存在するという問題である。第三には、立法内容自体の問題性とともに判決の執行過程の問題性である。第四に、行政法関連分野における紛争解決システムの改善の必要性である。

「第二次報告書」は、さらにベトナム法の全体について詳細な検討を加え、第一に、ベトナム法における儒教的伝統および社会主義的伝統がはたしている負の側面を指摘している。第二に、立法過程について、その立法技術の遅れとともに、立法化された法律があまりにも一般的な規定でありすぎること、法律の合憲性審査のシステムに難点があること、その他、国家組織における中央機関と地方機関の編成上の諸問題、旧法と新法の関連が明確でないこと、また、司法制度の首尾一貫性の欠如、法の解釈における「法の目的」概念および「指導原理」概念による事実上の「類推適用」の広範な存在などを指摘した。[26]

『途上国への法整備支援』[27]は、ベトナムへの法整備支援に直接かかわったスウェーデンの研究者および法律実務家による書物として、ベトナム現代法論および法整備支援論にとって、きわめて有益なものである。

編者であるペール・セヴァスティックの巻頭論文「法の支配とスウェーデンの開発援助」は、スウェーデンの開発援助の理念は、歴史的にも「民主主義、社会開発、人権」[28]に向けられてきたことを明らかにしている。そして、アンデシュ・フォーゲルクロー「法の支配の原理と法的発展」は、「法の支配」という原理には、いくつかの原理が含まれており、それらは、①法の優越性（適法性）、②権力分立、③個人の生命・自由・財産の保障、④法的な確実性、⑤法の前の平等、⑥法の支配原理の有効性、であり[29]、これら六つの諸原理は「法の支配という体制へむけての発展の主要な目標をカヴァーしている[30]」。

そして、ペール・ベリリン「法的協力における理論と現実——ベトナムの場合」は、「ベトナムおよびその他の多くの途上国にとっての問題は、新たな法を造り出すことは比較的簡単であり費用がかからないのにたいし、実施しようとするとかなり困難であり負担もかかる[31]」ことであると述べ、立法それ自体よりは法の実施における難しさを指摘している。スウェーデンの法整備支援は、「人権」、「法の支配」、「市民社会」の確立等に重点が置かれ、この観点からの評価が行われているという特徴をもっている。

これらのスウェーデンの評価とは別に、ベトナムへの法整備支援を考えるうえで、アメリカ合衆国の研究者による以下の論文は、一九九〇年代の諸外国および国際機関による法整備支援をかつての「法と開発運動」に深く関連づけている点で、興味深い。

「ポスト冷戦期における『新しい』法と開発運動――ベトナムの事例研究」と題するキャロル・ローズの論文[32]は、一九六〇年代、一九七〇年代の「法と開発運動」は失敗したが、一九九〇年代になり「新・法と開発運動」があらわれてきたことに注目し、「法と開発運動」で問われた諸論点をベトナムにたいする法整備支援の具体的な検討をとおして検証しようとしている。

ローズによれば、「新・法と開発運動」における「新」とは、第一に、かつての「法と開発運動」の時代とは異なり、法整備支援のドナーが多様化しアメリカ合衆国だけではなくなったこと、第二に、法的発展の西洋モデルの有用性についてレシピアント政府が懐疑的になっており、ベトナムでも他のアジア諸国の法制度研究への関心が強いこと[33]、という現実の状況変化にもとづいている。そして、時代の変化のなかで、ドナーの影響力は減少し、レシピアントの側の法改革へのイニシアチブが増大したこと、を指摘している[34]。それにもかかわらず、かつての「法と開発運動」にかかわる論点は、冷戦後の時代の法整備支援論においても依然として重要であり、ローズの論点整理によれば、第一には、西洋モデルがあらゆる文化的文脈においても効果的に機能するという「自民族中心主義」の考え方についてであり、第二に、法および法律家の役割についての過度の簡略化などの傾向（エッセンシャライゼーション）についてである[35]。第三には、個人の権利という西洋的な観念を欠如させているところへ法的道具主義という西洋的観念を移入するというやりかたの法の移植は、レシピアント国の「権威主義的な構造」を強化することになる、という論点である[36]。第四には、「帝国主義」にかかわる問題であり、世界市場における低開発諸国の構造的な不均衡をめぐる問題をどのように考えるべきか、ということである。[37] ローズが指摘するこれらの論点は、日本の法整備支援をめぐる議論においても同様に存在している。

3　法整備支援をめぐる日本の諸議論

(1) 批判的な議論

法整備支援、とくにアジア諸国への日本の法整備支援について、その開始当時の一九九〇年代にすでにこれを批判的に考察する見解が存在した。

民法学を専門とする清水誠は、日本の民法施行一〇〇周年との関係から、「この一〇〇年、ともかく、民法をはじめとする急造・新設の法制度をふまえながら、営々と、例えば、会社制度、登記制度を含む土地制度、郵便制度、鉄道制度、学校制度、医療制度などなどの下部構造（インフラストラクチャ）を築いてきた」ことの「積極的意味」を評価しつつも、「その過程において、とりわけ軍国主義によってもたらされた歪み……を批判することが不可欠の課題である」という認識にもとづき、「ところが、最近、近代日本の範を垂れるという調子の、アジア諸国への立法支援なるものが語られることしきりである。しかし、私は、右のような根源的な問題の徹底的な考察、いいかえれば、近代日本の批判的回顧を経ないで行われる交流には首を傾げざるをえない」[38]と述べる。ここには、社会主義体制の崩壊後、市場経済化が全世界を席巻し、市場経済化こそが今後の世界の進むべき道であるという論調にたいし、日本の法がまさしくそうであったように市場経済化のなかで公害、貧困をはじめ、

「市民的自由・平等の不確立」などさまざまな問題があらわれてきたことを直視することの重要性を喚起するとともに、アジア諸国への日本の法整備支援のなかにかつての大東亜共栄圏を彷彿とさせる姿を見出してのことであろう。

同様に、憲法学を専門とする久保田穣は、「司法制度改革」の動向についての批判的な検討を行うなかで、「欠陥のある日本の司法制度をどう改めるのか、ということを検討した調査会であるにもかかわらず、『方針』の段階から、一貫して、『アジア諸国に対する法整備支援の強化』ということが、検討項目として挙げられ」、この点を「見逃すことができない」としつつ、それは「アジア地域への日本企業のいっそうの進出のためである」こと、そして「その意味するものは、多国籍企業化を加速しようとしている日本の大企業のための、インフラ整備であり安全保障である」こと、要するに「日米ガイドラインに基づく諸法案が、企業活動の多国籍展開のための『非常時』安全保障であるとすれば、この『法整備支援』は、『平時』の安全保障を意図している」という位置づけになる。[39] ここには、非常時における日米カイドラインの制定と表裏一体のものとしての平時におけるアジア法整備支援、という理解が存在する。すなわち、アジア諸国への日本および日本企業・多国籍企業の帝国主義的進出の露払いとしての法整備支援という理解が含まれている。

（2）必要性を説く議論

これにたいして、法整備支援を擁護する、あるいはその必要性を説く議論は、つぎのようなものであった。アジア法整備支援の実施にあたり森嶌昭夫は、「率直に言って、わが国はこれまで他の国の法整備の支援をしたという経験をほとんど持っていない。しかし、ヨーロッパ法を継受してすでに一〇〇年の経験を持つわが国の法律家が、成功、失敗を含めてその経験を伝えて途上国の法整備に貢献するのは当然のことではないだろうか[40]」と述べる。

また、法務省の原優は、「近年、近代化及び市場経済への移行を目指して、社会・経済体制の変革に取り組んでいるアジアの諸国（ヴィエトナム、カンボジア、ラオス、ミャンマー、中国、モンゴル等）から、同じアジアの一員として、地理的に近いのみならず、文化的にも、精神的にも、また、社会的にも共通点の多い我が国に対し、明治維新以来の外国法の継受とその独自の発展の経験等に学びたいとして、その法整備についての支援を求める要請が次第に強くなってきている[41]」と述べる。

これらの議論から明らかなことは、法整備支援を評価するうえでは、法の継受という問題を軸にして、とくに明治期以降の日本の法律制度および法律学の発展をどのようなものとして理解するかという問題が横たわっている。また、とくにボワソナードなどのお雇い外国人の果たした役割の評価をどのように考えるかという論点も浮上してくる。そして、三ヶ月章が指摘しているように、かつての日本における西欧の法律家による支援と、現在のアジア諸国への法整備支援をとりまく状況の違いを明確にしておくことも必要である。三ヶ月は、「西欧法導入の①動機、②時代環境、③手法というものを選び、ベトナムと日本との共通性と異質性を考察してみる[42]」という観点から、かつての日本における法整備は条約改正という政治的な課題の結果として起こったものであったのにたいし、現在のベトナムの法整備は市場経済化という経済的な理由から起こっていることに注意を喚起している。

したがって、法整備支援の意義を考えるうえでは、日本法における外国法の継受と歴史についての経験を相対化していく作業が不可欠となるが、本書ではそれに十全にかかわる余裕も能力もない。ただ、法制史を専門とし、ボワソナードを研究する大久保泰甫が「東アジアや東南アジア諸国の法典編纂にまつわる歴史と日本」の問題について述べるように、「不平等条約または植民地化という国際的桎梏の存在」、「『泰西主義的原則の要求』」、「お雇い外国人法律家の起草（ないし関与）」、「法律用語・法文の『翻訳』および新語造出の問題」、「法学教育の創設（法律家の養成）」、「裁判所制度の整備」、「固有法（慣習法）の取り扱い」、「法の二重構造の現出」、「伝統社会の変貌ないし崩壊の進行」[43]など、各国をとりまく歴史的与件について考察しておくことが、法整備支援論にとっては重要である。それと同時に、石田眞が末弘法学の検討をつうじて行っている「華北農村慣行調査」をはじめ戦前・戦時中の日本による植民地法研究の総括もまた本書のテーマとのかかわりでは重要であり、この問題は、日本がアジア諸国にたいして法の分野の支援で何を行ってはいけないかという問題に関連しているが、ここでは問題の指摘にとどめざるをえない[44]。

（3）ベトナム歴史学研究者の議論

上記の見解はともに法律学からのものであるが、これらとは別の観点から、ベトナム歴史学を専攻する古田元夫は、ベトナムへの法整備支援を含む「開発援助」の意味を、「民主主義」、「人権」の問題状況とのかかわりから検討している。古田は、法整備支援などの「開発援助」をベトナムにたいして行う場合の、いくつかの選択肢を比較検討し、それをベトナム社会の現状に即して論じるという、きわめて現実的な立場から出発している。

古田は、「日本などの援助供与国が、援助と民主主義の関連ということで選択しうる道は、三つ存在する」という。第一は、「複数政党制による自由な選挙を民主主義の必要不可欠な要件とし、またそのような政治体制を支える一連の自由権の尊重を人権状況の判断基準とする道」であるが、「このような条件を設定すれば、ベトナムは、非民主主義的で、思想・信条の自由や表現・結社の自由が侵害されている、人権状況が不良な国家ということにならざるをえない」ことになり、「ベトナムは積極的に援助を供与する対象にはなりえない……相手ということになる」。第二の道は、「これと全く正反対の考えで、ベトナムのような国家の人権や民主主義の状態を問題にしても、何の利益もなく、援助供与国が問題とすべきなのは、良好な投資・通商環境とその基盤となる政治的安定だけであると、割り切る道」である。古田は、これらの道について、「第一の道は、一見すっきりした考えで、人権と民主主義をベトナムとの関係において重視しているかに見えるが、その実、ベトナムの現実の人権や民主主義をめぐる状況を改善する糸口を持ちえないアプローチ」であり、また、第二の道は、「日本が、このように、援助と民主主義は関連させないという姿勢を明示すれば、ベトナムを含めていくつかのアジア諸国からは拍手喝采を浴びるかもしれないが、逆に、人権や民主主義を専ら欧米諸国の専売特許に委ねることになるというリスクを伴う選択肢」であり、「ベトナム政府自身が人権の尊重をうたい……民主化の必要を公言している時に、日本がこのような後退的姿勢をとることは、国際的に失笑をかってもいたしかたのない選択であろう」とする。そして、「残りうる第三の道」として、「援助と民主主義とを関連はさせるが、第一の道のように、民主主義の内容を固定的には定義しないという道」であり、「複数政党制と一連の自由権の尊重をベトナムに対する判断基準とするのではなく、人権の拡充と民主主義の拡大というプロセスをベトナムが前に進んでいるのかどうかを判断基準にする」という道であり、これは、「すでにＪＩＣＡの『二〇一〇年における我が国の援助とＪＩＣＡの役割に関する基礎研究』でも提示されている考え方」である、という。[45] 古田は、したがって「法律専門家の養成や、一般市民に対する法律教育に対する協力も、地味ではあるが、重要な援助課題」であり「日本の援助でいえば、ＪＩＣＡによって展開されているベトナムの法整備支援は、以上のような点から、積極的に評価しうるプロジェクトといえよう」[46]ということになる。

法整備支援をめぐる上記のさまざまな評価については、したがって、ＯＤＡなど援助論一般についての理解をめぐる議論とともに、法整備支援が相手国にとってもつ意味、供与国の法整備状況にとってもつ意味、の検討が必要となる。そこで以下、まず、法整備支援にかかわる援助論および供与国の法整備状況にとってもつ意味について検討する。そして、わが国の法整備状況にとってもつ意味については、この数年来議論となってきた司法制度改革論議における法整備支援にかかわる諸問題を考察する。また、上に課題として掲げた相手国、とくに相手国政府だけではなく人びとの暮らしにかかわってそれがもつ意味についての全面的な分析は、現地での法社会学的な調査が必要であるが[47]、ここでは、この課題にかかわってどのような法理論的課題がベトナム法に生起しているかという点に限定して考察しておくことにする。

4　法整備支援の理論的課題

(1)　法における「国際協力」あるいは「援助」

法整備支援は、さきに述べたような、民間を主体とする広義の意味においては、当然にその必要性に応じて行われるべきものであろうし、そのこと自体の意義についてはそれぞれの実施主体の判断に委ねられるべきことがらであろう。ただし、この分野においても、法における国際協力とは何か、また、法における国際貢献とは何か、という論点がかならず浮上することになる。

ここでODAとして実施される法整備支援については、それが現実の政治的、経済的な過程において、例えば企業の現地での経済活動を円滑に進めていく効果をもつことは確かであるが、同時に途上国支援という観点から、どのような法整備支援のありかたが望まれるかというように問題をたてた場合には、また異なった論点が浮かびあがってくる。すなわち、支援の理念をどこにおくか、支援の対象とすべき法分野は何か、どのような機関に支援をすべきか、また、支援の結果をどのような手法によって評価すべきか、などについて、これまでの日本の経験から教訓とその法理論上の課題を整理し分析しておくことが不可欠である。それと同時に、ODAにかかわる法的援助論一般について、これを法学研究者が研究対象としていくことが緊急の課題である。なぜならば、援助論についての法学的検討は、これまでほとんど行われてこなかったからである。例えば、「援助」をどのようなものとして考えるかという問題がある。佐藤寛は、「援助」というものを「ある途上国の社会に対して、『特定の方向への変化を促すことを意図して行なわれる、外部からの介入』[48]」ととらえる。そして、「援助」は、「きわめて『不自然な』交換の仕方」であり、「『先進国』から『途上国』へ（あえて言えば強者から弱者へ）一方的に金、モノ、技術、人材などが流れるだけなのだから、厳密には『交換』ですらないのである。もちろん、政治的な支援とか、経済的な市場の確保といった間接的な利便は発生し得るが、これは援助それ自体に本質的にともなうものではない[49]」ことを前提として、「援助」と「国際協力」という用語にふれ、しかし「援助を現実として見ようとする立場からはこれを『国際協力』ということばで置き換えてしまうと、抜け落ちてしまう部分がある[50]」という。本書でも、ODAとしての法整備分野での外国とのかかわりを論ずる際に「法整備協力」ではなく「法整備支援」という用語を使用するのは、このためである。

また、法整備支援を開発援助論全体のなかに位置づけておく作業も、必要な課題であるが、本書ではこの課題を十全に扱うことはなしえていない。この分野は、いわゆる「旧ODA大綱」にいう「市場指向型経済」、「人権」、「民主化」という援助にかかわる価値をどのように考えたらよいのか、それらにおける価値序列はいかにあるべきかという論点にかかわっている。この点につき、下山恭民・中川淳司・齋藤淳『ODA大綱の政治経済学』[51]は、「一九九六年度からはベトナムの民商法整備に関する技術協力」[52]を行ってきたことに言及し、さらにODA白書における「人権・民主化に関するODA大綱原則の運用に当たっては、『一刀両断的な対応』を排して、相手国に対する『理解や暖かみ』を持ちながら『様々な配慮』を講じることを明言している」[53]ことを、「ダブル・スタンダード」[54]であると指摘し、このような見解にたいする反対論および擁護論を紹介している。

しかし、法整備支援という援助の分野を問題とする場合には、「人権」、「民主化」という価値理念をめぐる問題が、「重要政策中枢支援プログラム」の他の分野、例えば「マクロ経済運営に関する政策アドバイザーの派遣」[55]とは相対的とはいえ決定的に異なるということの認識は重要である。なぜならば、ODAの「知的支援」の他の諸形態との比較において法整備支援がもつ最大の特徴は、「人権」、「民主化」それ自体を直接的な対象としているという点にあり、これらの問題とかかわって、また「法の支配」、「独立した司法制度」、「権力分立」などの法的な中心問題が直接の対象となり、その意味で法整備支援という援助の形態においては、これらの価値を本来的に対象とせざるをえないという特殊性をもっている。

したがって、この点については、援助理念一般の問題として扱うとともに、法整備支援の実際の展開過程のなかから、これらの法的な価値にどのように対応してきたのかという経験からも議論することが可能である。

(2) 法整備支援と司法制度改革

ところで、法整備支援をめぐる議論のあり方は、一九九〇年代以降日本において議論が行われた司法制度改革問題のなかに位置づけることが可能である。司法制度改革審議会の「論点整理」(一九九九年一二月二一日)[56]などでも「国際化と司法の役割」が項目化され、「世界に展開する個人や企業等の安全とその権利をいかにして保護していくのか、いかにして公正で活力ある世界市場を構築し、効果的な通商戦略をもって参入していくのか、さらに人権問題や環境問題等の地球的課題や国際犯罪等の問題にどのように取り組んでいくべきなのか、といった課題に直面している」という認識が示されていた。また、法務省は、「司法制度の現状と改革の課題」(一九九九年一二月八日)[57]のなかで、「国際化への対応」を述べ、「これらの国々〔アジアなど司法制度の確立・充実を強く求めている国々――引用者〕の法制度整備を支援すること」の意義にふれ、「いわば世界の共通の言語としてのよりよい司法制度のグローバル化を推進するために貢献していく必要がある」と指摘していた[58]。

日本弁護士連合会の「司法改革ビジョン」(一九九八年一一月二〇日)も「国際化への対応のため、国際的人権保障のための課題(国内法を国際人権法の水準に引き上げること)に取り組み、国際仲裁センターの充実、アジア諸国との法的問題での協働・アジア人権保障機構の創設といった諸施策を行う」[59]と述べていた。

しかしながら、このような国際化のなかの司法制度改革が重要なテーマとなりつつも、例えば司法改革をめぐる議論のなかで、国際化にたいする検討は、日弁連での議論を別にすれば、十分ではないというのが当時の議論状況のひとつの特色であるといえよう。この点で、池田辰夫「国際化のなかの司法インフラの構図――大競争時代と国際ハーモナイゼーション」は、「経済法曹にとどまらない。人権は国境を越える」[60]という観点をも含めて国際化のなかの司法改革の構図を描いた[61]。

これらの司法制度改革と国際化をめぐる議論のなかで本来的に対抗していたものは、主として市場経済化支援だけに重点を置くのか、それとも、人権および民主化という領域にたいする支援を積極的に位置づけていくかという問題であり、その意味において、当時の司法制度改革問題は、日本によるアジア諸国にたいする法整備支援のありかたの根幹にかかわる議論として存在していた。

したがって、日本によるアジア諸国への法整備支援のあり方は、日本の司法制度改革論議と共通の論点をもっていた。換言すれば、アジア法整備支援のあり方は、日本の司法制度改革の水準を映し出すものでもあった。今関源成は、司法制度改革論議について、「司法改革を語る語彙が何故『個人』の『自由』・『人権』の尊重ではなく、『法の支配』であり、『市民』、『自律』であるのかをもっと批判的に吟味しなければ」ならないと指摘したが[62]、このことは法整備支援においても留意すべきことがらである。

司法制度改革論議のなかでは、すでにみてきたように「アジアへの立法支援」が一つの課題として掲げられているが、ここで問われている最大の問題は、法整備支援における「理念」と「価値」をめぐる問題であり、「価値序列」にかかわる問題である。旧ＯＤＡ大綱においては「民主化の促進、市場指向型経済導入の努力並びに基本的人権及び自由の保障」がうたわれ、これらの諸価値を「良い統治」論によって結びつけていく方向が模索されてきた。しかし、同時に必要なことは、「民主化」、「市場指向型経済導入」、「基本的人権」はそれぞれ異なるベクトルをもった価値であり、そうであるならば、それぞれの価値が衝突した場合に、どの価値を優先させていくのかという「価値序列」を明らかにする必要がある。スウェーデンのＳｉｄａの場合には、「環境」、「人権」が、「市場経済化」に優先するという序列を掲げているが、我が国の援助においては、この問題はあまり明確にはなってこなかった[63]。

しかしながら、昨今の国際社会における環境問題の動向をみても明らかなように、価値序列を曖昧にしたままで法整備支援を今後も継続していくことは不可能である。法整備支援を行ううえでの理念と価値序列を明確にし、それをレシピアントの側に伝えたうえで、どのような支援が可能であるか、を議論していくことは、日本の法整備支援論にとっても重要である。

（3）法整備支援とベトナム法をめぐる理論的諸問題

以上のような法整備支援一般にかかわる問題を前提にしながら、ここでは主として一九九〇年代のベトナム法整備支援の過程で具体的に明らかになってきた法理論上の諸問題につき主要な論点と問題の所在のみを検討していくことにする。

第一には、法の継受をめぐる論点である。ベトナムは、すでにみてきたように中国法、フランス法、社会主義法のそれぞれの法を移入してきた歴史をもつ。そして、今日では、大陸法、英米法だけではなく、アジア諸国の法を参考にしつつ法整備を行いつつある。そこでもっとも問題となったのは、形成してきた社会主義法のどの部分をどのように変えていくかという問題である。

第二には、慣習法、法文化の問題である。一般にベトナム社会では儒教的伝統が存在し、儒教においては、法による統治ではなく人による統治が理想とされ、成文化された法よりむしろ慣習に重きを置くという考え方が支配的であり、「自然の理」を補完するものとして成文化された法の存在をとらえてきた。さらに、このような法文化のうえに、フランス植民地法が導入されたが、それは権威主義的な統治を正当化するためのものであり、それは逆に人びとのなかに法ニヒリズムを助長することになった。問題は、このように形成されてきた、そして現在でも存在する慣習法への依存（例えば郷約――村のおきて――の再評価）という事態にたいし、法治、法の支配の確立という観点からどのような評価を加えるかということであろう。

第三には、「社会発展」と「近代化」にかんする論点である。開発と法をめぐる議論から、法整備支援に問われている問題のひとつは、「近代的」な法の移入という場合、「近代法」をいかなるものと理解し、そのどの部分を移入し、その移入にたいしてどのような支援をしていくかという問題である。この点では、「発展」と「平等」という、法の「近代化」のなかで生起してきた問題が存在する。

第四には、民主主義にかんする問題がある。ベトナムの政治体制の特徴は、なによりも一党制が採用されていることであり、また、ドイモイのスローガンのもとでも権力分立が否定され、国家の編成原理として「民主集中原則」が採用されていることである。したがって、このような政治状況をどのような方向に改革していくかという課題に直面している。そして、いわゆる「アジア的民主主義」論をベトナムがどのようにうけとめていくか、そしてそれにたいして日本の法整備支援はいかなる態度をとるかという論点が存在する。

第五には、人権にかんするものである。ベトナムにおける人権をめぐる状況は、自由権の領域においては、依然として個人の権利保障からは多くの問題点を抱えている。しかし、元来は党学校として設立されたホーチミン国家政治学院にも一九九〇年代に人権研究センターが設立され活動を展開していることにみられるように、人権についてのベトナムとの対話は可能である。また、ベトナム最高人民検察庁が、刑事訴訟法改正の主管として担当してきたし、この機関との人権問題についての議論も可能である。

第六には、国家主権を中心とする内政不干渉の主張と法整備支援の限界問題についてである。これは、ベトナムよりもむしろカンボジアの法整備支援に顕著にあらわれてきた問題であるが、ここに紹介しておく。国家主権をめぐる論点は、外国機関による法整備支援がどの範囲および程度まで可能かという問題に関連している。また、この問題は、大陸法か英米法かについての、ドナーの思惑にかんする問題ともより深くかかわっている。日本の法整備支援においては、カンボジアにおいて一九九九年より民法および民事訴訟法の起草に貢献したが、このような立法支援の意義と限界という問題である。この点について、弁護士の桜木和代は、「およそ他の国に対する法整備支援には、支援する側の法制度ひいては文化を押しつける危険性がある。実際カンボディアでも大まかな言い方ではあるが、支援する側の大陸法系と英米法系との綱引きとも見られる場面に出くわすこともたびたびあった[64]」と述べているが、歴史的な経緯からレシピアントの側の立法能力が限定されている場合の法整備支援のあり方については、とくに考慮する必要があろう。

5　小　括

日本の法整備支援草創期の一九九〇年代以降にあらわれた日本による法整備支援への反対論の代表的な見解についてはすでに紹介したが、じつは、それらの議論とは別に学問的にはさらに根深いところでの反対論が存在するように思われる。それは、主としてアジア諸国および旧社会主義国の法を研究している人びとからの意見としてありうるものである。すなわち、法整備支援とりわけ立法支援という事業の担い手の多くは民法であったり商法であったり専門はさまざまであるが、アジア諸国および旧社会主義国の法を直接の専門として研究している人びとではないということにたいするある種の不信感を前提にした考え方である。これらの考え方をもつ人びとによれば、かつての「法と開発運動」が「西欧法中心主義」として批判されてきたのと同様の懐疑がその根底にある。

そして、このような意見および本章で紹介したいくつかの反対論または懐疑論の検討をつうじて、そこに横たわっている最大の問題は、法整備支援が開発援助の領域で直接に人権、民主化というような価値そのものにかかわることに由来する問題である。ここで問われていることは、法整備支援を実施する際に、これらの価値的な諸問題にたいし、実施主体がどのように向き合っていくのか、すなわち、普遍主義、法文化論、文化相対主義等にたいしいかにかかわっていくかということである。

したがって、アジア論、アジア諸国法論の現状を前提にすれば、法整備支援というテーマは、ただちに「アジア的民主主義」論、「アジア的人権」論などの「アジア的価値」をめぐる諸問題[65]と関連することになる。そして、これらの問題は、例えば「人権」については、「法文化」の性格と位置をめぐって、「普遍主義」的な立場に立脚するのか、それとも「文化相対主義」的な立場に立脚するのかという論点へと結びついていく。すなわち、例えばベトナムへの法整備支援にかかわる際に、この場合は、ODAとしての法整備支援であろうとNGOレベルでの法整備支援であろうと同様に問われる問題であるが、人権侵害状況を支える法制度の存在にたいして、どのような立場をとり、またいかなる方法で法整備支援を行っていくか、あるいは、「文化相対主義」的な観点を重視した支援を行うべきか、または、日本のODAがそうであるように、人権等の問題についての現地の状況にはあまり深くコミットすることを可能なかぎり回避しつつ、人権、民主主義の分野ではなく、市場経済化にとっての民商事法という分野に限定して支援を行うか、という論点に関連している[66]。

「普遍を、どんな具体的な歴史的実在とも混同しない[67]」という樋口陽一は、普遍主義の立場から、法の領域における「国際協力」について、「デモクラシーの国際協力」としての「ヴェニス委員会[68]」をとりあげ、それが、西側諸国、ロシア、東欧諸国を含む四〇カ国からなり、デモクラシーの達成度の評価を行っていることにふれ、「法と人権を尊重するデモクラシー」という基準につき、「あまり几帳面に基準をあてはめるわけにはゆかない。そうかといって、基準をゆるめすぎれば、現在必ずしも十分に『法と人権を尊重』していない『デモクラシー』に正統化のお墨付きをあたえることになる」としつつも「『西』と『東』の憲法対話は、確実にすすんできている[69]」と指摘した。

法整備支援において、普遍主義、法文化論、文化相対主義というファクターをどのように考えるかという論点[70]に学問的な評価を加えることは、多くの困難をともなうが、すくなくともここでいえることは、法整備支援にかかわる人びとおよびプロジェクトのあり方として、それが普遍主義的立場からであるかどうかはともかく、「人権」、「民主主義」を価値として掲げているプロジェクトであることを前提にするかぎり、レシピアントにたいして人権および民主主義の観点から必要な指摘はするべきであるし、また、それがレシピアントにどのように受けとめられあるいは受けとめられないかを実際に知ることが必要である。

その意味では、『刑法入門』のクメール語版をカンボジア社会に寄贈した中山研一が、カンボジア側の積極的な受けとめ方を紹介し、他方、それらの交流をつうじながら、「わが国が、中世紀には中国法の律令制度を継受した後、明治以降はイギリス法、フランス法、ドイツ法などのヨーロッパ大陸法を大胆に継受し、第二次大戦後はアメリカ法をも継受し、それらを総合しながら独特の日本法を形成してきたという歴史的な経験に、改めて注目する必要がある。……そして、そのような西洋法継受の経験の分析は……カンボジア〔にとって――引用者〕……ひとつの歴史的な経験として参考になり得るものと思われる」という点を指摘し、「おそまきながらアジア法の研究を始めたいという欲求にかられることになった」[71]というような相互の学問的交流のあり方にこそ注目しておきたい。そうであるとすれば、日本の法整備支援にあたり、近代日本が法の領域で行ってきた正の遺産とともに負の遺産をも途上国にたいして明確に伝えることは、法整備支援を行ううえでの不可欠の事業であるといえよう。

したがって、日本によるＯＤＡとしての法整備支援にとって一九九〇年代の経験をつうじてさらに考慮すべき点は、第一には、法整備支援の対象となる法の領域を拡大していく方向を検討することに関連する諸問題である。民商事法中心というスタンスは、さきの古田論文でも指摘されていたように、国際化の現状のなかではいかにも分野としてあまりにも偏りすぎであり、狭く、なによりも「市場経済化のための法整備支援」という日本自身の援助目的にも合致していない。「市場経済化」のためには民商事法の制定および改革が不可欠であることはもちろんであるが、とくに社会主義体制からの移行および転換を余儀なくされている諸国の場合には経済改革とともに行政改革、司法改革、さらには政治改革など統治機構のあらゆる領域にかかわる改革が、「市場経済化」のためには必要であり、したがって、ベトナムであれば、この間、司法改革、行政改革、「国会オンブズマン制度」の導入が議論され、ウズベキスタンであれば、憲法裁判所の創設、オンブズマン法の制定が行われてきたのであった。

ＯＤＡの予算規模、人員の関連から、法整備支援とくに立法支援の領域について対象となる法を限定することはもちろんありうるにしても、民商事法中心と自己限定をする必要はまったくないであろう。レシピアントが要望しドナー側との条件が合えば、例えばそれが「人権」というテーマであっても支援の対象とすることは可能である。そして、法整備支援の過程または一定期間の終了後に、実務的な評価とともに、専門的かつ学問的な評価が行われることが必要である。また、二〇〇〇年代に入り、ウズベキスタンにたいする行政手続法制定支援も行われるなど、日本でも民商事法中心主義とは異なる法整備支援が近年開始されつつある。

第二には、日本によるアジア諸国への法整備支援は、日本の各法分野の専門家および実務家の広範な参加によってこそ成り立ちうるのであり、ましてや法学教育への支援という大学および研究機関の協力が必要な分野においては、なおさら多くの人びとの支援が求められることはいうまでもない。その際、重要なことは、従来の社会主義法、またアジア諸国法に関心をもつ研究者が対象としてきた地域および諸国が「体制移行国」として位置づけられ、法整備支援の対象国となっているなかで、それらの地域の法の専門的な知識をもつ人びとがどのような役割をはたすべきか、という問題に回答を与えることである。私見では、法整備支援の主体は、いうまでもなく法学および開発学等を学ぶ学生、法科大学院生、法に関心をもつ市民、法にかかわる諸機関、援助機関の人びと、各実定法分野の法学研究者、裁判官、検察官、弁護士、司法書士など広く法に携わる者であるが、「体制移行国」の法の専門家は法整備支援のありかたについて、その専門性に由来する知見を提示し、そのありかたについてさまざまな提言をすることができるし、しなければならない、と考える。そして、そのことが、「近代日本の範を垂れる」方向ではない法整備支援を行っていく上で、ひとつの決定的な要件である。

第2章

法整備支援の軌跡と展開

——世界の動向と日本の動向

1 世界の動向

法整備支援は、一九八九年の東欧社会主義体制の崩壊とともに始まった。もちろん、一九六〇年代から七〇年代にかけてアメリカ合衆国により「法と開発運動」がラテン・アメリカ諸国およびアフリカ諸国等にたいして行われ、「法と開発研究」が行われてきた経緯はあるが、世界各国の援助機関、国際援助機関等が一つのブームとして法整備支援を開始したのは、一九八九年以降のことである。例えば、スウェーデンは、一九八九年以降、ベトナムにたいする本格的な法整備支援を開始したし、また、日本政府は、一九九〇年代中葉よりベトナム等インドシナ諸国を対象として、法整備支援を開始するに至った。

本章では、法整備支援をめぐる世界の動向と日本の動向について検討することにする。ただし、本章では、第3章以降の諸課題とのかかわりで重要だと思われる動向にふれ、「法整備支援とは何か、それをどう考えるか」という論点にふさわしいと思われる事例をとりあげ考察していくこととする。

さて、世界のさまざまな地域・諸国にたいする法整備支援は、大きくは、国際機関によるもの、および外国政府・援助機関によるもの、に分類することができる。国際機関としては、国連開発計画（UNDP)、世界銀行、国際通貨基金（ＩＭＦ）、アフリカ開発銀行、アジア開発銀行、欧州復興開発銀行、欧州連合（ＥＵ）などがある。また、諸外国としては、アメリカ（ＵＳＡＩＤ）、カナダ（ＣＩＤＡ）、イギリス（ＤＦＩＤ）、ドイツ（ＧＴＺ）、スウェーデン（Ｓｉｄａ）、フランスなどがある。これらの諸機関は、機関の性格と援助目的によって、異なる理念と課題を掲げて法整備支援を行っているが、その概観については、フランスを除き、すでに松尾弘『良い統治と法の支配――開発法学の挑戦』（日本評論社、二〇〇九年）に各々簡潔にまとめられている。したがって、本章では、著者が実際の法整備支援の経験の中で比較的深くかかわった機関を中心に、考察を行う。具体的には、法整備支援をめぐる世界の動向の一端を、以下、スウェーデン、フランス、ドイツを例にあげながら紹介しておくことにする。その際、各国の動向を、①いつごろから法の分野の援助、国際協力が開始されたか、②どのような国にたいして行ってきたか、③いかなる法分野にどのように行っているか、④援助の理念は何か、という諸点から検討していくこととする。

まず、スウェーデンである。スウェーデンは、「法整備支援」を一つの援助分野としては枠づけていないため、スウェーデンの法の分野の国際協力の開始時期は、それほど明確ではない。しかし、法分野を対象とするＯＤＡは、スウェーデンがＯＤＡを開始した一九六二年から、すでに行われている。そして、一九六〇年代における主要な法整備支援としては、南アフリカにたいする法律扶助、モザンビークにおける行政裁判所の設置、東欧諸国における警察支援、パレスチナにおける文民警察の確立のための支援、ブルンジ共和国およびルワンダにおける司法関係者の能力向上支援、などが行われてきた。しかし、そのような経験を経て、法整備支援が本格的に行われるようになるのは、一九八九年以降のベトナムにたいしてであった。

ところで、スウェーデンが現在どのような国にたいして法整備支援をしているかであるが、二〇〇七年の「対象国限定アプローチ」および二〇〇八年の「対アフリカ政策」によって、二〇一〇年現在はアフリカ諸国が主要な受け手となっている。ただし、難民問題および安全保障上の観点から、東欧諸国への法整備支援（主に鉄道警察支援）には積極的である。アジア地域にかんしては、二〇一〇年現在、バングラデシュ、カンボジア、東チモール、アフガニスタンのみが重点地域に指定されている。なお、それまで法整備支援に力を入れてきた対ベトナム法整備支援は「段階的に撤退し限定的な協力方法に切り替える国」とされ、またラオスは「援助方法を切り替えることで段階的に撤退すべき国」と認定（二〇〇七年対象国限定アプローチ）された。

また、スウェーデンがどのような法分野にどのように支援を行っているかについてであるが、特定の法分野にたいしてという限定はなく、人権および民主主義の促進を目的とした「能力開発」が主たる分野であり、法整備支援に関連する分野は、次の一九分野となっている。すなわち、平和構築、グッド・ガバナンス（アカウンタビリティ、透明性、公的サービス部門へのアクセス可能性）、大衆参加、司法制度、メディアの独立、民主的な地方政府、議会の機能強化、民主化過程への女性参加、人権状況改善のための組織活動、女性の人権伸長、子どもの人権伸長、障害者の人権伸長、民主化促進の重要性喚起を目的とした政府との対話、他の政治団体および政党との対話、普通選挙のための能力開発、人権状況をモニタリングするための国際ネットワーク・組織化、人権にかんする市民教育、民主化過程における労働組合運動、先住民の権利および少数民族の保護の促進、以上である。

さらに、スウェーデンの法整備支援は、対象地域が東欧諸国とその他の地域とでは、目的とアプローチが異なっている。次の(1)と(2)は東欧諸国以外を対象とし、目的は「民主主義および人権の促進」である。

(1) 人権を尊重していない政府をもつ国にたいする場合には、人権侵害の監視、法律扶助の供与、政府にたいして圧力をかける世論の育成、紛争解決の支援、調停などの分野にたいしＮＧＯを通じたＯＤＡを実施している。

（2）人権状況改善に向けて努力している政府をもつ国にたいする場合には、機能的な執行機関の存在と、国際的基準に適合する法律の存在をめざす「法の支配の強化」を目的に、警察庁、検察庁、裁判所、刑務所、弁護士会といった受入国の既存の組織ならびに立法過程を対象としたＯＤＡを実施している。

（3）東欧諸国にたいする場合には、目的は「地域的安全保障」であり、具体的には、麻薬発見強化のための支援、広域警察、汚職の撲滅、法曹の再教育、立法過程支援、が行われている。その他の特徴としては、スウェーデンの場合には、ＮＧＯの活用、に重きが置かれている。

スウェーデンの援助理念は、一九六二年「対外援助法」に定められたように、「道義的責任（moral duty）」および「国際的連帯（solidarity）」となっており、その後の二〇〇三年「グローバルな発展のためのスウェーデンの政策」（二〇〇三年一二月、国会承認）では、「公正で持続可能なグローバルな開発への貢献を目標とし、人権の視点を浸透させ、貧困者の視点を基礎とする」と定められている[1]。

次に、フランスの場合は、以下のとおりである。フランスは他国の法整備への「支援」という形では、すでに一九世紀から植民地にたいして行っており（例えば、カンボジアの場合、一九世紀半ば以降にフランスから派遣された植民地官僚らが慣習調査を行っており、遅くとも一八九七年以降には本格的に法整備を開始）、植民地諸国の独立以降も引き続き関与してきた。近年の法整備支援では、例えば一九九三年以降に始まったＯＨＡＤＡ（Organisation pour l'Harmonisation en Afrique du Droit des Affaires）の例があるが、このような現在の法整備支援と（旧）植民地諸国にたいする法整備「支援」との間には、時代背景の相違は別として、理論的・実践的な断絶があるかどうかについてはこれまでのところ研究がなく今後の検討課題である。

フランスは、一九九〇年代以降、東欧、アフリカ諸国、東南アジア（インドシナ諸国）等にたいして本格的に法整備支援を行ってきた。また、援助の理念としては、外務・ヨーロッパ省（Ministère des affaires etrangères et européennes）によれば、「法治国家の促進（la promotion de l'état de droit）」の理念のもと、つぎのような活動を行っている。フランスは、司法にかんして、独立かつ能力ある司法官の育成という観点から法整備支援を行うとともに、刑事施設にかんする改善支援を行ってきた。また、警察にかんして、警察が、法の支配の規範にしたがいつつ、人および財産の安全を保障し、能力ある司法補助職となることを可能にするという観点からの支援も行ってきた。さらに、議会、コンセイユ・デタ、会計検査院、人権委員会等の制度にかんする諸支援を行ってきた。行政が、集権的か分権的かにかかわらず、能力をもち、サービス利用者の利用しやすいようになることを目的にする支援も行ってきた。(2)

ところで、フランスの法整備支援の実際にかんする研究は日本では少ないが、それを考察した、建石真公子監修『フランスによるインドシナ諸国に対する法整備支援』(3)は、貴重なものである。本書は、法整備支援に関与したフランスの専門家にたいするヒアリングをまとめたものでり、フランスの法整備支援にかんする多くの情報をもたらしてくれている。

まず、国立司法学院（Ecole National de la Magistrature）のエリック・メートルピエール（M. Eric Maitrepierre）は、フランスの法整備支援は旧フランス植民地諸国にたいして行われることが多く、とくにベトナムなどインドシナ諸国との関係について、「フランスがベトナムやカンボジアと特権的なパートナー関係を持ち続けることができているのも、……歴史的な理由によるものです」(4)と述べ、「旧植民地で生まれたフランス人は大勢い」(5)ることを述べている。そして、フランスは、旧植民地にたいし「『フランコフォニー』と呼ばれる機関を発明しました」(6)。同時にフランスは、当時の大統領ミッテランによる一九九〇年の「ラ・ボールの演説」により、「民主主義や自由選挙を尊重しない国々への協力援助を打ち切った[7]」という。そのこととも関連して、フランスには、かつては「協力援助省」が存在したが、それがなくなり、「もはや協力援助を専門的に取り扱う部門というものは存在[8]」しなくなった。そして、その役割を外務・ヨーロッパ省の一部局が担当している。

メートルピエールによれば、フランスの法整備支援の対象地域の選定は、その限りでは明確であり、「優先的連帯地域」を外務・ヨーロッパ省が設定しており、それにもとづいて行われる。また援助の方法としては、①司法官育成、②学校設立、③テーマ別研修、である。

また、元破毀院判事のピエール・ベザール（M. Pierre Bézard）へのインタビューも、多くの興味深い情報を含んでいる。彼は、なによりも入植者の息子であり、ベトナムに生まれ、その後、フランスへ帰国した後も、しばしばベトナムに行き、「ベトナムは私の第二の祖国」だという。フランスが一九九〇年代初頭、ベトナム法整備支援を世界の各国にさきがけて行った理由は、「当時、フランス政府が社会党によるもの」であり、大統領がミッテランであったことが大きかった[9]という。すなわち、「ベトナム人は、そのような社会党政権フランスに対して親近感を強く抱」いていたことが主たる理由であった[10]。

ベザール氏は、企業法、民法などの起草支援に従事するが、ハノイに設立された「仏越法学舎（la maison de droit）」について、それが「何よりも法整備支援のための重要な機関」であり、「ベトナム人たちに法律に関するフランス語を学ばせる機関」であり、それが、「巨大な図書館を備えている[11]」機関である、という。

また、ベザールは、人権分野の支援については、抑制的であり、「人権宣言の教えを気安く宣伝するような言葉には気をつけなければならないと思うのです。なぜなら、何かを実行せねばならないとき、人権のような理念を述べるだけに留まるなら、むしろ人権を尊重していないということになってしまうからです[12]」と、注意を喚起している。

ドイツの場合は、以下のとおりである。ドイツによる法整備支援の実施主体には、(1)ドイツ技術協力会社（GTZ）、(2)国際ドイツ法協働財団（IRZ）、(3)政党系財団、(4)大学や研究機関、(5)NGOが挙げられる。ドイツ技術協力会社（Deutsche Gesellschaft für Technische Zusammenarbeit：略称GTZ）は、一九七五年に設立された技術協力を実施するためのドイツ連邦政府が所有する民間の有限責任会社であり、世界一二六カ国で二、三〇〇の開発プロジェクトを実施している。GTZは、すでに一九七〇～八〇年代にアフリカでの法整備支援の実績があり、ドイツ連邦経済協力開発省は一九九二年にGTZと協議して旧ソ連・東欧諸国にたいする法整備支援のワーキンググループ（ブレーメン大学のロルフ・クニーパー教授が座長）を発足させ、一九九三年からグルジアにたいする民商法典の改革のための法的助言を行う二国間プロジェクトを開始した。さらに、一九九四年からは、コーカサス・中央アジア諸国・モンゴルにも同様のプロジェクトを開始した。その調整をブレーメン大学内に設置したGTZ事務所が行い、一九九六年には超地域的な複数の相手国との長期的連携を行う「移行諸国における法改革」プロジェクトを同大学において開始した。さらに、一九九七年には同プロジェクトの一三の対象国および一二の二国間援助政府機関・地域機関・国際開発機関が参加し、民事立法改革のための安定的な調整・協力の枠組として「ブレーメン決議（The Conclusions of Bremen）」を採択した。[13] また、GTZはトビリシ、バクー、アルマトゥイに現地事務所を開設し、ブレーメン事務所でプロジェクト活動の調整を行う体制を整えた。現在では、対象分野も民商法のみならず、知的財産法、労働法、行政法、刑法、仲裁法、倒産法、競争法に及んでいる。

その他、国際ドイツ法協働財団（Die Deutsche Stiftung für internationale rechtliche Zusammenarbeit：略称IRZ）は、一九九二年に旧ソ連東欧諸国の体制移行を支援するために設立された非営利組織であり、連邦司法大臣クラウス・キンケルのイニシアチブにより設立され、連邦司法省が出資している。ＩＲＺは、ＧＴＺと密接に連携して活動しており、対象国は二〇カ国以上、対象分野も私法のみでなく公法にも及んでいる。また、ドイツの主要な政党は、それぞれの政党の基本理念を共有する財団をもっており（キリスト教社会同盟系のハンス・ザイデル財団、キリスト教民主同盟系のコンラート・アデナウアー財団、社会民主党系のフリードリヒ・エーベルト財団、自由民主党系のフリードリヒ・ナウマン財団、緑の党系のハインリヒ・ベル財団、左派党系のローザ・ルクセンブルク財団など）、それらの財団は連邦政府からの助成金を受けて、政治・社会・開発協力にかんするプロジェクトを国内・国際的に実施している。法整備支援にかかわる分野では、ハンス・ザイデル財団、フリードリヒ・エーベルト財団、コンラート・アデナウアー財団が熱心に取り組んでいる。それぞれの財団は、世界各地に現地事務所を設置し、それぞれの得意分野や得意な地域をもって、ＧＴＺ・大学や他の財団とも協力しながら、ドイツによる法整備支援の一翼を担っている（これらの政党系財団の情報は、Deutschland Online 日本語版、「政治財団　国際協力の頼もしいパートナー」二〇〇九年六月二四日、から引用）。

さらに、ブレーメン大学、ハンブルク大学、ケルン大学東欧法研究所、マックス・プランク比較法研究所、マックス・プランク公法・国際法研究所、司法省ミュンヘン東欧法研究所などは、それぞれの得意分野で法整備支援を行っている。例えば、ブレーメン大学は中央アジア・モンゴル、ハンブルク大学は中国を対象に、連邦政府やＧＴＺの支援を受けながら法整備支援を実施してきた。とりわけ、こうした大学や研究機関は、連邦政府の支援を受けながら、法整備支援の対象国で研修の教師役となる現地人の法律実務家・研究者の訓練（トレーナーズ・トレーニング）や、留学生の帰国後のフォローアップに熱心に取り組んできた。民間企業の拠出した資金によって運営されている財団も、ＮＧＯとして、法整備支援を実施している。例えば、フォルクスワーゲン財団はブレーメン大学に資金援助を行い、コーカサスと中央アジアの民事法・経済法の支援を実施した。
　ドイツによる体制移行国にたいする行政法改革支援を調査した白藤博行は、「ドイツは、旧ソ連圏・旧東欧圏と近く、支援の対象地域も経験も豊富である。そのなかで、どのように支援するかという点では、行政法改革支援を法治国家の実現に向けたプロジェクトとして位置付け、とくに法治国家とそれを実現する行政法の原則への理解を支援しつつ、具体的な制度化においては対象国の文脈を尊重するという考え方をとっており、どういう形で法整備支援をするかという点で学ぶべきものが多いといえる。ただし、先進国でも法治国家のこれまでの原則がリスク国家・社会論等によって揺らいでおり、支援対象国の支配層は自分にとって都合のいいところだけは採りいれるという危険性がある」とする。また、白藤は、ドイツによる法整備支援を①第一段階：体制移行の開始、②第二段階：EU加盟の準備段階（九〇年代半ば以降）、③第三段階：EU加盟後（二〇〇四年以降）という三段階に分けて考えており、「当初は、ドイツ固有の法整備支援であったが、旧東欧諸国がEUに加盟するなかで、EU法との調和という点に軸足が移るようになった。行政法関係の固有の問題という点では、行政訴訟法関係の整備とそれにともなう裁判所制度の再構築ということに力点が移っている」としている。[14]
　また、ベトナムとモンゴルで市場経済化のなかでの農地調査を行った榊澤能生は、ロルフ・クニーパー教授の「法整備支援の普遍性とコンテクスト」という主張に基本的に賛成しつつも、どのようにして「コンテクスト」を明らかにするかという調査・研究方法論は必ずしも明確にされておらず、そこに日本によるアジア諸国法研究・法整備支援研究と協働するべき理由があるとする。[15]
　ところで、ドイツの法整備支援はモンゴルでもっとも長期にわたり、かつもっとも重要な役割を果たしているが、ドイツがモンゴルにたいする法整備支援に熱心に取り組む理由の一つは、モンゴルの法曹におけるドイツ語人口の多さである。モンゴルは社会主義国となる以前にワイマール共和国時代のドイツに留学生を派遣するなど歴史的にドイツとの関係が深く、また、社会主義期の多くのモンゴル人法律家は東ドイツで教育を受けていた。そのような歴史的背景からモンゴルの法曹におけるドイツ語人口は他のアジア諸国に比べて格段に多く、東西ドイツの統一後にもモンゴルにたいして法整備支援を継続する最大の理由となった。また、旧東ドイツの法学者はロシア語と社会主義法の原理に通じていたため、統一後に多くの東ドイツ出身の学者が失業する中で、法学者はGTZ・政党系財団・DAADなどのモンゴル事務所で法整備支援に携わるフィールド・スタッフとして採用されたことも、ドイツが他国に比してモンゴルにたいする法整備支援において有利であった理由である。その意味では、ドイツの法整備支援の実績は「東ドイツの遺産」でもある。ドイツでは、州立大学は授業料が無料であるため、モンゴル人であっても留学試験に合格すれば授業料は必要ない。これが現在でも多くの留学生をドイツに集める大きな理由となっている。こうして、モンゴルにおけるドイツ留学組の法律家は拡大再生産されるのである。ドイツは、こうしたドイツ留学組やドイツ留学を希望する学生のために、ドイツの文化情報の発信拠点であるゲーテ・インスティテュートをモンゴルに開設したが、そこにはドイツ語図書館も整備されている。

また、GTZや政党系財団の支援によるドイツ留学では、留学生の指導教官が卒業後にモンゴルでフォローアップのための講義やシンポジウムを行うなど、他国と比較してきめ細かいフォローアップを行っており、これもドイツ留学を希望する学生を増やす要因となっている。しかし、世界金融危機を受けて、ドイツ連邦政府は財政難のために法整備支援にたいする予算を年々減らしており、各国でのプロジェクトを縮小したり、重点国（中国やベトナム）以外の国にたいする法整備支援を減らす傾向にある。クニーパー教授の退職後、ブレーメン大学のGTZ事務所も閉鎖され、ドイツの法整備支援は転機を迎えている。なお、最近は、GTZは「法整備支援の評価」にかんするプロジェクトを各国で開始したが、これも背景には財政難によるプロジェクト縮小があり、「選択と集中」を行わざるを得なくなったためである。[16]

これまで指摘してきたように、法整備支援は一九八九年以降、世界のさまざまな援助機関によって、取り組まれてきた。そこで、以上の各国の考察をふまえたうえで、以下では、法整備支援をもっとも早い時期から行ってきたスウェーデンと、逆に後発国である韓国をとりあげ、世界の動向をさらに検討していくこととする。

ここで、スウェーデンと韓国をとりあげるのは、以下の理由による。スウェーデンは、のちに詳しくみるように、法整備支援を諸外国にたいして行う際に、立法支援ではなく法学教育支援に重点を置いている、という特徴をもっている。法学教育支援に戦略的重要性を付与したスウェーデンの法整備支援は、多くの成果を生み出し、「法学教育・研修支援の国スウェーデン」というイメージを国際社会の中で獲得してきた。

また、韓国は、法整備支援後発国ではあるが、近年、開発援助の分野にも積極的に取り組み、とくに法整備支援においては、きわめて強い「戦略性」を掲げたプロジェクトとして構想している点に最大の特徴がある。一言でいえば、将来における「北朝鮮」との統一を考慮に入れた戦略の中に、アジア諸国への法整備支援を構想するという基本的立場である。

そこで、以下、スウェーデンと韓国の法整備支援について考察していくこととする。

スウェーデンの法整備支援を検討していくうえでは、本書第1章でも若干紹介したが、すでに「古典的」な書物となった、ペール・セヴァスティック編『途上国への法整備支援』[17]が重要である。本書は、スウェーデン国際開発庁（ＳＩＤＡ、のちにＳｉｄａ）のもとで、とくにベトナムにたいする法整備支援プロジェクトに関与した、ウプサラ（Uppsala）大学、ウメオ（Umeå）大学、ルンド（Lund）大学、ストックホルム（Stockholm）大学等の研究者による論考から構成されている。

スウェーデンの開発援助政策においては、「平和、民主主義、人権尊重の推進」が一九九〇年代に入り明確となってくるが、[18]途上国には、とくに民主主義、人権尊重の点で問題を抱える国が多いので、これらの理念を実現する上では、「法の支配の強化」[19]をめざす必要があるという。そして、この場合、本書は「法の支配（Rule of Law）」の定義をつぎのように行っている。すなわち、「法の支配というのは、深い歴史的なルーツと多義的な意味をもっており、それは、法による支配（Rule by Law）、法の支配国家（Rule of Law state）、法にもとづく国家（Law-based state）、あるいは法治国家（Rechtsstaat）の観念と対比されうる。法による支配観念や、法的な手段による支配というのは、リーガリズムや公行政に重きをおく大陸法的な法治国家の伝統により近いものと思われる」。それにたいして「法の支配」は「英米法的な観念」[20]であるという。しかし、そのようなあれこれの歴史的な経緯はそれとしながら、スウェーデンの学者たちは、「法の支配」というものを、「国家権力の行使のための一定の諸原則を導き出す法的秩序」[21]と定義づける。

そして、「法の支配」を構成する諸原則を、①法の至高性、②権力分立、③各人の生命、自由、安全、財産の保護、④法の内容が広く知られており包括的であること、⑤法の前の平等、⑥法の支配諸原則の有効性、からなるものとして、理解している。そして、「法の支配という理念は体系的に定義されうること、そして、発展的な展望の中で有益たりうること」[22]に注意を喚起していることは、重要な指摘であった。

さて、スウェーデンが一九八九年の東欧社会主義体制崩壊後に法整備支援を開始したのは、「ベトナムにおける法の支配強化にむけた支援」プロジェクトである。本書によれば、一九八九年一月、ベトナム司法大臣（当時）ファン・ヒエン（Phan Hien）がスウェーデンを訪問し、スウェーデンにたいし「ドイモイ（刷新）政策に沿った法改革過程」分野の法整備支援を公式に要請し、一九九一年に、両国政府間で協定が調印され、その後、一九九二年に、本プロジェクトのスウェーデン側実施機関としてウメオ大学法学部が選定され開始された、という。[23]

そして、本プロジェクトの眼目は、「知識の移転と能力向上」[24]に置かれ、そのために、ベトナムでの、立法過程、法学教育、行政法、行政手続法、刑事訴訟法、民事訴訟法、倒産法、ジェンダー・家族法、会社法、協同組合法、企業登記、経済紛争解決などのセミナーの開催が行われ、また、スウェーデンのスタディ・ツアー、さらには人権をテーマとして、ストラスブールのヨーロッパ人権裁判所等へのスタディ・ツアーなどが実施されてきた。[25]また、シドニー大学との協力により、ベトナムの公務員にたいして法律英語にかんする訓練も行われてきた。

ところで、これらの諸活動を行ううえで、本書がつぎのように述べている点は、きわめて重要である。すなわち、「強調すべきは、スウェーデンは、ベトナムにたいして、スウェーデンの法制度を輸出したり、ベトナムの法律を起草したりすることにはまったく関心をもっていないことである」[26]。スウェーデンの法整備支援は、ベトナムに続き、ラオス、エル・サルバドル、ニカラグア、エチオピア、南アフリカをも対象として行われていったが、それの特徴は、第一に、民主主義、人権、法の支配、ジェンダー、環境など、そのプロジェクトの目標が包括的であることである。第二に、さきに引用したように、「知識の移転」というところに手法がフォーカスされており、法学教育支援を重点項目としていることである。第三に、理論的には、新制度経済学派の動向をふまえたうえで、[27]プロジェクトを展開していることである。

したがって、スウェーデンによる法整備支援の実際と理論からは、なによりも、人権、民主主義などいわゆる「普遍的価値」の実現をめざしつつも、その実現のプロセスを法学教育、人材育成に主要には依拠している点が、日本の法整備支援にとって、参考となる。

つぎに韓国について検討することにしたい。韓国の法整備支援は、「後発」ということと、「戦略性」ということによって特徴づけられている。

韓国法制研究院が韓国法整備支援の中心的な役割を果たしているが、金基杓院長によれば、韓国による途上国への法整備支援は、第一に、「短期間で経済発展と民主化を遂げた経験をもとに、開発途上国・体制転換国との交流支援を通して、韓国の国際的な責任を担う」こと、第二に、「立法に関連した実務的支援、韓国の法制運用および発展にかんする経験・知識の伝達、国際社会における法治主義の発展の寄与、国際協力を通じて国家の地位を高める」こと、を目的とし、その結果として、「韓国法制の世界化、南北朝鮮の統一法体制構築への間接的な経験として活用」するという、きわめて戦略的な構想を提示している。そして、二〇一〇年を「ＯＤＡ先進国元年」と位置づけ、「法制交流支援事業の活性化を図る」という。そして、その「法制交流支援事業としては、二〇〇八年から本格化し、韓国法制研究院が中心的役割を担っているＡＬＩＮ（Asia Legal Information Network, アジア法律情報ネットワーク）を通じての法制交流事業の実施、さらには、韓国の憲法裁判所の経験にもとづく、モンゴルとインドネシアの憲法裁判所との比較研究、その他、カザフスタン、ウズベキスタンなどの中央アジア諸国およびベトナムとの法令集、データベース支援等のプロジェクト」をめざすとともに、「東アジア経済共同体の形成に向けた法制度的な基盤の構築」を展望している。さらに、「法制交流支援関連の専門人材を育成するために、対象国の言語と英語および韓国語等を比較検討できる法律辞典の発刊を構想」している。[28]

同研究員である朴鑛棟『日韓の法学分野別法整備支援事業の現状と問題点』[29]は、法整備支援にかんする日韓比較研究というきわめて貴重な作業であり、韓国法整備支援論にかんする基本文献としての地位を有するものである。朴論文の中でとくに参照すべき点は、第二章「法整備支援に関する法政策学的理論の構成」であり、このテーマについて比較研究を行っている。そして朴論文は、韓国では、法整備支援に関連する用語として、「法制支援事業」、「法整備支援事業」、「法制改革支援事業」、「法務協力事業」、「法律文化交流事業」などがあり、それらの用語を紹介・検討し、これらの事業は、全体として「法制協力事業」であるので、結論的には「法制交流支援」とよぶのが妥当であるという。[30] そして、さきの金院長の紹介で述べた点とも関連するが、朴研究員は、法の世界化に関連して、「現状においては、これを受け入れる国家に、先進国に対する反感がある場合があるため、さして大きな効果を上げることができず、むしろ同じ境遇から植民地主義を克服して現代化を遂げた韓国の成長モデルを新たなモデルとして受け入れる状況がある」と指摘し、また、「日本は、ベトナムに韓国の一〇倍を超える資金を注入しても、さして友好的な印象を残しえていない」という『インターネット法律新聞』(二〇〇六年五月二五日)からの記事を紹介している。[31]

以上にみられるように、韓国は、法整備支援「後発」国ではあるが、明確に、南北朝鮮統一にむけての、他のアジアの体制移行諸国からの経験交流という目的を掲げるとともに、かつて、植民地支配を受け、また、民主化と経済発展をこの間実現してきたという経験から、アジア諸国で法整備にむけた努力をする国々に韓国モデルを提示することができる、という発想のもとに、法整備支援を構想している。

2 日本の動向

日本が諸外国にたいして、法の分野で国際協力を行うという経験は、すでに一九六〇年代初頭に、「国連アジア極東犯罪防止研修所（UNAFEI：United Nations Asia and Far East Institute for the Prevention of Crime and the Treatment of Offenders)」が設立され、刑事司法分野の研修等を行った時代にさかのぼることができる。ところで、法整備支援は、一九九〇年代中頃から日本政府によって開始された。日本が法整備支援を行うにあたっては、いくつかのファクターが存在した。

第一には、一九九二年に「政府開発援助大綱（旧ＯＤＡ大綱）」が閣議決定され、それを一つの画期として、「ハコモノ支援」から「知的支援」という大きな流れが形成されることとなった。従来、日本のＯＤＡでは、道路、橋、病院、ダム等、いわゆる「ハコモノ支援」が中心的な位置を占めていたが、一九九〇年代になると、「知的支援」という新しいカテゴリーが援助の分野に登場してきた。モノを与えるのではなく、被援助国側が自らの能力、とりわけ知的能力を向上させることにより、どのようにしたら国を発展させることができるか、そのノウハウを伝達する支援の仕方が模索されはじめられるようになった。「知的支援」というカテゴリーの最初のプロジェクトは、「経済政策策定支援プロジェクト」であり、市場経済化の道をめざすベトナムに、経済学の分野から、市場経済化にむけての政策的課題を明らかにするよう協力・支援するプロジェクトであり、これは、代表者の名前をとって「石川（滋）プロジェクト」とよばれた。

法整備支援は、この第一の「知的支援」に次いで行われた、第二番目の「知的支援」として位置づけられた。日本の法整備支援は、一般に一九九四年のベトナムにたいする支援として開始されたといわれているが、一九九四年から一九九六年までは、いわば「法整備支援準備期」とも位置づけられるもので、日本の第二番目の「知的支援」である法整備支援が本格的に開始されるのは一九九六年一二月、日本のＪＩＣＡとベトナム司法省との間でＲ／Ｄ（Record of Disscussion）が締結されたときであり、そして、その後、ＪＩＣＡ長期専門家がベトナム・

ハノイに派遣された。

ベトナムでは一九九五年に民法典が制定され、一九九四年以降の「準備期」においては、日本の民法学の専門家（森嶌昭夫）が独力で民法典起草支援を行ってきたが、正式の、ベトナムにたいする法整備支援開始以降、法務省、最高裁判所、日本弁護士連合会等から長期専門家を派遣し、それらの長期専門家がコーディネーターとなり、民法改正支援、国家賠償法起草支援、検察官マニュアルの作成、民事判決書標準化・判例整備支援、裁判所・検察庁等の司法機関の能力改善支援などが行われてきた。

日本政府による法整備支援は、人的にも物的にも、これまでベトナムにたいしてもっとも力を注いで行ってきた歴史を有している。では、日本の法整備支援は何故ベトナムを最初の国として開始されたのであろうか。この点についていえば、一九九〇年代前半の時期、ベトナムはそれまでの欧米諸国、とりわけアメリカ合衆国による経済封鎖を解除されつつある時期にあたり、一九八六年一二月のベトナム共産党第六回大会での「ドイモイ（刷新）」政策を本格的に推進しようとしていた。そして、一九九二年の新しい憲法の制定は、ドイモイ推進派にも力を与えることになり、この時期、スウェーデンをはじめとする欧米諸国によるインドシナ地域への法整備支援の経験に、日本としても意義を見出したことがあげられる。

さらに、ベトナムは一九九〇年代初頭に、それまで司法大臣であったファン・ヒエン（Phan Hien）から、グエン・ディン・ロク（Nguyen Dinh Loc）に司法大臣が交代したことも、法整備支援の進展にいっそうの拍車をかけることとなった。ファン・ヒエンは、もともと法律専門家ではなく外務次官であったが、グエン・ディン・ロクは、モスクワ大学法学部からの留学帰国組であり、帰国後、国会法制委員会の仕事を担当するなどきわめて優秀なテクノクラートであった。このように、日本側とベトナム側双方の関心が一致し、ベトナムにたいする法整備支援は、実施されることとなった。

ベトナムに続いて日本政府が法整備支援を行った国は、カンボジアであった。カンボジアは一九七五年四月一七日以降、カンボジア国内で政権を獲得したポル・ポトらが、通貨廃止政策、都市住民の農村への強制移住という政策のもとで、大量虐殺を引き起こした。そして、一九七八年一二月にベトナムがカンボジアに軍事介入を行い、その結果、親ベトナムのヘン・サムリン政権が樹立された。ポル・ポトらはタイ国境付近パイリン地区を中心に引き続き権力を保持し、二重権力状況となり内戦に突入した。

この事態を打開するため、国連は一九九〇年代初頭に国連カンボジア暫定統治機構（UNTAC）を形づくり、国連統治のもとで、一九九三年憲法が制定された。しかし、カンボジアでは、既述のようにポル・ポト時代にほとんどの法律家が殺害され、立法能力を有する人材はきわめて少なかった。

そこで、一九九六年以降、日本政府はカンボジアにたいする法整備支援を準備的に開始し、本格的には一九九九年以降、法整備支援に着手した。日本政府によるカンボジアにたいする法整備支援としては、民法、民事訴訟法起草支援が行われ、このプロジェクトには、各々、森嶌昭夫、竹下守夫をリーダーとして多くの日本の民法学者、民事訴訟法学者が協力した。その結果、民法は二〇〇七年、民事訴訟法は二〇〇六年に公布された。その他、カンボジアにたいしては、王立裁判官・検察官養成校におけるカリキュラム作成および教官育成支援などが行われた。

ラオスにたいしては、一九九九年以降、法整備支援が行われ、民事判決書マニュアル作成支援、検察官マニュアル支援等が行われた。そして、その後しばらく中断して、二〇一〇年以降、ラオス法整備支援を再開した。また、二〇〇二年からは、ウズベキスタン、インドネシアにたいする支援が行われ、ウズベキスタンには倒産法注釈書作成支援など、インドネシアにたいしては、和解・調停制度強化支援などが行われた。モンゴルにたいしては、二〇〇二年以降、長期専門家が派遣され、弁護士会強化支援、判決書公開支援などが行われた。二〇〇七年からは、中国にたいする民事訴訟法、仲裁法改正支援が行われ、二〇〇九年からは、ネパールにたいする支援として、ネパール最高裁判所職員の能力強化プロジェクトが開始されるに至った。

以上の概観から、日本政府による法整備支援は次のような特色を有しているといえるであろう。第一に、日本政府による法整備支援は、法分野としては主要には、民法、民事訴訟法等民商事法分野への支援を行ってきた。そして、とくにカンボジアの民法、民事訴訟法起草支援は、本格的な起草支援であり、多くの教訓を日本の法学者にもたらした(32)。

第二に、ベトナム、カンボジア、ラオス、ウズベキスタン、モンゴル、中国、インドネシア、ネパールという、これまで日本が法整備支援の対象としてきた国家は、インドネシアとネパールを除き、すべて、社会主義からの体制移行国、体制転換国であるという特徴をもっている。この点にかかわっては、二つの問題を考えてみる必要があり、一つは、日本の法整備支援が「アジア法整備支援」として、なによりもアジア諸国を対象として行われてきた、という点をどのように考えるかという論点である。このことは、これまで支援対象国に含まれてこなかった中南米およびアフリカ地域にたいする法整備支援をどのように考えるかという課題ともつながっている。二つ目の問題は、「アジア」の中でも、上記の国の多くは体制移行国であり、その他のアジア諸国、さらには、中東そしてコーカサス諸国をどのように考えるかという問題が存在する。日本のＪＩＣＡは、すでにイラン司法府にたいする二国間援助、アフガニスタン憲法起草支援などを行った経験をもつが、対象国の選定をどのように行っていくかが課題となる。

第三に、日本政府による法整備支援は、実施機関としては主要にはＪＩＣＡであったが、しかし、省庁レベルでの相互の協議が十分に行われることなく実施されてきた。この点を改善するために、内閣官房は、二〇〇八年以降、法整備支援を内閣官房が中心的な役割をもち実施していくための体制づくりをめざし、二〇〇九年四月に、内閣官房として「法制度整備支援に関する基本方針」を策定し、提示するに至った。

ところで上記に指摘したような諸問題について、二〇〇三年八月の「政府開発援助大綱（改定）」（新ＯＤＡ大綱）は、法整備支援に明確に言及した。新ＯＤＡ大綱は、「この間、国際情勢は激変し、今や我が国を含む国際社会にとって平和構築をはじめとする新たな開発課題への対応が急務となっている」との認識を示し、「我が国としては、日本国憲法の精神にのっとり、国力にふさわしい責任を果たし、国際社会の信頼を得るためにも、新たな課題に積極的に取り組まなければならない」と述べる。そして、「ＯＤＡを効果的に実施すること」、「ＯＤＡの戦略性、機動性、透明性、効率性を高める」ことを強調した。

新ＯＤＡ大綱は、「目的」につき、「我が国ＯＤＡの目的は、国際社会の平和と発展に貢献し、これを通じて我が国の安全と繁栄の確保に資することである」とし、「基本方針」では、「ＯＤＡを一層戦略的に実施する」との方向性にもとづき、その第一に「開発途上国の自助努力支援」を項目化し、その中でつぎのように定めた。すなわち、「良い統治（グッド・ガバナンス）に基づく開発途上国の自助努力を支援するため、これらの国の発展の基礎となる人づくり、法・制度構築や経済社会基盤の整備に協力することは、我が国ＯＤＡの最も重要な考え方である。このため、発展途上国の自主性（オーナーシップ）を尊重し、その開発戦略を重視する。その際、平和、民主化、人権保障のための努力や経済社会の構造改革に向けた取組を積極的に行っている開発途上国に対しては、これを重点的に支援する」。そして、「重点地域」の項目で、「アジアは重点地域」であるとし、「特に、ＡＳＥＡ

Nなどの東アジア地域」をあげ、その後、南アジア地域、中央アジア地域、コーカサス地域、アフリカ、中東、中南米への言及が続いている。

この新ODA大綱をめぐっては、第一に、「戦略性」という文言が数多く出てくるところに特徴があること、第二に、それと密接に関連して、ODAの「目的」を「我が国の安全と繁栄の確保」としたことであり、第三に、「法・制度構築……の整備に協力」すなわち「法整備支援」の目的を「良い統治（グッド・ガバナンス）」の確保としたこと、第四に、ODAの主要な重点地域をASEANなどの「東アジア地域」にしたことである。

「戦略性」と「我が国の安全と繁栄」の規定については、ODAが何故日本の安全と繁栄のために行われるのか、何よりも途上国等の安全と繁栄のためではないのか、等の批判もありうるが、ここでは第三の「グッド・ガバナンス」とのかかわりについて述べることとする。「良い統治」すなわち「グッド・ガバナンス」概念は、第一に、きわめて多義的な概念であり、定義があいまいになりがちであること、第二に、このことと表裏をなすことであるが、「あいまい」であるがゆえに、援助の実際の現場では「便利」であり、端的にいえば、民主主義、人権、法の支配等グッド・ガバナンスの確保分野において多くの問題点をもつ被援助国政府に受け入れられやすい、という性格をもつ用語である。

とはいえ、日本政府は、新ODA大綱によって、日本の法整備支援にたいする基本的な性格づけを初めて行い、その後の日本の法整備支援は、基本的には、この方向に沿って行われることとなった。

第3章

法整備支援学をめぐる基本的諸問題

1　法整備支援学とは

これまでみてきたように、法整備支援とは、一九八九年の東欧社会主義体制の崩壊と一九九一年のソ連邦崩壊を契機として、一方では、旧社会主義諸国が市場経済化の道を歩みはじめたことに端を発し、他方では、西側諸国および国際機関がこれらの諸国にたいして法の分野での国際支援を行うことにより出現した、新しい現象である。

したがって、法整備支援という新しい現象は、日本および世界の法学研究においてもこれまで本格的に考察されることの少ないものであり、この現象を「学」として考察するためには、以下のような手続きが必要となる。

第一に、法整備支援を、「グローバル化」を一つのキーワードとしながら、一九八九年以降の経済と政治の分野を含む「価値」のグローバル化にかんする一連の動向の中に明確に位置づけることが求められる。

第二に、法整備支援は、その支援対象国の多くが、旧社会主義国、発展途上国であることから、支援対象国がたどってきた法と社会の歴史的考察が必要となり、伝統法、植民地法、社会主義法など、法史学の分野からのアプローチが必要となる。

第三に、法整備支援は、法の「移植」、「継受」、「移転」などさまざまに表現される事態を生みだすことになり、また、移植された法がどのように「根づく」かという問題とも関連し、その意味で、比較法学の分野からのアプローチが必要となる。さらに、法整備支援の実際の進行の過程で、従来の、欧米とアジアという、二元的図式による法の比較だけではなく、欧米と日本に加えアジアの他の諸国の比較という三元的、四元的な比較を否応なく求めることになり、その意味で、法整備支援を行うことにより、支援に携った自国の諸実定法の見直しを逆に可能とし、また、世界の新しい比較法学の発展、さらに新しい比較法文化論に寄与するものになりうると思われる。

第四に、法整備支援は、「援助－被援助」という関係性を本質的に有し、たんなる「法の分野の国際協力」とは異なる契機を有するため、「開発援助と法」という新たな援助論に寄与するものである。従来の「開発と法」という枠組みでの議論を根底に置きながらも、「開発援助と法」という問題設定のあり方は、「法における援助」論とは何か、という新しい問題設定を加えることとなる。この点では、法整備支援論は、これまでの開発援助論の再検討をふまえた政策提言学という性格をもっている。

第五に、法整備支援は、法曹養成、法学教育を含む、人材育成という課題を包含しており、したがって法学教育論を一つの中核的な内容としてもつことになる。さらにいえば、法学教育のカリキュラムの検討をつうじて、法学教育とは何を教えるべきなのか、また、支援国側の法の特徴とは何であるのか、という問題を支援する側に問いかけることになる。さらに、法学教育は、どのような言語で教えるべきかという問題を否応なく提起することとなり、「法整備支援と英語教育・日本語教育」という論点が浮上するに至った。

第六に、法整備支援は、日本であれば、法務省、最高裁判所、日本弁護士連合会、日本司法書士会連合会、大学、NGO、個人などさまざまな主体の参加により行われており、したがって、法律実務家、法学研究者の協働により行われているという性格をもっている。それゆえ、法整備支援学は、実務・研究融合型の学問として構想されることとなる。

以上のような内容をもつ法整備支援を考察していくという任務と課題をもつ法整備支援学は、法史学、比較法学、実定法学、日本語教育学の研究成果にもとづき、法学教育、法人材育成をも射程に入れた、政策提言型の実務・研究融合型の法政策学として特徴づけることができる。

2 法整備支援のなかで明らかになってきたこと

(1)「法」とは何か

法整備支援をする場合に、直ちに問題となるのは、ここでいう「法」とは何かということである。

この場合の問題は複合的であり、とくに法整備支援対象国がこれまでたどってきた歴史を反映して、古い時代から影響を受けてきた、例えば隣国の法制度、その後の植民地支配を受けた場合の植民地宗主国の法制度、また、日本の法整備支援対象国の多くがそうであるように、社会主義的な法制度の導入が試みられ、重要なことは、全体として市場経済化に適合的な法制度が導入された後においても、上記の歴史的なさまざまな法制度が複雑に絡み合って残存し、さらには法意識レベルにおいては、いっそう強く、それらの法制度のもとでの痕跡が顕著であることである。

また、そのような法制度の歴史性とは別に、とくに社会主義体制から市場経済体制への移行の際に、きわめて古い伝統的な法制度が復活し、さらには、これらの伝統的な法制度が意識的に活用されるという事態があらわれる場合がある。例えば、ベトナムにおける「郷約（村のおきて）」の復活や、ウズベキスタンのマハリャー（地域共同体）の堅固な存在などが、これらに該当する。

さらには、ポル・ポト時代のカンボジアでは、法一般が基本的に廃止されるか、また、法を担う人材が抹殺されたが、そのような国の場合には、一九九〇年代以降、国連および国際社会の支援のもとで、法それ自体の再建が行われたものの、ある意味では、ゼロからの再出発に伴い制定された法は、その地域において実際に機能する法でありうるのか、という根本的な問題が存在する。

以上のような、法整備支援対象国をめぐる法とは何か、という問題と密接に関連しつつも、法整備支援においては、もう少し違うレベルからも、「法」とは何か、という問題が問われることになる。法整備支援という場合、「法」にかかわるどのような領域を支援するのか、またその際、いかなる法分野を支援するのか、という二つの問題が浮かび上がってくる。

前者にかかわっては、法整備支援においては立法支援、法曹養成支援、法学教育支援という領域とともに、法の実施、実現過程にかんする領域も存在する。援助の実際においては、これらすべての領域への支援を法整備支援の対象とする場合と、法学教育支援、人材養成支援に主眼を置く場合とがある。

いかなる法分野を支援するのかという後者にかかわっては、大きくは、民商事法関連分野への支援というあり方と、それにとどまらず、刑事法はもとより広く公法分野にたいする支援をも対象とするあり方とがある。日本の法整備支援においては、長きにわたり民商事法支援中心主義ともいえる方法論が採用されてきたが、今日では、それにとどまらない幅広い法分野への支援が行われるようになってきている。

とはいえ、民商事法支援を中心として行うのか、また、公法分野も含めた支援を行うのか、という問題は、じつは、法整備支援の理念＝哲学（Philosophy）にかかわるとともに、支援対象国の主権にかんする問題、さらには、援助手法の根幹にかかわる問題ともなり、慎重に検討すべき理論的な重要論点でもあり続けている。

（2）歴史の中での体制移行国

一九八九年の東欧社会主義体制の崩壊と、それにつづく一九九一年ソ連邦の解体は、それまで社会主義陣営に属してきた諸国にたいして新たな道を進むことを余儀なくさせた。一九八九年は、同時に、アジアの社会主義国においても大きな転換の年となった。中国では、胡耀邦らが自由と民主を承認し、それにたいして鄧小平らの対応の結果、天安門事件（六・四事件）が起きた。ベトナムでは、この年、ベトナム共産党の内部から「複数主義」を進めるべきだとの声があがり、「急進改革派」としてその後の潮流を形づくる人びとが公然と登場するに至った。

さて、一九八九年以降の、一連の社会主義体制からの離脱と、市場経済化への動向は、つぎのように性格づけることができる。すなわち、小森田秋夫が的確に整理しているように、「非市場経済的な経済システムである計画経済を採用していた諸国における市場経済化は、一見するよりもはるかに広い範囲で、従来の法システムのあり方に変化を迫っ」た[1]、といえよう。ところで、日本の法整備支援対象国であるアジア諸国には、中国、ベトナム、ラオスをはじめとする現存社会主義国家が存在し、また、カンボジア、モンゴルなど、かつて社会主義体制を採用してきた国家も存在する。

したがって、ここでは、「社会主義法」とは一般に何であり、それは、法の分野でいかなる特徴をもっているのか、という問題を考察し、さらにアジアと社会主義法というテーマについて概観することにする。なお、「社会主義法」という用語は、「資本主義から共産主義への移行をその目標として、資本主義から共産主義への過渡期の段階にある社会主義社会（あるいは国家）の法[2]」と、理解しておく。しかし、このような定義の仕方は、抽象度の高いレベルの定義としてはともかく、歴史的な実体論のレベルの定義としてはそれほど十分であるわけではない。

「社会主義法」とは何かにかんする議論を、論理的かつ歴史的に考察しようとする場合には、なによりも、「革命と法」という観点から、この問題を原理的に考えることが重要である。「革命」と「法」は、どちらが優先されるのか、また、なぜ、社会主義「法」というカテゴリーが成立可能であるのか、などの論点を、現実の社会主義国の法の歴史に即して論じていくことが求められている。

一九一七年のロシア革命は、最初の社会主義国家を樹立するに至ったが、そこでの宣言のひとつは、「勤労し搾取されている人民の権利の宣言」（一九一八年）という名称をもち、「人間による人間のあらゆる搾取の廃止、階級への社会の分裂の完全な廃絶、搾取者に対する容赦ない抑圧、社会主義的な社会組織の確立」などを掲げた[3]。同時に、権利論の観点からすると、その宣言は、表題の「勤労し搾取されている人民」の権利を明示的に宣言し、人間一般の権利を宣言していないことに留意すべきであり、一言でいえば、ロシア革命の宣言は、「階級的な権利観」を打ち出している点に、きわめて大きな特色がある。

そして、ロシアに続き、モンゴルが社会主義化（一九二四年）し、第二番目に社会主義国家の仲間入りをすることになった。その後、先に述べた「階級的な権利観」を実質的には維持しつつではあるが、憲法上の表現としては、一九三六年のソビエト憲法で、「市民の基本的権利」というカテゴリーが登場してくる。この場合、一九一八年の「勤労し搾取されている人民」というような階級対立を前提にした規定ではなく、その後の歴史のなかで、「富農層の粉砕、コルホーズ制度の勝利」(4)の結果、基本的に階級敵がいなくなったという理論づけに伴い、ソ連邦が一元的な「市民」から構成される国家となった、という理解が示された。このソ連邦一九三六年憲法は、その後の社会主義諸国家の憲法に、「原型」として引きつがれていくこととなった。第二次世界大戦後、いわゆる東欧諸国が社会主義国家へと移行し、また、中国、ベトナム、朝鮮民主主義人民共和国（北朝鮮）などが、各々、独自の歩みを示しながらも、社会主義陣営を形成することとなった。

さて、一九八九年の「ベルリンの壁」の崩壊に象徴される東欧社会主義体制の終焉、さらには、一九九一年のソ連邦の崩壊は、当時の社会主義陣営に属していた国々に、きわめて大きな影響を及ぼした。ソ連邦を構成していた、ウズベキスタン、カザフスタンなどの中央アジア諸国は、ソ連邦から独立し、各々の国家を形成し、また、モンゴルも新たな道を歩むこととなった。

中国、さらにインドシナ半島ではベトナム、ラオスが、今日に至るまで、社会主義体制の「堅持」を掲げてはいるが、カンボジアは一九九〇年代に複数政党制へと移行した。ここまでみてきたように、一般に、これらの国々は、「体制移行国」あるいは「市場経済移行国」とも呼ばれ、一九九〇年代以降、日本、アメリカ、フランス、ドイツ、スウェーデンなどの援助機関、あるいは、世界銀行、国連開発計画（ＵＮＤＰ）による法整備支援の被援助国として、さまざまな法分野におよぶ法整備支援・協力を受けており、かつての社会主義的な法体制が変容を遂げつつある。

ところで、「社会主義法」とは何かという問題に定義を与えることは簡単ではないが、その基本的システムは一般につぎのように理解されてきた。藤田勇・畑中和夫・中山研一・直川誠蔵『ソビエト法概論』によれば、ソビエト法について、「一九三〇年代にでき上がってくる法体系を原型、もしくは原構造としており」、「今日のソビエト法は、これを実定法規範体系としてみると、一九五〇年代末から七〇年代いっぱいにかけてそれまでの法規範体系を再編してつくり上げられたもの、とみることができる」[5]。そして、同書（藤田執筆部分）によれば、権力の制度的特徴としては、時代により異なるものの、ソビエト型（階級代表組織）制度の採用、所有の社会化したがって私的財産権の抑制、「革命的適法性」が強調され、一般に、その法制度的表現としては、「国家的所有権および計画・経済計算制・契約という三位一体範式で示された」[6]ものであった。

そこで、ここではアジア諸国において社会主義体制を採用した経験をもつ国々の、とくに憲法を参照しつつ、「アジアと社会主義法」をめぐる若干の特徴と論点を考察しておくことにする。

まず、中国である。中華人民共和国は、改革・開放路線を基礎づける一九八二年憲法体制がその後数次にわたり改正され、現行憲法は二〇〇四年に改正されたものである。第一条では、「中華人民共和国は労働者階級が領導し、労農同盟を基礎とする人民民主独裁の社会主義国家である」と規定し、第三条で、「民主集中制の原則」を掲げるとともに、「序言」で「中国共産党が中国各民族人民を領導し」というように、党の指導性について述べている。また、第五条で、「法治」を規定するとともに、二〇〇四年改正で、その第三三条において、「国家は、人権を尊重し、及び、保障する」と定め、「人権」概念を憲法上に登場させた。

中国憲法は、「人民民主主義独裁」の「社会主義国家」であるという規定を明示的に行う点で、つぎのベトナムとは異なっている。[7]ベトナム現行憲法は、ソ連邦崩壊の翌年一九九二年に、「ドイモイ（刷新）」路線に適合するように制定されたものであり、その後、改正されたものである。ベトナム憲法は、かつて一九八〇年憲法のもとでは「プロレタリアート独裁国家」という規定をもっていたが、一九九二年憲法では、第二条で「ベトナム社会主義共和国は、人民の、人民による、人民のための国家である」と定め、「プロレタリアート独裁」という文言を削除した。さらに、二〇〇一年の改正で「ベトナム社会主義共和国は、人民の、人民による、人民のための社会主義的法治国家である」と変更した。またベトナム憲法は、第四条で、ベトナム共産党を「国家と社会を指導する勢力である」と定めるとともに、第六条で「民主集中原則」を規定した。また、ベトナムでは、一九九二年憲法制定時に「人権」を新たに規定したが、その条文（第五〇条）は、「ベトナム社会主義共和国において、政治的、市民的、経済的、文化的、社会的な分野における人権は尊重され、それらの人権は、市民の権利のなかにあらわれており、憲法と法律により定められる」というように、きわめて複雑な、かつ文章上もすっきりとしない表現になっており、この点では、先の中国憲法第三三条の人権規定がすっきりした規定であるのと対照的である。

ラオスでは、ベトナムより一年前の一九九一年に憲法が制定され、その後、二〇〇三年に改正が行われた。第二条で「ラオス人民民主主義共和国は、人民民主主義国家である」と規定し、また、第三条で、ラオス人民革命党の指導的役割を強調し、第五条で「民主主義的中央集権制（民主集中制）の原則」を掲げている。しかし、ラオス憲法には、これまでのところ「人権」規定は採用されておらず、一九三六年ソ連憲法型の、「市民の基本的権利」という規定が踏襲されている。

他方、ベトナム、ラオスのように社会主義体制を維持している国家とは異なり、カンボジア憲法は、つぎのような構造を有している。カンボジアでは、一九九一年にパリ和平協定が締結され内戦状態が終わり、一九九三年に現行カンボジア王国憲法が制定された。第一条で、「カンボジアは、国王が、憲法、自由な民主主義及び複数政党制の原則に基づいてその職務を行う王国である」と定め、「自由な民主主義」と「複数政党制」を採用し、それ以前の、社会主義化を志向したヘン・サムリン体制下の憲法とは異なる体制へと移行した。また、第三一条では「人権を承認し、尊重する」と述べ、「女性の権利」、「子どもの権利」を含む、現代的な人権カタログを提示している。

ところで、カンボジア憲法史を考察する場合には、ポル・ポトらによって制定された一九七六年の「民主カンプチア憲法」を検討しておくことが重要な課題である。毛沢東により支援されたポル・ポトは、「毛沢東思想」に深く影響された「毛沢東主義者」であった。毛沢東が生前最後に制定した一九七五年中国憲法は、彼の「無法無天」の考え方にもとづき、法というものは、少なければ少ないほどよい、との理論から、わずかに三〇カ条の条文しかもたないものであった。毛沢東の忠実な弟子を自認していたポル・ポトは、それよりもさらに条文数の少ない、二一カ条からなる「民主カンプチア憲法」を制定し、カンボジア国内での大量虐殺を可能とする国家体制を樹立した。カンボジアにおけるポル・ポトによる恐怖政治の実態は、アジアにおける社会主義体制のあり方を考察するうえで、忘れてはならない視点を提示している。

モンゴルは、一九二四年に社会主義化を志向して以降、ソ連邦の「衛星国」としての位置を保ってきたが、一九九二年に体制転換し、新憲法を制定して国名を「モンゴル人民共和国」から「モンゴル国」へと改めた。モンゴル現行憲法は、第一条で、「モンゴル国は、独立した、主権を有する共和国である」と定め、また、第二章は、「人権と自由」という表題をもち、第一九条で、「人権、自由」の擁護を謳い、社会主義体制からの脱却を行った。とりわけ、土地の私的所有を部分的にであれ認めた（第六条）ことは、従来とは異なる大きな変化である。(8)

これまで、現在では日本の法整備支援の対象国ともなっている、社会主義型憲法を採用してきたアジアの国々の状況を簡単に考察してきたが、上記の考察をふまえ、以下にいくつかの論点を整理しておきたい。

第一には、アジアの社会主義国家は、例えば、一九世紀のアヘン戦争後、中国はイギリスの半植民地となり、また、ベトナム、ラオス、カンボジアは、これも同様に、一九世紀以降、フランスの植民地支配を受け、一九四〇年以降は、日本の支配を受けた。したがって、これらの諸国は、第二次世界大戦後、独立という課題と直面することとなった。そして、国によりその経緯は異なるものの、独立の課題を社会主義体制を採用することにより実現するという方向に向かった。植民地経験は、これらの諸国の社会主義化の方向に、ソ連・東欧諸国の社会主義化とは異なるファクターを付与することになった。古田元夫は、一九八六年の「ドイモイ」路線推進以前のベトナム社会主義を、「貧しさを分かち合う社会主義」と性格づけたが[9]、独立、貧困、開発という課題の克服が、これらの諸国には、今日に至るまで重くのしかかってきた。したがって、これらの諸国の法のあり方を考える場合には、「植民地」、「独立」、「開発」というファクターを考慮に入れる必要がある。

また第二には、これらのアジアの社会主義体制を採用した国々では、ベトナムは、とくに一九六〇年以降は、ソ連邦の法システムおよび法学教育を導入し、また、一九七五年以降のラオス、そして、一九七九年以降のカンボジアには、ベトナム法およびベトナムによる法学教育が影響を与えてきた。モンゴルも、同様に、ソビエト法の強い影響力のもとにあった。中央アジア諸国は、ソ連邦の共和国として存在し、ソビエト法そのものの支配下に置かれた。中国は、ソ連の法理論とは若干異なる特徴をもちながら、独自の社会主義法システムを形づくってきた。したがって、ソ連・東欧の社会主義法理論・実際と、中国の社会主義法理論・実際との比較を行うことも重要である。

第三には、それにもかかわらず、今日、現存社会主義諸国を含むアジアの体制移行国は、グローバル化のもとで、ともに「市場経済化」を志向し、それに適合的な法制度の導入が、積極的に行われている。とくに、欧米、日本などによる、これらの諸国にたいする法整備支援をひとつの契機としながら、ベトナム、カンボジア、ラオス、モンゴル、中国などアジア体制移行諸国の法は、大きな転換の時期を迎えている。先にみたように、憲法上の「人権」規定の導入、従来の「社会主義的適法性」と並んで「法治国家」概念の登場、さらにはいくつかの国では「憲法裁判所」、「憲法院」導入の試みなど、従来の社会主義法理論とは異なる制度構築が開始されている。したがって、これらの国々の法の研究は、諸国をとりまくグローバル化という視点からも研究していかなければならない。

アジアの社会主義国、体制移行国の法が今後どのような変容を遂げていくかについては予断を許さないが、これらの諸国が、「市場経済化」をひとつの軸として、どのように政治体制を改革していくかに注目しておかなければならない。

3　法整備支援をめぐる諸議論について

(1) 法整備支援批判の系譜

日本の法整備支援が一九九〇年代に開始されて以降今日に至るまで、日本の法整備支援にたいして加えられてきた批判論には、大別して、三つの系譜がある。

一つの系譜は、本書第1章で紹介したように清水誠、久保田穣などに代表される批判論であり、その批判によれば、日本政府がアジア諸国にたいする法整備支援を推進しようとするのは、日本企業の海外進出を容易にするためのものであり、一言でいえば、日本のアジア諸国にたいする帝国主義的進出のためのもので、法整備支援を推進することは、そのお先棒をかつぐことである、という批判である。

二つ目の系譜は、安田信之などアジア諸国法研究者あるいは「開発と法」研究にかかわってきた人びとからの批判であり、「現地の社会や文化への眼差しを欠いた『法と開発研究』は結局のところ、援助ビジネスたらざるを得ない『法整備支援』の下僕でしかありえないし、そうである以上、決して『学』としての『開発法学』とはなり得ないのではないか[10]」というものである。

三つ目の系譜は、韓国からの批判であり、日本は、戦前・戦時中にアジア諸国を侵略した歴史を有しており、そのような侵略を行った日本が今日、あらためてアジア諸国にたいする法整備支援を行うといっても、被援助国の人びとには本当のところ信用されないし、うまくいくはずがない、というものである。

これらの批判論とは異なり、逆に法整備支援を推進する立場からの議論が存在する。日本の法整備支援を考える場合、三ヶ月章東京大学名誉教授・元法務大臣および森嶌昭夫名古屋大学名誉教授の二人は、この分野の「先学」、「先覚者」といえる人びとである。この二人をここに取り上げるのは、なによりも、三ヶ月、森嶌が日本の法整備支援事業の中心的存在として大きな役割を果たしてきたこと、そして、二人の法整備支援理論の特徴を明らかにすることは、今後の法整備支援の理論的諸問題を考えるうえでの手がかりになること、による。

(2) 三ヶ月章と「法整備」の「歴史性」

三ヶ月は、いうまでもなく民事訴訟法学の専門家であり、アジア諸国にたいする法整備支援事業の先駆者である。三ヶ月は、法の分野の国際協力、法整備支援を論じた論文をきわめて多く書き、それらを『一法学徒の歩み』、『司法評論Ⅰ 論説・対談』、『司法評論Ⅱ 講演』、『司法評論Ⅲ 法整備協力支援[11]』という四冊の著書にまとめており、それらの著書から三ヶ月の法整備支援理論について多くを知ることができる。「法整備協力支援」という副題をもつのは、『司法評論III』だけであるが、その他三冊の著書も、すべて何らかの形で法整備支援に関連した内容をもっている。その理由は、三ヶ月が、日本政府による「法整備支援」という名称でのプロジェクトが一九九〇年代中葉以降開始されるよりずっと以前から、国連アジア極東犯罪防止研修所、アジア諸国の法曹の団体であるローエイシアの活動などを通じて、アジア諸国との法学の分野での研究・実務交流に逸早く取り組んできたからである。

日本政府による法整備支援プロジェクトでは、アジア諸国へ法務省法務総合研究所国際協力部、最高裁判所、日本弁護士連合会、大学などから実務家、研究者が専門家として派遣されているが、三ヶ月のかつての著書『法学入門』[12]は、これらの専門家の中で、必読文献となっている。なぜなら、この本には、日本における明治期以降の法学教育、法の発展の歴史がきわめて詳細に論じられており、日本法が世界の中でどのように形づくられてきたかを知り、研究し、また専門家がアジア諸国で日本近代法発達史を講義していくうえでまことに有益だからである。

さて、三ヶ月の法整備支援理論の一つの特徴は、何よりも、アジアの各国において「西欧の法律制度を移植する」際の歴史性の相違を明確にしてきた点にある。そして三ヶ月は、例えば、今日、法整備を進めるベトナムとかつての明治以降の日本の法整備を比較し、「ベトナムと日本の置かれてきた、あるいは置かれている状況の差異が、……共通の課題と目標にどのような違いを生ぜしめ、それぞれどのような問題を生み出しているのかということを検討」し、「西欧法導入の①動機、②時代環境、③手法」から問題を考察している。[13] かくして、いま起こっているベトナムなどアジア諸国の法整備のありようを、かつての明治期日本の西欧法継受が不平等条約の撤廃という「全く政治的なもの[14]」であったのにたいし、「市場経済への対応の必要という契機[15]」から理論化しようとしている。

また、三ヶ月は、『法学入門』の中で、「東洋社会における西欧法支配の実相——日本の特異性」を論じ、例えばベトナム、カンボジア、ラオスなど「仏領インドシナ諸国」を例にとり、「東南アジアの諸国における西欧法の支配が、きわめて高圧的な植民地支配の手段としていわば他力的に与えられたというのにくらべると、同じ東洋社会の中にありながら、ただ日本だけが、西欧法のこのような権力的な支配から完全に免れることができたということは、一つの奇跡であるとさえいってもよいことなのである」と述べ、「一度はこのような日本法の特異性を思いめぐらし」ていくことに注意を喚起している。[16] また、法継受における最大の困難について、「このような外来の規範を動かし、このような不慣れな機構と手続を運用する人間の養成、いわゆる『人づくり』ということが一番むずかしい問題であったことは、想像にかたくない[17]」と指摘した。

以上にみられるように、三ヶ月の法整備支援理論は、第一に、途上国、体制移行国の法整備をとりまく「歴史性」、「時代性」にかんする考察と分析の重要性を語るとともに、第二に、法規範を動かす上では、法に携わる人材にたいする「人づくり」の重要性を課題として提起している、といえよう。

(3) 森嶌昭夫と「民商事法支援」

森嶌は、いうまでもなく民法学の専門家である。かつては不法行為法を武器に公害問題に果敢にとりくみ、進取の気象に富む森嶌が、ベトナムにたいする法における国際協力に着手するのは、一九九〇年代初頭のことであった。当時のベトナムは、一九八〇年代末に開始した「ドイモイ(刷新)」路線にもとづき、対外開放政策と市場経済化政策を推進するうえで、民法典制定にむけて草案作りを急ピッチで進行させていた。

　森嶌がベトナムにたいする法整備協力を始めた時期、ベトナム側のカウンター・パートである司法大臣は、グエン・ディン・ロクであった。既述のようにロクは、それまでの司法大臣とは異なり、政治家ではなく（例えば、ロクの前任者ファン・ヒエンの前職は外務次官であった）、モスクワ大学で学位を得、その後、国会法制委員会で活躍していたテクノクラートであり、このことが両者の関係をいっそう親しいものにした。ベトナムは、一九九五年に民法典を制定したが、それに至る数次にわたる民法典草案の起草において、森嶌が果たした役割は大きかった[18]。

　一九九六年一二月、日本の外務省、ＪＩＣＡがベトナム司法省との間でＲ／Ｄを調印し、本格的に日本政府による「法整備支援プロジェクト」が開始されることになり、森嶌は、ベトナム、カンボジアなどにたいする法整備支援事業のリーダーとして、その任を果たしていった[19]。そして、カンボジアの民法典起草にたいしても、カンボジア司法省と協力し、竹下守夫駿河台大学総長・一橋大学名誉教授をリーダーとする民事訴訟法典起草プロジェクトと並んで、民法典を完成させた。

　森嶌は、法整備支援の理念等につき、つぎのように述べている。「カンボジアにおける法整備支援の内容はベトナムにおけるそれとは異なっているが、その理念と方法は基本的には同一である。すなわち、我々のプロジェクトでは、支援対象国の社会的経済的条件を前提として、当該社会に受容される法制度の整備を図ることを重視しており、さらに支援事業には支援対象国の法律家の参加を求め、そのオーナーシップを尊重するという方針である」[20]。森嶌の法整備支援理論の一つの特徴は、支援対象国の社会に「受容される」法整備支援であるという点であり、「支援する対象法分野も、民法などの基本法に重点を置いてきた[21]」点にある。

このような森嶌の立場は、支援内容が、人権、民主主義、法の支配にかかわる場合に、直ちに論争的な問題となってくる。

人権、民主主義、法の支配の分野にたいする法整備支援にかんする森嶌の考え方は、二〇〇四年一〇月の名古屋での国際シンポジウム「開発における法の役割――法と開発：その理論と展望」[22]の際の森嶌報告「法整備支援に対する日本のアプローチ」にも明瞭にあらわれていた。

報告の中で森嶌は、近年、世界銀行などが行っている、「法の支配」という名のもとで、途上国のガバナンスや民主主義を司法のコントロールによって改善しようという試みには注意を要する点があり、とくに、「途上国の司法や国内の統治制度の伝統的あり方に留意しなければならず」、もし途上国にたいする「押しつけ」を行うならば、「移植されたシステムは社会の中で作動しなくなる」ことに警告を発した。

また、森嶌は、アメリカ合衆国による「法と開発運動」について、例えばアフリカにたいして行われたプロジェクトなどは、アメリカ合衆国にあと押しされた新しい政権を確立するための援助にすぎず、「アメリカ合衆国の法制度を輸出し、ソ連に対抗する政治権力を強化しようとする」試みであった、という評価を行った。森嶌によれば、日本の法整備支援の特色は、①私法に力点を置いた法整備支援であること、②「対話」をとおして行ってきたこと、③法曹の研修を重視し、パートナーシップにもとづき行っていること、であり、このような日本の法整備支援と比較して、世界銀行などによる「法の支配」プロジェクトは「押しつけ」につながる危険性が高いことを指摘した。

上述の森嶌の主張は、端的にいえば、現に進行しているアメリカ合衆国等による途上国、紛争地域にたいする、アメリカ型民主主義、法の支配の「押しつけ」という事態を前にして、そのような援助のあり方を批判し回避しようとするものである。

しかし、森嶌にたいしては、その意図を理解した上でもなお、「対話」を重視するという立場との関連からは、なぜ、「法の支配」、「人権」、「民主主義」については「対話」を求めないのか、また、これらをめぐる法分野への支援が仮に被援助国により「受容される」場合にはどのように対応するのか、というような論点が生じてくるように思われる。この点では、民主主義、法の支配、人権といわれているものが、ベトナムなど被援助国においてどのようなプロセスを経て実現可能かという観点から問題を把握するようなアプローチを一つの可能性として残しておくような理論枠組みを検討することが重要であると考える。[23]

（4）法整備支援理論の課題

二〇〇三年に改定された政府開発援助大綱（新ＯＤＡ大綱）は、法整備支援の位置付けについて初めて新たに記述を行った。すなわち、新ＯＤＡ大綱は、「基本方針」の「(1) 開発途上国の自助努力支援」の項目で、「良い統治（グッド・ガバナンス）に基づく開発途上国の自助努力を支援するため、これらの国の発展の基礎となる人づくり、法・制度構築や経済社会基盤の整備に協力することは、我が国ＯＤＡの最も重要な考え方である」と述べ、「法・制度構築……の整備」への協力を「最も重要な考え方」として定式化した。

さて、法整備支援が、「良い統治に基づく開発途上国の自助努力を支援するため」にこそ行われるという定義を与えられたことは、その後の法整備支援の実際に大きな影響を及ぼした。すなわち、従来の日本の法整備支援においては主として民商事法分野にたいする支援が行われてきたのにたいし、近年では、国によっては「良い統治」にかかわる支援が開始されるなど、支援する法分野も多彩となってきた。しかし、とくに日本によるアジア諸国にたいする開発援助としての法整備支援論においては、新ＯＤＡ大綱との関連から、以下のような基本問題・論点が依然として存在していると考える。

第一には、日本の法整備支援はどのような地域、どの国にたいして行うか、という論点である。この点について、新ＯＤＡ大綱は、その「重点地域」の項目において、「日本と緊密な関係を有し、日本の安全と繁栄に大きな影響を及ぼし得るアジアは重点地域である」と述べている。どのような地域、国にたいして日本が法整備支援を行うか、という問題は、被援助国が日本の西欧法の受容の仕方から何を教訓として受けとめ、また日本が法整備支援の理念、手法にかかわるどのような内容をそれらの国に伝達し、技術協力を行っていくかという論点に関連している。例えば、それがアジア地域である場合には、アジア的な「風土」の共通性などを前提として（もちろんこの種の考え方自体が批判的に検証されるべきであるが）日本の法整備支援の理念が語られることが多いが、しかし、もしコーカサス諸国、ウクライナなどの地域にたいする法整備支援を行う場合には「アジア的共通性」から支援の意義を語ることは困難である。

第二には、法整備支援を行う場合の法分野は何か、という問題にかかわる論点である。他の外国援助機関、国際援助機関の法整備支援においては、支援する法の分野について、より全般的な内容をもつ場合が多かったが、日本の法整備支援においては、民商事法支援中心という方向が意識的に採用されてきたため、長きにわたり、それ以外の法分野にたいする法整備支援、例えば、労働法、行政法、さらには憲法などの分野にたいする支援はそれほど十分には行われてこなかった、という経緯をもっている。

しかし、近年、とくに、ウズベキスタンなど中央アジア諸国にたいする日本の法整備支援にみられるように、行政手続法の分野、ガバナンス分野での支援が積極的に行われるようになった。したがって、日本の法整備支援の開始から一五年を経た現在、どのような法分野に日本は支援すべきか、という論点をあらためて本格的に検討する時期に至っているといえよう。

どのような法分野に支援するかという論点にかかわって、ここでふれておきたいことは、法整備支援対象国のこの間の状況変化についてである。例えば一九九〇年代のドイモイ開始直後のベトナムでは、何よりも市場経済化を推進するための法分野、すなわち民商事法を中心とした法整備が緊急性をもち必要とされていたのにたいし、二〇〇〇年を前後する時期以降においては、市場経済化にむけた経済改革だけではなく、司法改革、行政改革、さらには政治改革が直接に課題となり、これらの諸改革を実現する上での法整備とそれにたいする外国からの支援が求められている。[24] また、ベトナム法整備支援プロジェクトにおいては、二〇〇七年度からは本格的にベトナムの刑事訴訟法にたいする日本の法整備支援が開始されることになり、人権に連動する分野にも関与することになった。したがって、民主主義、人権、法の支配など広くガバナンスの領域への支援を、どのように行うかについては、その地域の法に詳しい専門家の分析と具体的な判断にもとづき取り組むことが重要である。

法整備支援のあり方は、従来の経験と理論をふまえた上で、徐々に変わっていかなければならない。三ヶ月と森嶌は、ともに、①民事訴訟法と民法という実定法研究者であること、②日本をとりまく国際情勢に敏感であり、また国際協力の意義を逸早く認めてきたこと、③近代日本法、近代日本法学の形成に強い関心をもってきたこと、において共通していた。日本の法整備支援は、このような問題意識を共有する、実定法研究者、基礎法・比較法研究者、地域研究者、法律実務家の共同したプロジェクトとして行われる必要がある。三ヶ月は、かつて、著者につぎのように語った。「法律実務家には実務家にしか、法学研究者には研究者にしか発見できないものがある。法整備支援をする際には各々の知恵をもちよらなければならないし、そうすれば、よい仕事ができる」。

4　援助と開発をめぐって

(1) 援助と開発をめぐる問題の位相

援助と開発をめぐる問題の位相の第一は、「開発」概念にかんするものである。すなわち、本書のテーマである法整備支援が対象とする発展途上国、体制移行国、さらにこれら二つが重なる国々は、「開発」が中心課題となっている。しかし、これらの国々にとって、「開発」という概念は、きわめて多義的である。すなわち、その「多義性」とは、一方では「開発」の意味内容をめぐり、それらの国々の内部でもきわめて論争的であるとともに、他方では、「開発」をめぐる戦略自体が各々の国によって大きく異なることに依存している。

例えば、ベトナムにおいては、外国による法整備支援が開始されはじめた直後の、一九九六年のベトナム共産党第八回大会において、社会主義的な体制に親近感を抱く人びとからの「平等」を重視する立場と、市場経済化の推進にもとづく「発展＝開発」を追求する立場、すなわち、「開発」の中で、格差＝不平等が生じ、それにたいして、それを「平等」というスローガンで是正しようとする立場と、経済発展を実現することにより、それらの不平等を乗りこえようとする立場が存在した。

このような、発展をめぐる基本的に対抗的な立場を抱えつつ、ベトナムでは、二〇〇五年に、法建設にかかわる二つの重要な決議が提出された。一つは、「二〇一〇年までのベトナム法律システムの構築と整備のための戦略及び二〇二〇年までの方針について」（二〇〇五年五月二四日）であり、いま一つは、「二〇二〇年までの司法改革戦略について」（二〇〇五年六月二日）で、ともに、ベトナム共産党政治局決議である。

前者の決議においては、「ドイモイ事業を実施して二〇年近く経ち、党の指導の下、法律システムの構築と整備のための活動は重要な前進を遂げた。各法律文書の発行プロセスは、刷新された。多くの法典、法律、国会令が発行され、国家が法律によって経済、社会、安全、国防、対外といった分野を管理するための法的枠組みがいっそう整備されたものになってきた。社会主義的法治という原則は、段階的に高く掲げられ、実際に活かされてきた。また、法律の普及、教育活動は、かなり強化されてきた。その進歩は党の路線の体制化に貢献し、国家の管理、運営の効力と効果を向上させ、経済を促進し、国の政治と社会を安定させた。／しかし、概観すると、我が国の法律システムはまだ一貫性がなく、統一性に欠け、実施可能性が低く、生活への浸透も遅い。法律の構築、改正のメカニズムはまだ非合理的な点が多く、刷新を重視したものとはいえず、整備したといえない。法律と国会令の構築の進捗は、まだ遅く、各法律文書の質もまだ高くはない。また、ベトナムが参加する各国際条約の研究とその実施方法については、十分に関心がもたれていない。法律の広報、普及、教育活動の効果も限られたものとなっている。法律実施を保障する体制も欠ける点があり、脆弱である［／は原文改行］」と指摘するとともに、「法律システムの構築と整備のための目標」を以下のように提起した。「一貫的で統一され、また実施可能で、公開された、明白な法律システムを構築し、整備する。重視する点は、社会主義志向の市場経済体制を整備し、人民の人民による人民のためのベトナム社会主義的法治国家を建設すること、法律の構築と執行のシステムを抜本的に刷新すること、社会の管理と政治的安定の堅持、経済発展、国際社会への参入、清潔で強固な国家の建設、人権と市民の自由、民主の権利の実現に貢献するため、法律の役割を活かし効力を発揮させ、我が国を二〇二〇年までに現代的な工業国家にすることに寄与することである」。

また、後者の決議では、「司法改革の任務は、多くの試練に直面している。犯罪は、複雑に変化しつつあり、しかもその性質と影響は日増しに重大になりつつある状況である。／各行政訴訟、民事、経済、労働訴訟、各種異議申立て、外国要素のある訴訟、紛争は、増加し、複雑化、多様化する傾向にある。市民と社会の司法機関にたいする要求は日増しに大きくなっている。司法機関は、正義と人権を保護するための人民の本当の拠り所、そして同時に社会主義的適法性と法律を保護するための有効な道具となって、各種の犯罪や違反と効果的に闘わなければならない。／国の発展と保護という任務、ベトナム社会主義的法治国家を建設するというニーズのためには、立法業務の刷新と行政改革プログラムのプロセスに整合した。二〇二〇年までの司法改革戦略を公布し実施しなければならない〔／は原文改行〕[25]」と述べている。

ここにみられるように、ベトナムでは、「社会主義志向の市場経済体制」という「用語」により、さきの「平等」と「開発」の双方の課題に応え、また「社会主義的法治国家」により、その「社会主義志向の市場経済体制」を実施していこうとする方向性を見出すことができる。すなわち、ベトナムの場合には、「市場経済体制」への脱皮を「開発」戦略の中心に置きながら、「法治国家」の強化のもとに、開発全体を推進するという方向が模索されている。

「開発」概念を当該国家がどのように考えているかについては、それが「国のかたち」全体にかかわるものである以上、憲法および憲法体制の実際そのものが、それを示すことになる。したがって、「開発」をめぐる全体像については、第5章で考察するベトナム憲法論にゆだねたいが、一言でいえば、自由権、社会権・生存権、政治的権利など基本的人権と一般にいわれるものが、ベトナムでどのように保障されているか、また、いかなる政治体制を採用しているかという分析が、ベトナムの「開発」概念研究にとっては重要となる。例えば、ベトナム憲法における現下の「人権」概念は、なによりも、「経済的自由」を中心として構成されていることは、ベトナムにおける「開発」戦略を検討するうえで重要な視点である。

援助と開発をめぐる問題の位相の第二は、しかし、「援助と開発」という問題枠組みからも明らかなように、「開発」がたんに国内的な要因だけによって決定されるものではなく、国際社会の要因によっても決定される、という問題にかんするものである。ここでは、国際法学および国際人権法学の議論との関連を念頭に置いているが、環境、人権、ジェンダー等、地球的規模での課題にたいして、法整備支援を受ける国々がどのような対応をしていくかが問われることになる。例えば、人権についていえば、それが「集団的」権利として構想されるか、あるいは「個人」の権利として考えるのかという問題の検討が求められている。

援助と開発をめぐる問題の位相の第三は――本書のテーマとの関連では、これが重要であるが――「援助と開発」を「開発法学」との関連からどのように考えるかという課題である。

「開発法学（Law and Development）」とは、その提唱者である安田信之が述べるように、一九九二年に出版された安田信之編『第三世界開発法学入門』の中で日本では最初に用いられた用語であり、それは、アメリカの「法と開発運動（Law and Development Movement）」に「対する反省から一つの学問分野として提案され」たものであり、「その対象と目的については、①発展途上地域の法と政治・経済・社会発展とのさまざまな関係を究明し（理論研究）、②そこで得られた知見を動員することにより、政策提言とともにその批判的検討を行う（政策研究）という二つの課題からなる[26]」とされている。

他方、法整備支援論に立脚しつつ開発法学を提唱する松尾弘は、「開発にとって法改革がなぜ重要か」という問題関心から、開発法学の課題を提起している。松尾は、その問題関心の「原点」を、なによりも「広がり続ける国家間格差」という点からとらえ、その格差の原因の一つを「制度の相違」に求めている。[27] そして、「勤勉に働けば見返りがあり、豊かになれる、だから努力すべきである、という規範は、全人類に共有された普遍妥当的な規範ではない[28]」ことに注意を喚起する。そして、松尾は、「国家の法改革を通じて、人々がより生産的で創造的になるようなインセンティブを提供し、社会の非効率的な制度の改革を促すことにより、発展（Development）を実現する方法を探求すること」を課題として設定し、「この課題に正面から答えようとするのが開発法学である[29]」とする。

その上で、松尾は、さきの安田の開発法学の定義にたいして、「開発法学がそうした対外支援の観点からの『第三世界の法と開発』という枠組に限定されないことは、すでに『法と開発』自体が国内の法改革や地域開発の実践、そして、そのために法改革と社会変動との因果関係を社会科学的に分析する諸理論にも、もう一つの起源をもっていることに表れている[30]」と指摘したうえで、つぎのように開発法学を特色づける。すなわち、松尾によれば、「開発法学の特色は、（i）法と経済・政治・社会発展との関係に関する理論研究とそれに基づく政策提言のための政策研究、および（ii）国際的法整備支援（協力）と国内の法改革という、《二つの二重課題》を追求する点にある」のであり、したがって、それは、「途上国における法改革の実践とその成果の分析を、それと異なる文化をもつ途上国や先進国の場合と比較することにより、法と社会発展との因果関係について、より一般化可能な仮説の定立・検証・修正を繰り返」すのであり、開発法学は、「『比較・法と社会変動』（comparative law and social change）とも特徴づけられ」るという重要な指摘を行っている。[31]

さて、「開発法学」の提唱者である「安田信之教授退職記念号」の『国際開発研究フォーラム』第三四号（名古屋大学大学院国際開発研究科、二〇〇七年）は、法と開発にかんする多くの論文を掲載している。そして、以下にみるように、これらの諸論文は、「法と開発」をめぐる理論的な今日的論点を明らかにしている。

佐藤創「法と経済発展について――所有権と経済成長に関する諸学説の再検討」は、安田の法と経済発展の考察について、「『法現象＝f（経済現象）』という考察は存在しているものの、その逆、『経済現象＝f（法現象）』に関する考察が明確には存在しない」ことを指摘し、「『法→経済』という因果の方向性の考察が理論研究において十分に展開されていないことは、望ましくはない」ので、「この間隙を少しでも埋めるべく、所有権制度の違いが経済パフォーマンスの違いの重要な原因であると主張する諸経済学説がはたしてどの程度説得力のあるものか検討を行[32]」ったものである。

また、山田美和「『進化』する開発概念――世界銀行の反マネーロンダリング支援を題材に」は、「現在の『法と開発』を研究する者は、開発をどう捉えるのか。『法と開発』研究は開発概念の考察から始まることは疑いない[33]」と述べ、「世銀の法制度改革支援の対象領域は、経済開発から社会開発に本当にシフトしているのであろうか[34]」というきわめて重要な問いかけを行い、世銀の開発概念を、「それが単に経済開発から社会開発へと形容できるものではなく、あらゆる分野を開発援助対象として包摂しうる開発概念の変化であることを明らかにする[35]」ことを目的とする研究である。その場合、山田によれば、「ガバナンスという概念は、国家の政治的権力の行使とは区別されることにより、国家運営にかかわるあらゆる制度や組織をも世銀の援助による改革の対象とすることを可能にし」、「ガバナンス論は、爾来世銀の拡大する活動を包摂する論理として普遍化されていった[36]」という重要な指摘を行っている。

桑原尚子「法整備支援における『法の移植（legal transplants）』をめぐる議論の序論的考察――理論と実践の架

橋をめざして」は、「体制移行国を中心とする法整備支援において、法移植を行う者の目的を達成するという意味で法移植が成功する諸条件について、先行研究を手掛かりとして整理および検討した上で、法整備支援の実践からみた法移植研究の課題の提示を試みるものである」[37]。そして、法移植研究の課題を、「いかなる観点から法の移植可能性およびその条件を論じるか」という問題への自覚の重要性にあるとし、また、「法文化」について、それは「法整備支援の実践において利用しうる程度に明瞭な概念であるとはいい難」[38]いとして、また、「社会変動という過程に法移植を位置づける評価の方法」[39]を提案している。

これらの一連の、開発法学にかんする研究からは、安田の開発法学をいっそう精緻に発展させようとする論者により、開発法学のあり方をめぐる、地道ではあるが真摯な探究が続けられていることを知ることができる。そして、これらの開発法学の研究成果は、法整備支援論にとっても直接的に有益であり、さきに松尾が述べたように、現在の開発法学は、その内部に、法整備支援というファクターを含みこむものとして構想される必要があることを示しているように思われる。

また、佐藤創は、近時、「法制度改革支援——先進国による押しつけか？」[40]と題する論文において、開発途上国にたいする「法制度改革支援」を検討し、「そこでいう『法』とはどのような内容をもち、なぜ法制度改革が開発にとって重要なのでしょうか」[41]という問いかけを行っている。佐藤は、現在の途上国にたいしては、「法の明確化の要請」、「『近代法の原則』導入の要請」があり、「市場経済の基本をなす法原則」とは、「権利能力平等の原則」、「所有権絶対の原則」、「契約自由の原則」、「過失責任主義」であるとしつつも、「ただし、近代法の原則に固執しすぎると、かえって経済発展の足かせになったり、経済力の違いに由来する強者と弱者という問題が生じたり」[42]するので、「近代法の原則を修正する領域に属する競争法や労働法、環境法もまた次第に法制度改革支援の重要な分野になってきて」[43]いると述べている。

援助と開発をめぐる問題の位相を以上のように理解したうえで、本書では、「援助」＝法整備支援において、「開発」概念は多義的であることを前提としながらも、法整備支援をめぐる議論の中で、とりわけ「開発」にかかわる価値をめぐる議論に焦点をあてて考察していくこととする。

（2）法整備支援と「法と開発」をめぐって

日本政府のＯＤＡ（政府開発援助）による法整備支援が実施された、ベトナム、カンボジア、ラオス、モンゴル、ウズベキスタン、インドネシアなど、アジアの途上国、体制移行国にたいする、法典整備、法曹養成、法学教育などを支援の内容とする法整備支援事業と法整備支援研究の中で、つねに意識され続けてきたテーマの一つは、かつて一九六〇年代から七〇年代にかけてアメリカ合衆国の法学研究者および援助機関が中南米、アフリカ諸国等にたいして行った「法と開発研究／運動」[44]にかんするものであった。アメリカ合衆国が行った「法と開発研究」は、その後、「失敗した」という総括が一般的には行われてきた（もちろん、「失敗ではない」という意見も表明されているが）。そして、その「失敗」の説明としては、アメリカ型の民主主義、人権、法の支配、さらにはアメリカ型の法学教育の途上国への導入には無理があり、また、現地の伝統的な法システムなどの存在を無視することには問題があった、とされてきた。一九九〇年代に入り、世界各国の援助機関、国際援助機関が法整備支援に本格的に参入するようになると、アメリカ合衆国では「新しい法と開発研究」が提唱されるようになった。したがって、今日、法整備支援事業に取り組んでいる人びとにとって、アメリカ合衆国の「法と開発研究」の教訓をどのように受けとめていくかが長く問われてきていた。

ところで、「法と開発」をめぐる議論を、日本の法整備支援の実際の展開過程という文脈の中に位置づけてみると、つぎのような論点が浮かび上がってくる。第一には、日本の法整備支援は、これまでのところ、主として民商事法など私法領域にたいして行われてきたが、法の支配、ガバナンス、民主主義、人権、さらには公法領域にたいする法整備支援を日本政府はどのように行ったらよいかにかんする論点である。第二には、上記のことと も深く関係するが、一般に、世界各国の法整備支援事業において、法の支配、ガバナンス、民主主義、人権という援助が法整備支援の対象として妥当かどうかという論点である。第三には、およそ法整備支援という援助の形態は、途上国および体制移行国の一般の人びとにとって、いかなる意味で有効かという論点である。第四には、近時の、「法の支配」確立にむけての支援というものを、国家と市場との関係においてどのように考えるか、ということにかんする論点である。第五には、法整備支援事業の諸形態の中で、とりわけ法学教育支援というものをどのように考えるか、そしてそれをいかに実施していくか、という論点である。

以上のような諸論点のいくつかについて、二〇〇四年に日本で行われた二つの国際シンポジウム、すなわち「法学における国際協力と比較法学の課題――体制移行国に対する法整備支援をとおして」[45]および、「開発における法の役割」は、すでに重要な問題を提起していた。これら二つのシンポジウムは、なによりも法整備支援というテーマをめぐって国内外の研究者が本格的に論じた最初のシンポジウムという意味において画期的であるとともに、注目すべき諸論点が多数提起された。そこで、以下、法整備支援をめぐる国際的な議論水準を示すために、これらのシンポジウムの内容を、やや詳細に紹介しておくことにする。

まず、国際シンポジウム「法学における国際協力と比較法学の課題」は、日本における法整備支援の実際と理論化の経験をふまえて、法整備支援論にとって、①法典整備、法曹養成、法学教育という諸課題がもつ意味は何か、②グローバル化、リージョナリズムの中で「伝統法」、「法の継受」、「法の移植」をめぐる議論はどのような新しい意義を有しているか、等について研究し、③全体として、法整備支援が比較法学に提起するものを明らかにすることを目的として行われた。

諸外国の研究者は、考察の対象地域としては、ラテンアメリカ、ロシア、ドイツ、ハンガリー、ブルガリア、クロアチア、イタリア、アフガニスタン、カンボジア、ベトナムなどを事例として取り上げ、また、考察の対象項目としては、法整備支援、法の調和等について言及を行った。

本シンポジウムにおける論点は多岐にわたるが、ここではいくつかの重要な論点について以下にふれておく。第一には、アメリカ合衆国のゴールドマン（Robert Goldman）・アメリカン大学教授が述べるように、アメリカ合衆国による「法と開発運動」の軌跡をふくめ法整備支援の「過去」から何を学ぶかという点である。この論点は、現在世界的規模で各国援助機関、国際援助機関が展開している法整備支援事業が一九六〇年代、七〇年代の「法と開発運動」とそれほど性格を異にしていないのではないかと指摘したオーストラリアのニコルソン（Penelope Nicholson）・メルボルン大学教授の見解をどのように考えるかという論点ともかかわっている。ニコルソン教授がベトナムを事例にあげて述べたように、「政治改革なしに法改革を実現しうるのか」という批判は法整備支援論にとって重要な問題の提起であった。

第二には、イギリスのラウ（Martin Lau）・ロンドン大学教授が、彼が従事したアフガニスタンへの法整備支援の実際の経験をふまえて述べた、都市と農村の対立、格差と非公式法の存在にかんする指摘、さらには「国際社会を満足させるためだけの法整備であってよいのか」という疑問、また、「人権ではなく安全」こそがいま求められていることであるという提言は、法整備支援論の核心部分、すなわち、援助する側は、援助される国、地域の実際に深くわけ入って何をなすべきかを判断して行わなければならないという問題を提起していた。

第三に、ドイツのロゲマン（Herwig Roggemann）・ベルリン自由大学教授は、東西ドイツの統一という歴史的な経験をふまえ、社会主義法として存在してきた旧東独の法をどのように考えるのか、そしてドイツにおける法の統合を考える上で、中東欧諸国の法伝統、民主主義の伝統、また憲法裁判所の役割などのファクターにふれ、比較法研究の決定的重要性を指摘した。ハンガリーのハムザ（Gábor Hamza）・エトヴェシュ・ローランド大学教授は、「法の継受」研究を私法の領域から比較法的に実証的に行い、法というものが各国相互に与える影響を論じた。そして法が政治、経済の分野にも大きな影響を与えることを指摘した。この指摘は、先に紹介したニコルソン教授の「政治改革なくして法改革というものがありうるのか」という論点とも関連してきわめて興味深いものであった。

シンポジウムの「討論」においては、①ニコルソン報告にかかわって、「独立した司法」を事実上もたないベトナムにおいて、「アジア的な〝司法の独立〟性」というものを構想しうると考えるのか、②法整備支援とそれがもたらす法のインフレ化という観点から、法整備支援の正当性とはいかなるものか、また、アメリカ型の「法の支配」は生き残れるか、③イスラーム的紛争処理システムの研究の必要性、④土地をめぐるアジア諸国の現実から環境保護にかんする法整備支援をどのように考えるか、など各々に問題意識豊かな論点が提示された。

さて、もう一つの国際シンポジウム「開発における法の役割――法と開発：その理論と展望」は、つぎのような内容をもっていた。「第一セッション　過去の取り組みの概観および今後の展望」において行われたシンポジウム全体の基調報告ともいえる二つの報告とともに、以下、シンポジウムの内容を簡単に紹介していくことにする。

最初の基調報告者であるディヴィッド・トゥルーベック・ウィスコンシン州立大学教授は、「開発援助における『法の支配』――過去、現在、そして未来」（The "Rule of Law" in Development Assistance : Past, Present, and Future. 以下の紹介においては、松浦好治・杉山直之訳の当日配布された翻訳を参照した）と題する報告において、「法と開発」にかんする議論がマックス・ウェーバー以来提起されていることを指摘したうえで、法整備支援の大きな流れを、一九六〇年代、七〇年代の「法と開発運動」から、近年の「法の支配」プロジェクトへの移行としてとらえている。

トゥルーベック教授は、かつての「法と開発運動」の当初の目的が、途上国にたいする教育改革や「『近代的な』制度の移植を通じて、法文化や法制度を一変させること」にあり、「より道具主義的な法文化」（すなわち、形式主義的ではなく、実情にきちんと対応しうる考え方）を根づかせることにあった、という。そして、「法と開発運動」においては、法の意義を「国家が経済のあり方を決めるための道具」と考え、また、「すべての国は似たような発展段階をへて、共通の目標に到達する」という単線的な開発モデルを採用していた、とも述べる。トゥルーベック教授によれば、その後、「今日、発展途上国や体制移行国での法整備事業は大きなビジネス」となり、途上国などへ「巨額の予算」がつぎこまれており、「法と開発運動」から、「法の支配」への転換が起こった。トゥルーベック教授は、この「転換」を、「世界情勢の変化」に求め、かつての「法と開発運動」が「国際的な経済政策が部分的に閉じた経済の中で行われる国家主導の経済政策を支援していた時期に登場した」のにたいして、現在の「法の支配」という企ては、「非常に異なった局面」で形成され、「世界経済の統合」、「ソ連の崩壊」が「ネオ・リベラルな経済政策の正統化を促進した」。また、「法の支配」プロジェクトにおいては、「民主化プロジェクト」、「人権保護」、「市場経済化プロジェクト」が内容となり、それらのプロジェクトの共通目標として「法の支配」を掲げた。そして、トゥルーベック教授は、現在では「法の支配」プロジェクト自体に疑問が提示され始めているとし、そうであればこそ、「法の支配事業の建設的な関与」がいま求められており、「法の支配の思想の中に組み込まれている人間の尊厳、平等、公平といった価値を支持する」と結論付けた。トゥルーベック教授は、第一に、「法と開発運動」には、「理論は、ある意味では何もなかった」とし、「法と開発運動は、場当たり的で現実対応的なものであった」と指摘するとともに、第二に、「法の支配プロジェクトを経済エリートだけでなく、人類全体に奉仕するように設計する可能性を高める」努力を強調した。

トゥルーベック教授の報告は、自らが提唱者として取り組んできた「法と開発研究／運動」の第一人者の「総括」として、きわめて興味深い内容をふくんでいた。とくに、「法の支配」、「人権」、「民主主義」、「市場経済化」など法整備支援の核心的な諸用語を歴史の中で検証するというトゥルーベック教授の作業は、著者にとっても示唆的である。

森嶌昭夫名古屋大学名誉教授の基調報告「法整備支援に対する日本のアプローチ（Japanese Approach toward Legal Development Assistance〔Law and Development〕）」は、日本政府がベトナムにたいする法整備支援事業を一九九六年一二月に開始してから一貫して日本の法整備支援事業の中心的存在であり続けてきた報告者による法整備支援論である。森嶌教授は、「日本の法整備支援の理念は、支援する側・される側という両当事者のパートナーシップあるいは平等」を重視してきたことを強調する。また、「たとえ、国が理想的な法制度をつくったにしても、それが社会の現実の中に根づかなければ法とは言えない」と述べ、その点、日本は一九世紀においてヨーロッパ法の継受を行い、日本独自の文化と社会に適合させてきたので、その経験にもとづきアジア諸国にたいする法整備支援を行ってきた、という。

「第二セッション　発展途上国の法改革においてどのような法律家が最も有効に機能しているのか？」では、アメリカ合衆国のトムプソン（Cliff Thompson）・ウィスコンシン州立大学教授がインドネシアにおける法学教育の経験にもとづき、トレーナー・トレーニング、教材開発、言語（英語力）などのトレーニングなどの必要性について論じた。また、スウェーデンのマルンベリ（Lars-Goran Malnberg）・ルンド大学教授は、ベトナムのハノイ法科大学における法学教育の経験、例えば、判例を英訳してセミナーを準備したことなどにふれ、新しい世代の教師を養成することの重要性を強調した。

「第三セッション　発展途上国における法の役割」では、市橋克哉名古屋大学教授がＪＩＣＡ専門家として赴任したウズベキスタンでの経験にもとづき、そもそも「ウズベキスタン法とはなにか」という問題を提起し、「ソビエト法」、「イスラーム法（シャリアート）」という「理解」だけを「前提にして、ウズベキスタン法を把握しようとすると、それは誤ったものになる」と指摘した。市橋教授は、「多様で独特の『法プルラリズム』」という観点からウズベキスタン法を理解する立場を示し、「制定法の機能不全と非制定法の支配」という現状を前提にして、「まずは、公共の利益を反映した正当な目的、内容、手続を盛り込んだ制定法が存在し、それを動かすことができる制度が必要」であるとしつつも、「適正な『等身大の制定法』」を時間をかけながら漸進的に作り上げ、ウズベキスタン法を改革していくことを提案した。

「第四セッション　法の支配と経済発展」では、アメリカ合衆国のアイリッシュ（Charles Irish）・ウィスコンシン州立大学教授は、たとえ貧困国においても資源が存在するのであり、その資源を有効に利用することができない点こそが問題であるという立場から報告を述べた。教授は、わずかな法の改正によって、貧困国の資源を有効に活用できる可能性が現実化すると主張し、ビジネスや投資環境の簡便化、合理化にむけての法整備支援の必要性を強調した。

松尾弘慶応義塾大学教授は、「法の支配」プロジェクトの成果は何であったのか、という問いかけを行い、法の支配と経済発展、良き統治と法の支配、というような諸問題を論じ、「我々は法の支配にあまり多くを期待することはできないが、しかし、それをけっして過小にとらえてはならない」ことを強調し、法の支配をそれにもかかわらず追求するためには、「公式法」と「非公式法」の両面を考慮すべきであると指摘した。

「第五セッション　法の支配と民主主義」において、著者（鮎京）は、ベトナムの人権と民主主義をめぐる状況を論じ、一九九二年ベトナム憲法が「人権」という用語を採用した政治的文脈を分析し、さらに、法整備支援論にとって、「人権」、「民主主義」、「ガバナンス」がどのような位置を占めるかを論じ、法整備支援の理念論とかかわって、スウェーデン、韓国、日本の議論状況を紹介した。

西海真樹中央大学教授は、「開発の国際法」が「主権、平等、連帯という三つの基本原則により支えられて」いることの指摘から出発し、とくに、「実質的平等が重視される」ことを明らかにした。そして、相対的弱者としての「これら下位区分に属する諸国にたいしてより有利な権利義務・待遇が重層的に設定・適用される」という「規範の多重性」アプローチを紹介した。また、西海教授は、「発展の権利」、「持続可能な開発」にもふれ、とくに「持続可能な開発」は「環境保全、開発、民主主義を総合する包括的な概念」であることを指摘した。

「追加セッション　研究プロジェクト紹介」において、松浦好治名古屋大学教授は、日本法翻訳のためにコンピュータの翻訳システムを組み込んだ翻訳環境の整備の必要性と多言語に対応した法律翻訳辞書開発の取り組みについて紹介した。

以上のような諸報告にたいし、各セッションごとに討論が行われたが、ここでは若干の特徴的な議論のみについて紹介する。

第一には、韓国からの参加者による議論についてである。韓国は、最近になってからアジア諸国法研究および法整備支援事業にたいして本格的な関心をもち、また法整備支援事業も実際に開始し、そのための研究センターとして二〇〇四年六月には「アジア法研究所」を創設した。沈東燮・韓国法務省法務研修院研究委員部長検事（当時）は、キルギス、ウズベキスタン、ミャンマー（ビルマ）、タジキスタンなど開発独裁体制のもとで経済発展を求めようとする国家にたいする法整備支援を行う場合には、各々の国の文化についての理解が不可欠であることを強調した。そして沈部長検事は、日本の法整備支援モデルは、日本がかつてアジアを侵略し、植民地支配を行ったという歴史をもっているがゆえに、アジア諸国にたいして「脅威」を感じさせており、これにたいして、韓国の法整備支援モデルは、韓国がそのような歴史をもっておらず、したがってアジア諸国にたいして脅威を与えず、また、韓国自体が開発独裁体制から民主化の時期をへて経済発展を成し遂げつつあり、その意味でアジアの途上国に希望を与える経験をもっている、と述べた。

このような、日本の「脅威」論は、この国際シンポジウム開催の後に、二〇〇四年一二月に行われた文部科学省科学研究費補助金特定領域研究「アジア法整備支援」プロジェクト「全体会議」の中でも、徐元宇ソウル大学名誉教授からそれが韓国の法整備支援研究における一つの論点になっていることが紹介されたが、「アジアの隣国からみた日本の法整備支援」という見地からは一つのファクターとして理解しておくべきものであろう。

韓国からの研究者の法整備支援にたいする関心は高く、鄭宗燮ソウル大学教授は、「法と開発研究」の中で、「アジア的価値」というものをどの程度重視すべきか、また、文化相対主義をどの程度考慮すべきか、という問題を提起した。鄭教授の問いかけは、法整備支援論の核心の一つにかかわるものであった。

第二には、中欧諸国からの参加者であるハンガリーのヴァンダ・ラム（Vanda Lamm）国立科学アカデミー法学研究所所長が述べた「対話」にかかわる論点についてである。ラム教授は、ハンガリーの一九八九年における「憲法」革命による政治システムの平和的な移行からはじまり、二〇〇四年五月のEU加盟という事態の推移のなかで、ハンガリーは、その間、法整備支援の受け入れ国であったとともに、法整備支援を行う国としてもその役割を演じてきたことを指摘した。

すなわち、一九九〇年代の初めまでは、ハンガリーは、法整備支援の一方的な受け入れ国であった。しかし、同時に、南アフリカ、グルジアなどの憲法、ボスニア・ヘルツェゴビナの刑法、刑事訴訟法にたいする支援を行ってきた、という。ラム教授は、これらの経験にもとづき、支援する場合にも支援を受ける場合にも、ともに「対話」が肝要であると語り、とくに、他国と協力する場合には、相手国の実情を知ること、また、その国の法整備状況、法律学の水準など相手国の法をめぐる状況と相互の違いを正確に認識することの重要性を指摘した。

この「対話」ということについて、加藤久和名古屋大学教授は、日本の法整備支援のあり方とかかわって「『対話』型の支援とはいうものの、はたしてそのような支援が、かつての『法と開発運動』に代わるモデルたりうるものとなっているのか」という疑問を提起し、「対話の中味はどうなっているのか、何を移転するのか、日本は移転する中味をきちんともっているのか」という問題を指摘した。

第三には、法整備支援を行う場合の法分野の選択にかかわる議論が存在した。サティヤ・アリナント（Satya Arinanto）・インドネシア大学教授が、インドネシアにたいしては、民商事法への支援の必要性とともに、「良き統治」、「人権」など公法分野の支援も必要であるとの発言を行ったことにたいし、インドネシアを事例にあげて法学教育にかんする報告を行ったアメリカ合衆国のトムプソン教授は、自分の現地での経験では人権を支援内容に加えることは不可能であった旨の回答がなされた。他方、ベトナムの法学教育に一貫して携っているスウェーデンのマルンベリ教授は、人権をテーマにした教育自体は、ハノイ法科大学ではまったく問題がなく、行政法、刑事訴訟法などの講義をつうじて人権について教育を行った、と述べた。

その他、討論における論点としては、法整備支援の評価の困難さ、法整備支援をする際の大学と援助機関との関係、法学教育支援における図書館および図書館司書の重要性、市場にたいする国家の介入についての日本の事例分析の必要性、ガバナンスと民主主義の関係、など多くのテーマが提出された。

この国際シンポジウムをつうじて、以下のことが明らかとなったように思われる。

第一には、法整備支援学をめぐる国内外の関心の高まりという点についてである。この国際シンポジウムには、国内外から約二〇〇名の参加者が集った。外国からは、アメリカ合衆国（ウィスコンシン州立大学、コーネル大学）、スウェーデン（ルンド大学）などの共催校をはじめ、オーストラリア、中国、韓国、台湾、カザフスタン、インドネシア、モンゴル、タイ、ハンガリー、チェコからの参加を得た。また、世界銀行など国際援助機関からの代表も参加した。

「開発における法の役割」を、「法と開発研究」の総括をふまえて理論的に明らかにするという課題を担った国際シンポジウムであったが、法整備支援学構築に向けての理論は、世界的にも、いまだ十全には確立しえていないことがあらためて理解できた[46]。とはいえ、この国際シンポジウムをつうじて、「法と開発」をめぐる理論上の基本的な論点は、援助評価論を別として、大方提示されたものと思われる。法整備支援学は、援助の実際の中で作られていくという性格を色濃く有している。その意味で、この国際シンポジウムが、援助する側からの報告を中心にすえながらも、援助されてきた側の研究者からも積極的な討論への参加があったことは、法整備支援学にかかわる今後の世界的な共同研究、学術連携の強化に向けて大きな第一歩をふみだしたことを意味した。

第二に、「開発における法の役割」というテーマは、「市場経済化」、「法の支配」、「民主主義」、「ガバナンス」、「人権」など法整備支援にかかわるキーワードの意味の確定という作業と密接に関連していることが明らかとなった。また同時に、上記のキーワードは、各国援助機関、国際援助機関が法整備支援を行う場合の「援助理念」をどのように定めていくかという問題とも深くかかわっている。

日本のODA大綱（二〇〇三年改定）では、「良い統治（グッド・ガバナンス）」支援が謳われ、その項目の中に「法・制度構築」支援が位置づけられるに至ったが、しかし、ODAとしての法整備支援の実際においては、「市場経済化」に向けての民商事法中心の支援が実施されてきた。いま、JICAによるアジア諸国にたいするガバナンス支援も開始され、私法分野だけではなく公法分野の本格的な法整備支援も課題となってきている。「法の支配」、「民主主義」、「ガバナンス」、「人権」などの分野における法整備支援は、わずかの例外を除き、これまでの日本においては今日に至るまでなお十分には着手したことがなく、その意味では、一方では、「グローバル化の中の民主主義、人権」というテーマにかんする学際的な研究が行われる必要性があると同時に、これらの分野にかんする「対話」が途上国、体制移行国の法学研究者、法実務家と行われなければならない。

その後、トヨタ財団二〇〇四年度研究助成プログラム「アジア隣人ネットワーク」の「日本・中国・韓国・台湾によるASEAN諸国法整備支援研究ネットワークの構築」プロジェクトは、二〇〇四年一二月、ベトナム・ハノイにおいて、「行政改革と法」にかんする、日本、ベトナム、台湾の研究者、実務家による国際シンポジウムを開催した。この「行政改革と法」にかんする国際シンポジウムは、ベトナム側からの強い要望にもとづくものであり、ベトナム国家と法研究所、国家行政学院、司法省、財務省、貿易・投資省、政府官房、商工会議所、ハノイ市人民委員会など多くの諸機関の協力と参加によって行われた。そして、日本、ベトナム、台湾の「行政改革と法」にかんする経験を相互に論じ、その教訓を明らかにした。このベトナムにおける国際シンポジウムは、ベトナムとの最初のガバナンス・公法分野をテーマとする会議であり、これらの分野においても十分に相互の「対話」が可能であるとの確信を得た。シンポジウムにおいては、「経済改革」、「司法改革」、「行政改革」というものは、もちろん三位一体的に課題となることはたしかではあるが、しかし、各国の経験にもとづくところによれば、それら三つの改革は必ずしも軌を一にして登場してくるわけではなく、それぞれの歴史性をもって課題となってきていることが明らかとなった。

(3) 小括

これまで考察してきたことから明らかになったことは、「開発」とは、すぐれて価値にかかわる概念であるということである。さきの山田美和論文は、論文の末尾において、渡辺洋三を引きながら、「正義は価値判断の問題であり」、「社会において対立する様々な価値判断が、普遍性の獲得をめざして闘争している」[47]と述べているが、この点において、著者は山田に同意するものである。

法整備支援において、したがって問われていることは、法整備支援をどのような理念＝価値を掲げて実施していくかということであり、法整備支援をめぐる価値選択と、価値序列の整序が求められることとなる。そうであるとすれば、法整備支援における「開発」戦略の構築は、理論的には、当然のことながら、政治体制の問題に帰着していくことになる。同時に、日本の法整備支援のこれまでの経験の示すところでは、民商事法支援からグッド・ガバナンス支援、さらには、人権、民主主義、ジェンダー、環境などの支援への展開が求められることになろう。

5　法の移植をめぐって

近時、「法の移植（Legal transplant）」をめぐる議論は、ひとつの隆盛を迎えている。その背後には、「法の移植」にかんする基礎法的な関心から欧米の研究者――例えば、ワトソンら――による研究成果の紹介が行われ、とくに、日本のイギリス法研究者による関心を呼んだことがあげられる。もちろんその背後には、ＥＵ統合とそれにともなう中東欧諸国の加盟問題とともに、一般に法のハーモナイゼーションというグローバル化にかかわる論点が存在する。

同時に、「法の移植」論をめぐる最近の日本における議論として、ここで、とくにとりあげておきたいものは、「日本法の透明化」にかんする問題意識からするものである。文部科学省・特定領域研究「日本法の透明化」（研究代表者：河野俊行教授）は、「日本法がグローバルユーザーにとってブラックボックス化しているとの基本認識」[48]にもとづき、会社法、金融法、取引法、手続法、知財法の五つの班を形成し、「日本法の法情報に関する対外的発信に努めてきた」[49]という。そして、「日本法の特性を各分野ごとに指摘し、分析することを目的」として、二〇〇九年七月にシンポジウムを行った、という。その内容が『ジュリスト』一三九四号に掲載されており、その中のいくつかの論文は、「法の移植」論および法整備支援論に深くかかわっており、したがって、そこで問われている問題について、検討していくことにする。

葛西康徳「法の透明化プロジェクトへの比較法・比較法制史・法制史からのお返し」では、「近時、新しい法学分野として開発法学ないし法整備支援が登場したが、そこでは『法の移植（transplant）』なる用語が使われる。実際、Oda（二〇〇九）〔Japanese Law 3rd ed., Oxford――引用者〕でも、『土壌（soil）』という、生物学的比喩が登場する……。これは比喩的表現に過ぎないとは言え、法を実体化して据える危険性を孕んでいる。特に、日本の近代法成立過程を、諸外国の『法典』を検討し、『選択的』に輸入し、その成果が『法典』となって結実するというプロセスとして据える時、ますます実体化の危険は大きくなる」[50]と指摘している。

そして、葛西は、「もう一つのキーワードは、『継受（reception）』である。筆者は、最近この概念に代えて『普及（diffusion）』という概念を、比較法・法制史の研究に導入することを提唱している……。この概念は元来、ギリシア・ローマ古典文化の転移（diffusion of cultures, cultural transfer）に対する比較的研究……からアイデアを得たものである」と指摘し、「『継受』は受け手（recipient）の視点から文化移転を据えた概念であるのに対し、『普及』は提供者（donor）の観点からの概念である」、さらに「『継受』概念は転移する法の総体を、法典と法学、特に法学著作物にほぼ限局してしまう傾向がある」と述べ、このように「『翻訳』と『継受』による『浸潤遮断』が日本における法学研究の知的伝統であり、法の透明化を妨害し続けてきた根本原因だった」[51]と結論づけている。

松浦好治「日本法令・判例の翻訳と日本法の透明化」は、「法の移植」論にとって核心的なテーマであると考えられる、「比較法学が教える外国法の理解のために必要な情報群とは何か」という、きわめて実践的な問題の立て方を行っている。そして、松浦は以下のように「背景情報」、「文脈情報」の重要性を指摘している。すなわち「比較法に関する書物を参照すると、記述の幅と密度に違いはあるものの、共通して論じられる一定の事柄があることに気がつく。それらは、(1)国家の特徴（政治制度や連邦制度など）と歴史、(2)裁判所制度の概要と歴史、

(3)裁判所制度を支える法律専門職の養成制度と専門職の特徴、(4)大陸法、コモンロー、イスラム法などの法伝統の特徴、(5)司法と他の国家統治部門との関係や機能分担の実態、(6)裁判官、立法者、行政官のイメージと役割分担、(7)法源とその構造、などである。外国の法を理解しようとする場合、われわれは自国の法との類似性や違いに関連づけて理解を深めようとすることが多い。比較法が提供している各種の情報は、自国の法を理解する枠組みに外国法を適切に関連づけるための背景情報あるいは文脈情報である[52]」。また、松浦は、留学生にたいする法学教育の実際にもとづき、つぎのように述べている。「そのかなりの人々は、発展途上国の司法機関の関係者である。彼らは、英語を通して法を学んでいるが、比較法の観点からの日本法の研究に関心のある者も少なくない。『なぜ、日本法はこうなっているのか？』という質問は、しばしば彼らが日本法を理解するために必要な情報は何であるかを知る貴重な手がかりとなる。留学生からの質の高い質問への回答を蓄積するやり方は、体系的知識の提供ではないが、意味のある比較法情報となるのではないかと思われる[53]」。

さらに、大屋雄裕「透明化と事前統制／事後評価」は、「多くの体制移行国・発展途上国にはこのように、法や法曹、あるいは国家そのものに対する根本的な不信感がある。法曹自体がある種の社会的な特権階級を形成していると言われる例もある。そのような社会において、一般条項的な規定を多用した事後評価型の法体系、換言すれば法曹への信頼・法曹の高い能力を前提として問題解決をゆだねるような法体系がうまく受容され、発展され得るのだろうか。それよりはむしろ、一般国民から比較的可視性の高い立法プロセスを通じて、可能な限り事前に予測を行ってそれに対処するための規範を形成しておくタイプの法体系の方が、輸出され受容されやすいのではないだろうか。もちろん我々は、国際社会による監視の目が立法府と司法府のどちらに届きやすいかという問題も考慮しておく必要があろう[54]」と指摘している。

上述の諸議論は、「法の移植」をめぐるさまざまな、現代日本の法状況と法整備支援にかかわる論点を提示してくれている。第一に、葛西論文は、「法の移植」、「継受」、「移転」、「普及」などの関連する用語の検討をつうじて、法整備支援論にとっても重要な論点を提示しているように思われる。すなわち、理論的には、「移植」、「土壌」さらには「根づき」などの用語が、法の「実体化」の危険性をはらむこと、をどのように考えるか、また、実践的には、「内向き化」してきた日本法をどのように外部発信、透明化していくかという問題を提言している。第二に、松浦論文は、「法の移植」を考える際の、一方では、「背景情報」、「文脈情報」の、ある意味では決定的な重要性を指摘するとともに、他方では、「法の移植」をする際の、法学教育、留学生教育の実際のダイナミックスと比較法研究の関係、を指摘した。第三に、大屋論文は、「法の移植」における「事前統制」と「事後評価」という観点から「むしろ事前統制の合理化・改善に集中することが法の透明化につながるのではないだろうか」という提言を行っている。

これらの議論は、法整備支援論にとっても核心的なテーマを扱っているが、「法の移植」と法整備支援をめぐっては、以下の点を考察しておくことが肝要である。

第一に、「法の継受」をめぐる従来の日本の議論から、法整備支援論に示唆を与えるであろうと思われる論点を振り返っておくことである。この点では、序章でもふれたように、日本近代法史を主たる研究対象として出発しながら、ソビエト法、中国法、朝鮮法、ベトナム法へと研究対象を拡大し、発展させていった福島正夫の所説は、避けて通ることができないと思われる。福島の法の継受論は、「継受」を行う上での、「土壌」、「根づき」という福島の時代の継受論のオーソドックスな分析枠組を用いながら、階層、階級により、法の継受の際に、異なる利益が存在したという点を明らかにしたことである。福島は、先にみたような多くの国と法分野を研究対象としつつ、それらの国相互の比較＝継受関係に多大な関心をもっていた。そして、その研究手法は、法の歴史論への取り組みとともに、実定法の条文比較にも大きな関心が払われてきた。福島のそのような研究手法を可能としたのは、地租改正をはじめとする日本近代法史研究であったとともに、今一つとくに指摘しておかなければならないことは、明治期以降の日本の植民地支配にともない行われた、台湾旧慣調査、朝鮮旧慣調査の検討とともに、中国華北慣行調査への参加であった。福島が、後年、精力的にとりくんだ仕事の一つは、「法の継受論」であったが、その問題設定のあり方は、上記の研究経歴と密接に関連している。

福島の法の継受論を考察するうえでは、福島の穂積陳重論が重要である。イギリスとドイツでかの地の近代法学を学び、未完の『法律進化論』を書いた穂積陳重を福島は高く評価しているが、現下の法整備支援論との関係では、福島が「進化」論的視点をどのように考え、また、アジア、日本の「停滞」を法の分野でどのように解こうとしていたかが、重要な論点である。穂積陳重『法窓夜話』[55]の「解説」において、福島は、なによりも、穂積の『法律進化論』を「生物学上の原則を社会科学にあてはめたところに根本的な誤謬があった」とする団藤重光『法学入門』（一九七二年）の評価にたいし、「とうていうなずけない」と述べている。[56]福島は、つぎのように、『法律進化論』第三冊の緒言を引用している。「第一部法原論中、原形論は、法律は如何なる形態に於て発生するものなるかを論究せんとし、原質論は、如何なる種類の規範が法律の元質と為るかを論究せんとし、原力論は、如何なる種類の社会力が如何にして法律と為るかを論究せんとするものである。第二部法勢論中、発達論は法の内因的進化即ち人種、民性、地勢、政体、宗教、徳教、輿論の如き基法境中に自発内在する原因に基く法の進化を論ぜんとし、継受論は、法の外因的進化、即ち外民との触接に起因する外法の模倣、採択、及外国学説の立法、裁判に及ぼす影響を論ぜんとし、統一論は、法の世界的進化、即ち法は文化の上進に随って常に世界化せらるる傾向を有し、各国民は竟に自国固有法と世界共通法とによって支配せらるるに至ることを論ぜんとするものである〔傍点原文〕」。

ここにみられるように、穂積『法律進化論』は、なによりも壮大な世界法史を構築するものであり、「各国民は竟に自国固有法と世界共通法とによって支配せらるるに至る」という点にこそ、福島の、穂積への共感が存在したものと思われる。このような、穂積の法の体系的研究が、福島にとって無意味であるはずはなく、「ダーウィンの進化論に刺激されて『法律進化論』を計画し未完に終った陳重の研究は、かように広範な観点をふくむものであった[57]」と述べている。奇しくも、現在、日本がそして日本法が、ダーウィンにゆかりの深いガラパゴス諸島に関連させられて、「日本法のガラパゴス化[58]」という点が指摘されており、日本法の情報発信と、法整備支援にかかわって、日本は、他の地域にどのような法を発信できるのか、また、日本法とは一体何者か、ということが議論されているが、少なくとも法学研究の領域では、福島がいうように、「彼〔穂積――引用者〕のライフワークは継承と発展をみることがなかった[59]」。

第二に、「法の移植」論、「法の継受」論にとっては、「ボワソナード」にかんする評価を、今日の法整備支援論との関連から行っておくことが重要である。

ボワソナード研究をライフワークとしている大久保泰甫は、法整備支援にも関心をもち発言しているが、その代表作である『日本近代法の父　ボワソナアド[60]』から、ボワソナードと法整備支援をめぐる基本的な論点を整理しておくことにする。

大久保は、いわば「ボワソナード問題」の核心とは何かについて、芥川龍之介の『神様の微笑』という作品をつうじて、明らかにしている。大久保は、ボワソナードについて、「この自然法論者は、日本の歴史や伝統を無視したのではない。それどころか、かれは当時の日本人より日本の国を愛し、日本人は日本の伝統を大切にせよと言い続けた人であった[61]」が、しかし、「ボワソナアドは、足かけ二十三年の滞在の終わり近くに、心血を注いで起草した民法の施行を延期され、にがい挫折の苦杯を味わうことに[62]」なった。そして、大久保は、芥川の「デウスもこの国へきては、きっと最後には負けてしまいますよ」という描写に、ボワソナードを重ね合わせている。

ボワソナードにかんする「法典論争」について、大久保は、「二つの法観念の対立[63]」として整理している。第一には、「『個人主義』対『集団主義』」、第二には「『権利主義』対『徳義主義』」、第三には「『契約自由の原則』対『国家統制主義』」であり、ボワソナードのよって立つヨーロッパ近代法の根本原理であった「個人主義」、「権利主義」、「契約自由の原則」は、反対論のなかでボワソナード批判の中核として位置づけられた。かくして「闇から闇に葬り去」られたボワソナード法典ではあったが、その際、大久保は、「しかし、それならば、まったくヨオロッパ的な法理によらずに、民法典を編纂することは可能であろうか」というきわめて重要な問いかけを行っている。

そして大久保は、「明治民法典は、ドイツ民法の絶大な影響のもとに作られたという『神話』が信じられるようになった[64]」が、「しかし、『神話』の呪縛から脱して事実を直視すると、われわれは、ボワソナアドの残した大きな遺産に気がつく」として、「形式的にも実質的にも、明治民法は全然新規の規定ではなく、旧民法の実施前修正として、その諸規定を材料として作られ、先人の苦心創作を継承していたものであった」という福島正夫の見解を紹介している。

そこで、法整備支援論にとって「ボワソナード問題」とは何かである。法整備支援の現実の進展と法の継受論、法の移植論を考察する場合、「ボワソナード問題」とは、第一に、立法支援というものを、現地の法状況、とりわけ法体制、法意識の差異を十分に意識した上で、行うことができるかという問題である。この点では、ボワソナードが主として対象とした民法（典）はもとより、憲法、行政法、刑事法などの公法分野への支援は、当該国家の統治機構、さらには、「国体」（例えば、ベトナムにおける「共産党の指導性」の憲法上の明記）規定ともかかわって、多くの問題を生起させるし、また、国家法とは別に、郷約（村のおきて）あるいは「地域共同体」の規範が事実上、国家法に優先する場合も存在し、これらの国家法外的なルールとの関連が問題となる。また、「ヨオロッパ的な法理」と大久保が呼んだような、「世界標準」の規範、規定を「移植」する際に、被支援国は、表面的には受け入れつつも、実質的にはそれを排除する、という傾向が強い。人権等にかんする「法の移植」の場合には、この傾向はいっそう強くなる。そこで、ボワソナード草案がそうであったように、「排除する傾向」があるものの、「世界標準」を提示していくことは、当該国家のつぎの時代に必ず継承されていくとの確信をもって法整備支援に取り組むことが必要である。

「ボワソナード問題」の第二は、ボワソナードが日本における法学教育に精魂を傾けたことを、どのように考えるかという問題である。

さきの大久保の著書によれば、ボワソナードは司法省法学校で明治七年四月より法学教育を開始し、広く知られているように、梅謙次郎をはじめとする秀れた弟子を育てた。大久保は、「ボワソナアドが法学教育に固執し、これを重視したのは、それだけの理由があるといわなければならない。さしあたり、かれに与えられた主要な任務は、日本の法典編纂を指導することであったが、ヨオロッパ的な法典ができても、それを理解し実際に運用する『人』がいなければ、法典は画にかいた餅に等しい。法典を生かすためには、法律家を養成するための教育が不可欠であるばかりか、これが先行しなければならない[65]」と述べ、ボワソナードが法学教育（支援）を重要視したことを明らかにしている。

現下の法整備支援においても、法整備支援プロジェクト全体の中で、法学教育支援にどのような位置づけを与えるかが問題となる。法学教育支援は、かつての日本においては司法省法学校で行われてきたように、「学校」でなければ本格的に行うことは困難である。したがって、法学教育支援は、①どこの学校で行うか、②どのように——だれが、いかなる教材で——行うか、が問題として提起される。法学教育支援をする場合には、被援助国の大学法学部等で授業を行うなどの支援を行ったり、また、援助国の大学法学部等で留学生として受け入れて授業を行い、学位等の取得にむけて教育を行うという形が一般的である。その他、例えば、ストラスブールのヨーロッパ人権裁判所で研修を行うなど、国際機関による法学教育支援という形態もある。法学教育支援が「先行しなければならない」(66)という認識自体を、法整備支援実施主体において共有していく努力を、法学教育支援の主要実施主体は継続的に行っていかなければならないが、同時に、法学教育支援は、きわめて高い費用がかかるというところに最大の問題点がある。また、留学生を受け入れる大学の側も、教員に大きな負担（時間的および能力的）がかかるため、この法学教育支援に本格的に取り組む大学が少ない、という現状が存在する。

法学教育支援をめぐるもう一つの問題は、どのような言語で、またどのような教材を用いて、いかなる教育目標をもって行うかという点である。

このような法学教育支援プロジェクトは、日本の法学の分野では経験が少ないため、法整備支援にとりくむ大学は、手探りでこの問題に対応してきた。そして、その結果、少なくとも明らかになってきたことは、日本の場合、留学生の言語能力も考慮に入れながら、一般には英語による法学教育を行ってきたが、日本法を日本で英語だけによって学習することは、日本の法令、判例、日本法にかんする教科書、論文の大半が日本語で書かれている現状から、きわめて不十分であること、また、法学の伝統が乏しい諸国の学生に、どのような教科書で法学を教育するかという点にかんしては、たんに日本の実定法およびその歴史と変容を提示するだけでは不十分であり、日本法そのものが発展してきた「土壌」を明らかにし、すくなくとも、政治、文化、経済などの分野についての「社会科学」的な日本にかんする知識とセットで提示する必要があるということであった。

さらに、「日本語にもとづく日本法研究」というコンセプトによる「日本法教育研究センター」の設立が大学によりとりくまれ、アジア各地の法学系大学の中で日本法教育が行われている。この方式の支援方向は、もちろん日本だけではなく、ベトナム、カンボジア等へのフランスによるフランス語での法学教育でも実施されている。したがって、法学教育支援を行う場合には、一つの大学に担当を負担させるのではなく、政府レベルでその意義を確認し、大学間連携で行っていくことが肝要である。

第三の「ボワソナード問題」とは、そしてこれがもっとも重要な点であるが、ボワソナードが来日して活躍し法典編纂にあたった明治期日本と、現下の法整備支援をとりまく、国際的および国内的な事情の違いをどのように考えるかという問題である。

この重要問題を逸早く指摘したのは、三ヶ月章であった。『法学入門』[67]という類書の少ない卓抜した書物を書き、日本における明治期以降の法学教育の歴史および近代法の形成を本格的に考察した三ヶ月にとって、明治以降の日本の法学教育、法形成とその中でのボワソナードの位置と、現下の法整備支援対象国の法学教育、法形成ならびに法整備支援の位置の比較研究は、その違いという点にこだわった三ヶ月の重要な問題提起であった。

この点では、既述のように三ヶ月は、明治期日本の法整備が主として、条約改正にむけての「政治的」な理由にもとづくものであったのにたいし、現在のベトナムなどの法整備支援はグローバル化に伴う「経済的」な理由にもとづくという、大きな相違がある、と述べている。

そして、三ヶ月と、ベトナムの元司法大臣のグエン・ディン・ロクの対談[68]は、法整備支援にかんする興味深い論点を提示している。ロクは、「ヴィエトナムの若手が日本語で大学の学部から教育を受けられるように働きかけていただければと願っています。……なぜなら、法律といえばその国の文化を知らなくてはなりません。また、その国の歴史、つまり民族の背景を知る必要があります。法律は刻々とその国の国民の心理、伝統を反映しているからです。ですから、ある国の法律を第三国語、つまり別の国の言葉で読むと理解が制約されるのではないかと思います[69]」という発言にたいし、三ヶ月は同感を示しながら、「ただ、日本の場合は、日本の置かれておりました当時の世界的な状況がありまして、……ちょっとヴィエトナムと事情が違いまして、全く伝統のないところに西洋の法律を勉強しなくてはならなくなったものですから、一所懸命外国から学び取ることだけを考えてやってきたわけです[70]」と述べている。

三ヶ月は、また、ウズベキスタン司法大臣との会見の中でも、「人材養成は、諸外国の法律制度の勉強などのように紙の上や頭の中だけで考えていたのとは違った難しさがあります。法律制度を勉強するだけでなく、質の良い人間を量的にたくさん養わなければなりません[71]」と述べている。

第三の「ボワソナード問題」は、法整備支援の課題を考えるうえで、法整備の動機づけ、時代性という観点からは大きな差異が存在するが、しかし、あるいはだからこそ、法制度をつくるだけではなく、法を動かす人間の育成こそが、決定的に重要である、という点で第二の「ボワソナード問題」と深く連動している。

6　大学における法整備支援と法学教育

法整備支援とは、法分野における開発援助を意味するが、その対象分野としては、一般に、①立法起草支援、②法曹養成支援、③法学教育支援などの分野がある。その際、法学教育支援は明確に人材育成支援に直結する課題であり、なによりも、被支援国側が今後自力で立法起草を行ったり、法曹養成を行う上で、その中核となる支援方法である。しかし、法学教育支援をめぐっては、以下に述べるようないくつかの問題点が存在する。第一には、法学教育支援は、被支援国側の学生、司法官等を留学生として受け入れる支援内容をもっているために、奨学金など多額の費用を負担することが必要となり、第二には、したがって支援の期間が相当程度長期にわたる（修士課程であれば二年以上、博士課程もであれば五年以上）こと、第三に、どのような言語で、いかなる内容を教育するかという、さまざまな論点をクリアーしていくことが求められる。しかし、多くの困難はともなうものの、明治期日本の諸外国による法学教育支援がそうであったように、この分野の支援は、数十年後、さらには一〇〇年後という長期的なスパンで考えてみると、きわめて大きな効果を生みだすと思われる。

かつて、日本は、フランスの法学者ボワソナードをはじめとする「お雇い外国人」を招へいし、日本の学生を教育してもらい日本の近代法形成の礎を築いた。そして、司法省法学校を卒業した優秀な学生をフランスなど外国に留学させた。とくに、当時のフランスではリヨンの大学に派遣し、梅謙次郎、富井政章ら、その後の日本の法学の世界を形成した秀才たちは、ともにリヨンで学んだ。

現在、フランス政府は、ベトナム、カンボジア等に法学教育支援を行っているが、その主体は、リヨン第三大学などによって行われている。明治の日本においても、そして現在のベトナム、カンボジアにおいてもフランスの場合には、リヨンの大学が法学教育支援に大きな役割を果たしているのには、一九世紀のヨーロッパとアジア、日本をめぐる、ある関係にもとづいている。

日本もかつては生糸の主要な産地であり、アジアの多くの地域も、絹を多く生産していた。アジアの産物を特色づけているものは、いうまでもなく、「茶」と「絹」であり、この二つの産品は、アジアとヨーロッパの交易の中心的なものであり、それぞれに「世界史」を形成してきた。一八四〇年代のアヘン戦争は、「茶」をめぐる中国とイギリスとの関係に端を発している。絹は、アジアでは、日本、中国、朝鮮半島、ベトナム、ラオス、カンボジア、タイ、インドネシア、インド、ウズベキスタンなど中央アジア、また、遠くマダガスカルでも生産されるが、蚕の生育地の多くはアジアであった。そして、一九世紀には、フランス人が、群馬など生糸の産地と交易を行い、技術指導を行い、その生糸を買いつけるとともに、とくに蚕の卵（蚕卵紙）をフランスへと輸入していた。

そして、それは、フランスの絹織物の一大生産地であるリヨンにも持ち帰られ、このように絹が機縁となって、日本とリヨン、その他のアジア地域とリヨンとは歴史的には深い関係をもってきた。そのような歴史の中で形成された人的な結びつきにもとづいて、日本の留学生はリヨンへと向かい、また受け入れられ、法学教育を受けてきた。(72)

このように法整備支援において法学教育分野にたいする支援は、重要な分野であると同時に、それ自体、きわめて難しい課題を含みこんだ支援である。法学教育支援とは、被支援国の人びとが自国の法（制度）を自らの手で作りあげることのできるような人材育成を支援することである。立法支援、司法改革支援、法曹養成支援など、さまざまな形で法整備支援を行うにしても、そのような支援には限界があり、また、結局のところ、被支援国をとりまく法的、政治的状況は、そこに住み、生きている人びとにこそもっともよく理解されているのであり、その意味で、法学教育支援は人材育成に直結する重要な支援であるといえよう。

さて、法学教育支援には、つぎにような諸形態が存在する。

第一には、被援助国である現地、あるいは援助国（例えば日本）、さらに第三国で行う研修である。研修の場所の選択自体が、すでに当該被援助国および援助国の主として政治的諸条件にもとづいている。例えば、アフガニスタンの司法官等にたいする法整備支援を考えた場合には、現地カブールで研修を行うのか、あるいは、すでに申し出が存在する隣国のウズベキスタンで行うのか、または、同様に申し出があるイランで行うのか、さらに実際にすでに行われたようにヨーロッパの都市で行うのか、という問題とともに、研修では、課題との関連で、どのような研修プログラムを組むか、ということが重要な考慮事項となる。

第二には、上記のような短期の研修ではなく、援助国の大学での本格的な教育支援という形態がある。日本の場合を例にとると、一九九〇年代中頃に法整備支援が開始された当初は、大学における法学教育支援という形態は考慮されていなかった。その理由は、法整備支援は、なによりも、立法支援に重点が置かれていたからであり、そして、その課題を果たすための研修制度が考えられ、「長期研修生」という身分で法務省などが受け入れるという方向で人材育成の問題が検討されていた。しかし、その後、大学がより継続的に法学教育支援を担当することとなり、近時では、「研修生」としてではなく、本格的に「留学生」という形でこれらの人材を受け入れることとなった。もちろん、文部科学省の国費留学生とは別に、身分としては「長期研修生」であっても、「留学生」として大学へ派遣されるケースも存在してきた。

さて、上記のとくに大学における法学教育支援との関連から、端的には「留学生」受け入れ支援にともないあらわれてきた諸問題はなんであるのかについて検討しておくことにする。

第一には、留学生にたいして、法の分野で何をどのように教育するか、という問題である。日本においてこの問題の解明は、実は、まだ緒についたばかりである。しかし、これまでの日本の大学での経験では、一般論としていえば、これらの留学生にたいして、日本の法だけを教育するのではなく、何よりも日本の歴史それ自体と、歴史の中の法のあり方、発展の仕方を教育することが重要であることが共通の理解となってきているように思われる。もちろん留学生が専門とする法分野によっても、教育内容は各々に異なるし、また、留学生が選択するテーマの中で、比較的に集中している国際経済法、知的財産権などについては、それらの法にかんする歴史的な考察とともに、グローバル・スタンダードを学ぶ必要がある。

いずれにしても、留学生にたいして法学教育を行う場合には、日本人向きではない外国人向きの新たな課題が提起されるに至った。その場合、一方では、留学生にたいして、日本の歴史、社会、政治、経済などの社会科学・人文科学一般についての理解を付与するとともに、他方では、六法等について何をどう教えていくかが問われてくる。

第二には、留学生にたいして、どのような言語で教育するかという問題が存在する。この場合、さまざまな被援助国から学生が日本の大学へ留学してくる現状を前提にしていえば、使用言語は限定されることになる。短期間の研修（例えば二週間から四週間）であれば、そして、それが一カ国からの研修生であれば、通訳を介して研修を行うことは可能である。例えば、イラン司法府からの日本での研修においては、「ペルシア語―日本語」の通訳の協力によって行われることになる。しかし、長期の研修、とくに留学においては、通訳をつけ続けることは不可能であり、英語または日本語が教育のための言語となる。留学生にたいしてどのような言語で教育するか、という問題は、自然科学と社会科学など学問分野に応じて若干異なるが、日本の法を学ぶ場合には、文化の一領域である法を、日本語能力がまったくなしに学ぶことには相当無理があるのは当然である。

これらの諸点につき参考となるのは、アジア諸国からの留学生を受け入れた多くの経験をもつ奥田沙織・名古屋大学法学研究科留学生担当講師が編集した「特集　留学生とアジア法整備支援」(CALE News NO. 3, 2001) であり、それは、法学教育支援の課題を明確に提言してくれている。とくに、アジアからの留学生にたいしていかなる言語にもとづいて教育するかという問題にかんして、奥田は、「言語については、日本語による研究が望ましいという面は否定できず、留学生からも、長期的視野にたって日本への留学に最も効果ある日本語による教育が受けられるよう母国での日本語教育を充実させる必要があるとの声が聞かれます。その一方で、母国の人材不足の深刻さを常に物語るアジア留学生からは、母国の学生たちを教える即戦力となる人材が必要であるとして英語コースの重要性を語る留学生の声も無視できません(73)」と述べている。この「特集　留学生とアジア法整備支援」では、留学生との「座談会」が行われ、その内容が紹介されているが、この「座談会」のなかで、留学生は、留学の動機、経緯、日本の留学にかんする選択基準のあり方、日本語の重要性などとともに、英語コースの必要性、日本の法制度にかんする英語教材の不十分さ、などを議論している。そして、ベトナム司法省の幹部候補生として日本への留学を行ったレ・タィン・ロン (Le Thanh Long) 氏は、「ヴェトナム司法省の人間として、日本の強い経済力がそれに相応した法的基盤に支えられていることに心が動き、日本を留学先として選ぶことにな」ったこと、また、「日本を選んだことは個人的な理由もあります。ヴェトナムに対する日本の法整備支援事業では、数年に渡って日本側の担当者たちと一緒に仕事をしてきました(74)」、と留学の動機にふれている。ロン氏は、一九九〇年代中頃、日本が対ベトナム法整備支援を開始した際の、ベトナム側の交渉責任者の一人であり、「タフ・ネゴシエーター」と日本側から呼ばれた人物であった。

したがって、留学生にどのような言語で教育するか、という問題は、英語教育とともに日本語教育の双方が不可欠であり、機会が提供できるのであれば、来日前に、英語教育とさらには日本語教育を経ておくことが重要である、という新たな課題を日本の法整備支援に提起することとなった。今日では、上記の課題に応えるために、ベトナムのハノイ法科大学に、「日本法教育研究センター」が存在するが、ハノイ法科大学学長で司法省副大臣でもあるホアン・テ・リエン（Hoang The Lien）教授は、ハノイ法科大学の二〇一〇年度からの「重点教育課題」を、ビジネス法と英語学習とすると述べており、この重点教育課題の選択には、ベトナム法教育の現在の問題関心をみてとることができる。

他方、法学教育支援および人材育成支援という分野のもう一つの課題としては、援助する側の国における新たな課題が存在する。

それは、法整備支援をする側の国における、法整備支援を内容とする法学教育支援と人材育成支援の課題である。この課題との関連では、大学等において、途上国にたいする法整備支援とは何か、それをどう考えるかというテーマにかんして学生に講義をし、考えさせる場を提供することが求められている。しかし、日本では、法整備支援を内容とする講義は、これまでのところ、法科大学院レベルでは、慶応大学、早稲田大学、中央大学、名古屋大学などのいくつかにとどまっている。

また、日本の側の法整備支援人材を養成していくためには、支援対象国の現地の言語の習得、また、現地の法の理解、学習が不可欠であり、このような人材育成のための特別なプログラムが何らかの形で、例えば日本の大学問連携にもとづいて新たに構想される必要がある。この分野の法学人材育成は、従来の日本の法学教育においては、ほとんど無視され、拒否されてきた領域である。ここには、いうまでもなく、日本の明治以降の法学のあり方と法学教育が、端的にいえば欧米との関係の中でだけ形成され、それでよしとする学問環境があり、そのような状況を継続してきた歴史が大きく影響している。

これまでの日本のアジア諸国法研究が、せいぜいのところ「添えもの」的にしか扱われてこなかった〝ツケ〟が法整備支援にともなう人材育成の面で回っているといえよう。その意味からも、日本の法学研究、法学教育のあり方は、今後、きわめて大きな転換を果たさなければならず、少なくともアジア諸国の法学者との学術連携を飛躍的に高め、そしてそれだけにとどまらずアジア諸国法の研究に本格的にとりくむ研究者の創出にむけての環境整備にのりださなければならない。

この点において、近年の法務省法務総合研究所による新たな取り組みは、日本の法学、法学教育の世界にインパクトを与えるものである。法務省法務総合研究所が二〇〇九年八月に行った「私たちの法整備支援――ともに考えよう！　法の世界の国際協力」シンポジウムは、なによりも、法整備支援を志す若い世代にたいし、法整備支援を行う際にいかなる能力を獲得することが必要か、そして、アジア諸国とどのように向き合うべきか、という問題を提起したという意味において、画期的な企画であった。[75] 法学研究者、法曹実務家がパネリストとして「法整備支援の魅力」を語った本シンポジウムは、それ自体として、日本の法学教育に根本的な問いかけを行っているが、しかし、ここで問われたアジアと向き合う人材育成にむけた系統的な教育は、本来、大学においてこそ果たされるべきことがらである。

同時に、このシンポジウムでは十分深められることはなかったが、アジア諸国法研究それ自体の発展は、「アジア法学会」、「比較法学会」等との協働により行われなければならない。アジア諸国法研究は、当然のことであるが、欧米法研究と同様に、本格的に行おうとする場合には、専門家をめざす人びとに、きわめて長期にわたる研鑽が求められ、また、日本ではマイナーなアジア諸地域の言語の習得を必要としさらにそのような努力をしても、現状では研究職に就くことがきわめて困難な分野ではあるが、この分野の研究は、日本の法学研究全体にとって、不可欠の領域であることを、日本の法学界全体が共通認識としてもつことが重要である。

他方、アジア諸国法研究を志す若い世代の研究者は、たんに当該地域研究の一環として法の問題を扱うだけではなく、日本の法学研究の一環として、当該地域の法を扱うという自覚的な努力がなされなければならない。例えば、専門とする分野が実定法分野であるとすれば、その研究は、日本と世界の学問水準を押さえた上での実定法研究をめざさなければならないということである。したがって、アジア諸国法研究に取り組むということは、地域研究と法学研究の双方を追求するという努力をいっそう求められる研究対象の選択ということになる。

そこで、法整備支援と法学教育・人材育成支援で、以下、この分野の具体的な諸相を明らかにするために、名古屋大学での経験を紹介し、法学教育・人材育成支援の実際上、および、理論上の諸論点を検討しておくこととする。

ここで名古屋大学における留学生受け入れをはじめとする、法整備支援プロジェクトの一環としての法学教育支援および人材育成支援を取り上げる理由は、何よりも、二〇〇二年に文部科学省令にもとづく法整備支援およびアジア諸国法政研究のためのセンターである「法政国際教育協力研究センター（ＣＡＬＥ）」が、名古屋大学に設立されたからであり、また、このセンターが、日本の大学における法学教育支援のナショナル・センターとして機能してきたからである。そして、ＣＡＬＥおよび名古屋大学大学院法学研究科が担ってきた、法学教育支援の経験とそこでの問題点と課題の解明は、日本における法学教育支援の全体像を明らかにする上で不可欠であると考えるからである。さらに、この間の名古屋大学が担ってきた法学教育支援、人材育成支援の実際ならびにそれにともなう諸プロジェクトの詳細な紹介と分析は、日本の法整備支援論の特徴を明らかにすることにもなる、と考えるからである。

さて、日本における法整備支援の先駆者の一人である三ヶ月章教授は、二〇〇〇年に行われた名古屋大学法学部創立五〇周年記念講演会において、名古屋大学のアジア諸国への取り組みに言及し、「ただ、私が他人事ながら心配いたしますのは、今、名古屋大学単独で、こういうことをおやりになるのは非常に立派でございますが、同時にロー・スクール化という問題も、また名古屋大学は抱えておられる。これもまた法学部としては大きな課題で、そういうロー・スクール構想というふうなものに、どの程度各大学が対応できるかは、私はクールに見ておりますが、日本全国規模で見て、最終的に生き残れるのは十五あるかないかではないかと見ています。その両面の課題にいかにして名古屋大学が挑戦していかれるか。これが、名古屋大学の今後五〇年の大きな課題として、目前に立っている問題であろうと思うわけでございます」と述べている。[76]

名古屋大学大学院法学研究科は、一九九〇年代初頭から、学部・研究科としてアジア・太平洋地域を主要な研究対象の一つとすることを決定し、アジア諸地域の法・政治研究および学術交流に積極的に取り組んできた。そして、大学院法学研究科は、「アジア・太平洋地域法政研究教育事業」を開始するとともに、一九九八年以降、「法整備支援事業・研究」を開始し、ベトナム、ラオス、カンボジア、モンゴル、ウズベキスタン、インドネシア、中国などの国々への法整備支援にかかわってきた。

法整備支援事業・研究のために、二〇〇〇年四月には、「アジア法政情報交流センター」を法学研究科内に設立したが、その後、そのセンターは二〇〇二年四月に文部科学省令にもとづく一部局となり、同センターは「法政国際教育協力研究センター」として改組され、今日に至っている。本センターの英語表記は"Center for Asian Legal Exchange"であり、これを〃CALE〃と通称している。

CALEの主要任務は、①アジア諸国の法・政治にかんする基本資料・情報の収集・発信、②アジア諸国の法・政治にかんする理論的研究推進のコーディネート、③アジア法整備支援事業・研究の国内的、国際的センター機能、④アジア諸国を中心とした人的ネットワーク形成、⑤留学生の受け入れおよび法律家の育成、であり、これらの課題を法学研究科との密接な連携にもとづいて実施している。

名古屋大学大学院法学研究科およびCALEの法整備支援事業・研究の中で、もっとも特色ある事業は、アジア諸国における「名古屋大学日本法教育研究センター」の設立である。

名古屋大学大学院法学研究科および法学部がアジアの法整備支援対象国から受け入れている留学生は、二〇一〇年一〇月現在、中国、韓国、台湾は別として、ウズベキスタン二五名、カンボジア一五名、ベトナム一三名、モンゴル三名、ラオス一二名、ミャンマー六名、タジキスタン一名、となっている。名古屋大学大学院法学研究科にこのような多くの数のアジア諸国からの留学生が在籍しているのには、歴史的な経緯が存在する。すなわち、先に記したように、一九九〇年以降名古屋大学法学部は、「アジア・太平洋地域法政研究教育事業」を、さまざまな基金にもとづき開始し、法学教育を中心としたアジア諸国との連携に努めてきた。上記のアジア諸国からの留学生は、日本の文部科学省、大使館推薦による国費留学生とならんでJDS（留学生支援無償事業）留学生などさまざまであるが、アジア諸国の、法律系大学教員、裁判官、検察官、あるいは現地の大学新卒者などさまざまな留学生が学んでいる。

しかし、市場経済への移行など経済的・社会的改革を進めるアジア諸国をはじめとする体制移行国では、時代に合った法学教育や法体制の確立が遅れ、法の運用に実際に携わる人材が不足している。これにたいし法学研究科では、立法・行政に携わる実務家や、次世代の法律家を育てる研究者を養成するため、これらの国々から多くの留学生を受け入れて教育を行ってきた。

ところで、名古屋大学大学院法学研究科が行ってきた留学生教育の当初の一つの特徴は、「英語による日本法教育」という点にある。英語による教育は、学生と教員の双方が使える言語としてやむを得ず選択したという面もあるが、修了者からは多くの研究者・実務家を生み出すことができた。しかし、他方で、日本法教育を英語で実施することの問題点も次第に明らかになってきた。まず、英語で書かれた日本法にかんする文献が限られているため、研究指導が難しいこと、さらに、法律が改正された場合でもその英訳がなかなか入手できないとか、それを前提にした英語文献ができるまでに相当の時間がかかるという問題もあった。学生側からの需要が多い先進的な法分野ほど実定法の変化が速いため、研究指導に深刻な影響が生じることにもなった。また、そもそも法律がそれを運用する人びとを含めたシステムであることを考えれば、背景にある社会、文化、言語などを理解することなしに法律を理解することはできないのではないか、という理念的な問題も存在した。このような経緯から、日本語により、日本法と日本社会を知り研究することのできる専門家の養成が求められるようになってきた。そして、こうした課題を克服するために、名古屋大学は、文部科学省の助成を得て、日本法教育研究センターをアジア諸国に開設した。それは、「日本語による日本法教育」を実現するため、体制移行国の現地大学と協力して日本語・日本法の教育を行うための組織である。日本法教育研究センターは、日本の社会、文化、言語、そして日本法を理解できる専門家を、組織的かつ継続的に育成することを、その使命とした。このような経緯にもとづき、名古屋大学日本法教育研究センターを、二〇〇五年九月にウズベキスタンのタシケント国立大学法科大学に、二〇〇六年九月にモンゴル国立大学法学部に、二〇〇七年九月にベトナムのハノイ法科大学に設立し、二〇〇八年九月にはカンボジアの王立法経大学に開設した。

日本法教育研究センターの内容は、大略以下のとおりである。日本法教育研究センターでは、現地大学の通常の講義と並行して、日本語と日本法の教育を行う。学部入学と同時に日本語の学習を開始し、その大学のカリキュラムに応じて四年間から五年間（モンゴル国立大学法学部は五年制）で日本語能力試験二級以上に合格することをめざす。この講義は、現地に派遣された日本人日本語講師と現地で採用された講師が担当する。三年次からは日本語による日本法の講義を行い、法学部教員によるビデオ講義などを利用したり、現地に派遣した日本法講師による講義を受講し、年数回の現地スクーリングを活用し、日本法の構造や特徴にかんする総合的な理解をめざす。さらに名古屋で実施する「日本法教育研究センター学生のための夏季セミナー」への参加を通じて、日本社会を実際に体験する。そして、日本法教育研究センターの課程を終えた者の中から、名古屋大学大学院法学研究科への留学生を優先的に選抜し、日本法に秀でた研究者・高度専門人を養成する。

なお、各国の名古屋大学日本法教育研究センターは、現地学生にたいする教育以外にも、①現地の法・政治にかんする情報を収集する、②日本から現地に向けた情報発信の拠点となる、③日本と現地との間での共同研究を推進しコーディネートする、④帰国した留学生へのフォローアップを行う、という役割を担っている。

CALE（名古屋大学法政国際教育協力研究センター）は、留学生教育とともに、法整備支援の実施機関として、多くの委託事業を受けてきた。例えば、JICA（国際協力機構）からの委託事業「ウズベキスタン企業活動の発展のための民事法令および行政法令の改善プロジェクト」は、ウズベキスタン共和国司法省とともに実施しているＪＩＣＡ技術協力プロジェクトであった（二〇〇五〜〇八年）。本プロジェクトでは、多量の下位法令と法令間の矛盾、市場経済発展に必要な基本的法制度における不備、そして不透明な手続と不適切な外部からの干渉がウズベキスタン共和国における企業活動発展を法的に阻害していると考え、このような法的阻害要因を除去し、かつ法整備を行うことで、企業活動発展の条件強化をめざした。具体的には法令データベース一般公開支援、行政手続法および抵当法制への法整備支援を行った。本プロジェクトの特徴は、行政手続および抵当法が機能するための制度構築および運用の仕組みの整備を支援することによって、法律が実際に機能することを主眼として行われた点にあった。そして、この行政法改革支援は、ドイツＧＴＺ（ドイツ技術協力会社）などと連携しており、ＧＴＺ派遣のドイツの研究者と意見交換したり共同のセミナーを行ってきた。また、ウズベキスタンの知的財産法整備にかんする現地司法省の要請にもとづき、二〇〇八年四月から現地司法省、法科大学と協力して、知的財産法にかんする共同研究も行った。

法整備支援の研究面では、二〇〇一年度から二〇〇五年度にわたり、文部科学省特定領域研究「アジア法整備支援──体制移行国に対する法整備支援のパラダイム構築」に取り組むなど、法整備支援にかんする本格的な研究、一連の諸研究プロジェクトを行ってきた。この特定領域研究「アジア法整備支援」研究プロジェクトの課題は、日本および世界の援助機関が行っている法整備支援という事業を、各援助機関の経験に即して理論化するとともに、ＷＴＯをふくむ市場経済化の国際環境、社会主義法からの移行と法整備、伝統と「近代」化、司法改革の現状と課題、法整備支援の手法と法整備支援事業の評価などについて研究し、大きくは、これまでの「輸入型」の日本の法律学のあり方から脱皮し、新しい日本の法律学を開拓していくという展望を含んでいた。そして、これらの法整備支援の実際の仕事および法整備支援の理論研究の仕事を通じて、アジア諸国の法に精通した若い世代の研究者および実務家が層として確立されていく必要性が重視された。

明治維新以降の日本の法制度整備は、例えば条約改正にみられるように、欧米と日本の当時の力関係に基礎づけられた不平等性を解消するという動機づけによって大きく規定されてきた。したがって、法の分野で西欧に追いつくということが至上命題となり「輸入法学」としての性格を強くもってきた。法整備支援という事業を通じて、アジアのみならず従来の日本の法律学が関心すらもたず知識を共有できなかった諸地域の法と社会に関心を向け、そしてそのことを通じて、日本法のあり方そのものについての新たなパラダイム構築を可能にすることが、求められた。

「アジア法整備支援」研究プロジェクトは、アジア諸国法研究の発展とともに、法律学における援助研究の発展という二つの内容を有するが、ここでは後者にかかわる観点から、プロジェクトで行った研究会等を通じて提起されたいくつかの論点を明らかにしておきたい。

第一に、法整備支援の意義とは何か、法整備支援をどのように行うかにかかわる論点である。この点では、本研究プロジェクトが主催した国際会議で、オーストラリア・メルボルン大学のニコルソン教授は「法整備支援は途上国の既存の権威主義体制強化につながるだけだ」という、非常に否定的な見解を示したが、こうした見解はある種の典型的な法整備支援批判論であると考える。この批判論にたいしては、法整備支援が民主主義、人権の分野にどのようにかかわることができるかという観点から、この批判論にたいして議論を対置することが重要である。

第二に、開発援助をする場合、コンディショナリティーをどのようにつけるか、あるいはつけないのかということにかかわる論点である。カンボジアにたいするＪＩＣＡ長期専門家として長期にわたり現地に滞在した安田

（本間）佳子弁護士は、本研究プロジェクトのなかで、日本はカンボジアの法整備支援においてなんらのコンディショナリティーもつけていなかったが、そのことにたいして他の外国援助機関、国際援助機関からはなぜ日本はコンディショナリティーをつけないのかという議論があったと紹介した。この論点にかかわる議論も重要である。

第三に、法整備支援事業の評価をどのように行うかということにかかわる論点である。一般に法整備支援の評価というものは非常に難しく、またどのように行ってよいか明確ではないというのが率直なこれまでの経験であり、これにたいしては例えば、ＵＳＡＩＤの評価の仕方に対置する形で、スウェーデンの援助機関であるＳｉｄａがどのような援助評価論をもっているのかという研究をスウェーデンのルンド大学などと協力し本研究プロジェクトでは行ってきた。援助の評価にかんしては、なによりも援助側からの評価がまず念頭に置かれるが、援助を受けている側からの評価と意見を重ね合わせながら評価論については作り上げていく必要がある。

第四に、ガバナンス、法の支配、人権、民主主義などを法整備支援論の中でどのように考えるかということにかかわる問題である。これは、日本の、例えばベトナム、カンボジアにたいする法整備支援というものが、民商事法中心というスタンスで行ってきたことをどう考えるかという論点にも関連している。ガバナンス、法の支配、人権、民主主義という分野の援助をどう行うかは国の状況によって異なり、このような分野での援助の実施をどう判断するか、そして、対象となっている国の研究を行っている研究者との緊密な連携によって判断をしていくことが求められている。また、それはたんに法律学だけではなく比較政治体制論の課題とも直結しており、途上国の開発における政府の役割、あるいは法の支配の確立というものはいかなる意味をもつのかという議論に結びついている。

第五に、途上国の法整備をとりまく与件にかかわる論点である。それは歴史的な与件でもあるし、国際的な与件でもある。その意味で、この研究プロジェクトでは、ベトナムにおける郷約（「村のおきて」）の研究、あるいは、ウズベキスタンにおける住民の伝統的な自治的な組織である「マハリャー」など、いわゆる伝統法研究というものを重視してきた。また、国際的な与件では、ＷＴＯへの加盟というものが途上国の法整備の改革にとって非常に大きなインパクトを与えているということをどう考えるのかという論点がある。一般にこれは体制移行国の改革論にかかわる問題である。すなわち、市場経済化という方向性の中で実際には司法改革だけではなく、ほぼ同時に行財政改革もともなってこのような国では改革を行っており、諸改革全体の中での法改革の位置づけが課題となる。

第六に、法整備支援における法情報にかかわる論点である。途上国の法情報と日本を含むいわゆる先進国の法情報の相互の交流をどのようなツールで行っていくのかという問題がここでの課題である。すでに名古屋大学では法務省と協力しつつ、法律用語等を含む言語の自動翻訳システムの開発などが行われている。

第七に、途上国の人材養成や法学教育をどのように行うかにかかわる論点であり、これはとくに実務分野の人材養成とともに、大学においてはさらに留学生の受け入れというような形で行われる法学教育にかんする重要な論点である。換言するならば日本の法情報発信をどのような言語によりいかなるカリキュラム、教材にもとづき行うのかという問題が存在する。

ところで、実際に法整備支援事業に従事している専門家は、その体験をつうじて法整備支援にかんしてつぎのような困難と課題を述べている。かつてＪＩＣＡベトナム法整備支援プロジェクト・チーフアドバイザーとしても活躍した森永太郎・法務省法務総合研究所国際協力部教官は、「ベトナム法整備支援の現状」という論説で、以下のような卓抜した見解を述べている。「私たちは、法案起草支援と法曹人材育成支援を二つの柱としてプロジェクト活動を続けており、日々大小のワークショップを開催したり、法律や教材などの草案に対するコメントを出したりしているわけですが、ベトナム側と議論をしていますと、彼我の概念やものの考え方の差異をまざまざと見せつけられることや、ベトナムにおける基礎的な法理論の未発達に暗澹たる思いにさせられることが多々あります。……問題は、ベトナムの法整備・司法改革が目標としているところと、現場で法制度整備や人材育成を担当する人々の法というものについての理解が、議論の中で突き詰めていくと（無論人によって程度の差はありますが）、実はあまりにも乖離していることです。どうも議論がかみ合わないな、と思いながら話をしていたら、実は、根本的な概念のところで理解に大きな食い違いが生じていたなどということは、何度でも経験します」と問題の所在を明らかにした上で、「これまでの日本のベトナム法整備支援を振り返ってみますと、私には、どうも日本側は、この問題をやや軽視してきたきらいがあるように思えてなりません」と述べている。そして、「いずれにしろ、これからのベトナムでは、基礎的かつ実践的な法理論の発展が重要課題になってくると思います」と指摘し、「現在、ベトナムは大規模な法制度・司法制度の改革の中にあります。このような時期こそ、基礎法学にとっても発達のチャンスだと思いますので、いずれ世界の法学界と肩を並べる『ベトナム法学』の形成に向けて、いまこそ、日本の法学界が実践的な基礎法学の分野でもベトナムの発展に大きく寄与すること[77]」という重要な問題を提起した。森永検事が述べるように、法整備支援は、実定法分野の実務家および研究者と、基礎法分野、比較法分野の研究者との協働を必須のものとして求めている、といえよう。

特定領域研究「アジア法整備支援」に続き、「世界を対象としたニーズ対応型地域研究推進事業」に採択された「東南アジア諸国――ベトナム、カンボジア、インドネシア等――に対する法整備支援戦略研究」（二〇〇六年度～二〇〇九年度）は、とりわけ二〇〇六年以降日本政府レベルで本格的に検討されるようになった長期的視点に立った法整備支援の課題ならびに二〇〇三年のODA大綱（改定）にもとづき、法整備支援がどうあるべきか、という観点から「法整備支援戦略」という問題にアプローチしようとしたものである。すなわち一九九〇年代以降、アジア諸国は、経済発展の基礎として法の整備が重要であることを認識し始め、これに応えて、一九九六年一二月以降、日本は外務省、法務省、JICAが中心となり、ベトナム、ラオス、カンボジア、インドネシア、モンゴル、ウズベキスタンなどを対象に法整備支援プロジェクトに取り組んできた。

しかし、理論の観点からすれば、経済発展に法がどのように具体的に貢献できるかは、これまでのところ十分には明らかになっていない。その点は、アメリカの「法と開発」運動の主唱者であるトゥルーベック（David Trubek）教授自らがまさに認めているところである。したがって、現在必要な研究は、法整備の基礎となる法典群や法令群、社会制度とそれを支える専門家をどのように連携させれば、経済発展と社会改革に有効な貢献ができるかという理論研究であり、政策研究である。この理論研究と政策研究には、これまでの日本の法整備支援の経験とさまざまな試行錯誤の結果を活かすことができ、日本が法整備支援を行ってきたベトナム、カンボジア、ラオス、ウズベキスタン、モンゴルなどの諸国は、これまでの法整備の努力を継続し、日本と協力しながらさらに複雑な法的制度の構築導入に努めている。これらの諸国にインドネシアなどを加えた東南アジア諸国は、地理的・社会的に日本と深い関係にある。この地域研究推進事業は、これらの諸国に存在する幅広い専門家のネットワークをベースにして、法概念の操作、法の運用、制度間の調整、立法技術などにかんするアジア地域の法的ニーズに応えながら、日本独自の法整備支援方法論および戦略論を開発してきた。第一には、日本による法整備支援戦略の課題について検討するために、OECD（経済開発協力機構）のDAC（開発援助委員会）による日本の開発援助にかんする評価、日本政府のＯＤＡ大綱、経済協力会議の報告書、日本政府の外交政策、国際機関・外国機関と日本による法整備支援戦略の比較などについて研究した。

第二には、東南アジア諸国法令データベース構築を課題とし、法整備支援諸国の法制度・法概念の全体像を明らかにし、効果的で持続可能な法整備を可能にするためのニーズに応える研究を行った。ここでは、これまで構築してきた法令翻訳システム研究の蓄積を生かし、東南アジア諸国の多様な言語・法体系を横断する相互に検索・比較が可能となるデータベース構築に向けた研究を行うとともに、また、アジア諸国の法情報を収集し、そのアクセスを容易にする環境を構築するために、アジア法情報の入門書を刊行することや、アメリカ、イギリス、ドイツ、オランダ、ロシア、オーストラリアなどの世界的なアジア諸国法にかんする図書館と協力し、ウェブ上での「アジア諸国法図書館」の開設をめざした。

第三には、援助評価手法の開発である。法整備支援における援助手法、とりわけ援助評価の手法は研究・実務両面において立ち遅れている。法整備支援は、起草された法律の数や、開催されたセミナーや参加者の数などという「アウトプット指標」では、その有効性の一側面を示すにすぎない。いうまでもなく、立法やセミナーの開催が現実社会に適合し、民衆の支持を得られなければむしろ効果はマイナスとなってしまう。したがって、アウトプット指標に加え、「事業目標自体の妥当性を問うための情報」も視野に入れた、法整備支援の「成果」要素を抽出する方法の開発が不可欠であり、このために、断片的かつ内部的に保有されているこれらの情報を統合し、比較研究を可能とするための法整備支援評価データベース化をめざして、法整備支援の供与国、国際機関および支援対象国と協力した。

第四には、災害復旧と法整備支援にかんする取組みである。二〇〇四年一二月のアチェ・アンダマン地震による地震被害に、日本を含めた世界各国が多くの救援・復興支援を行った。この際、中長期的な復興課題として注目を浴びたのが、行政システムの復興、および法律関係の確認・正常化にかんする支援要請である。このようなニーズに応えるためには、当該地域の法制度・社会制度に精通した専門家と各法分野の専門家の速やかな共同作業が必要となるとともに、また、災害復興における法律関係での支援は、土地・財産所有関係の確定、災害犠牲者財産の相続、災害孤児の保護および後見などの分野が中心となる。これらの分野では、公的な法制度だけでなく、宗教法および慣習法を考慮した対応も必要となる。また、研究会「東ティモールの現状と法整備・法学教育支援の必要性」を開催し（二〇〇七年）、インドネシア、東ティモール調査を行い、さらに、当該分野にかんする国際協力を担当する国連難民高等弁務官事務所（ＵＮＨＣＲ）、国連開発計画（ＵＮＤＰ）との共同研究を計画してきた。

第五には、民主主義・人権分野にたいする法整備支援をどのように行っていくかにかんする研究である。日本の外務省は、二〇〇八年二月に、「民主主義・人権外交」にかんするテーマにもとづき国際会議を開催したが、民主主義・人権分野にたいする法整備支援の理念および進め方が国際的にも大きな関心となっている。したがって地域研究推進事業では、上記の諸問題を解明していくことが求められた。

さらに、日本学術振興会「アジア・アフリカ学術基盤形成事業――アジア法整備支援のための実務・研究融合型比較法研究拠点」（二〇〇五年度～二〇〇七年度）は、①法整備支援のための重層的な比較法研究を目的として行われ、法規範、法制度だけでなく、多方面の専門家が協力できる比較法研究の場の構築を目的としたが、その理由は、法整備支援が他分野の研究者と実務家の協働を必ず必要とするからであり、②関係国の法を研究する専門家の養成を図ることを目的とし、日本法教育研究センターで、日本語により日本法が研究できる外国人人材を養成するとともに支援対象国の法を現地語で研究できる日本人研究者を養成すること、をめざした。

この学術基盤形成事業では、同時に、生きた最新の情報を継続的に共有する研究環境をつくり上げるために、支援対象国の司法省、裁判所などから最新情報の提供を継続的に受ける体制をつくるとともに支援対象国の研究者と共同で特定問題を比較法的に検討し、法令情報や判例情報などを共有する研究体制をめざし、情報の国際的な共有のためのデータ構造の標準化＝国際ルールの導入を図った。そして、国際的なネットワークを活用し、①体制移行と法整備および法学教育支援にかんする理論分析の準備、②体制移行における行政法改革、③ＷＴＯ加盟に伴う国内法整備と国際紛争手続、④モンゴル国における立憲主義の比較法的研究、⑤立憲主義と法の支配などのテーマでの研究交流を実施し、これらの研究交流により、中国、ベトナム、モンゴル、ウズベキスタンにおける法学分野における学術交流の基盤、とりわけ若手研究者のネットワークの基盤を構築した。

法整備支援事業・研究の実際において、きわめて重要な問題は、援助―被援助の関係が一方的になってはならないことである。明治期以降の日本の近代法形成は、ボワソナードに代表される「お雇い外国人」の支援によって初めて可能であった。しかし、その後の富国強兵路線を「脱亜入欧」のスローガンの下に行ったところに、日本の近代化の一つの特色を見出すことができる。法学の分野もけっして例外ではなく、学問の内に存在する「脱亜入欧」状況は第二次世界大戦後も改められることはなく、中国以外のアジア諸国の法を現地の言語によって研究し得る人びとは例外的にごくわずかに存在しただけであった。しかし、一九九〇年代から始まったアジア諸国にたいする法整備支援事業は、それらアジア諸国を専門的に研究する人びとを必要とした。なによりも、現地の法を知らずに、支援などできないからである。

名古屋大学法学部では、法学における「脱亜入欧」状況からの脱却を図ることが重要であるとの認識に立脚し、学部学生がアジア諸国の法に親しむことのできるようなピア・サポートの体制をつくり実施している。これは、法学部の学生の中からピア・サポートへの志願者を募り、これらの学生は、例えば、ウズベキスタン、ベトナム、ラオスなどの留学生とチームをつくり、日常的には、留学生からそれらの国々の法体制にかんする知識を提供してもらい、日本人学生は、日本の法体制にかんする知識を留学生に提供し、その後、これらの日本人学生は、それぞれの希望するアジア諸国へ三〜四人のチームで訪れ、現地の学術交流提携大学に受け入れてもらい、現地の学生と意見交換を行い、その国の法と社会と文化を学んでもらうという制度である。ピア・サポート事業の実施は、なによりも学生がアジア諸国にたいする関心を増大させるとともに、現地での英語による討論の機会を得ることにより、その準備過程も含め、英語力を向上させ、他方、現地のことがらを本格的に知るためには現地のアジア諸語の習得が不可欠であるという認識を実感させる場となっている。

文部科学省「大学院教育改革支援プログラム——法整備支援をデザインできる専門家の養成」(二〇〇七年度〜二〇〇九年度)は、法整備支援を担う人材を組織的に育成することを目的としたもので、とくに組織や制度を設計・運用し、紛争を処理するための高度の専門能力を、実践を通じて養うことを特徴とした。そのために、英語によるコースワーク・海外実地研修・インターンシップなどの機会を提供することによって、制度デザインと組織マネジメントの能力を身に付け、国際的に活躍できる法律家を養成することをめざした。このプログラムの対象は日本人学生(修士課程・博士後期課程)であり、本プログラムを通して「法整備支援のための人材育成」という従来の視点に加え「法整備支援を通した人材育成」という新しい視点にもとづく人材育成が行われてきた。

また、二〇〇八年四月、名古屋大学大学院法学研究科は、「法情報研究センター」を設立した。このセンターは、なによりも「発信型の日本法」の形成を目的として設立されたものであり、さらに、内閣官房がこれまで中心となって行ってきた日本法令の英語翻訳プロジェクトの実施に協力する機関でもある。現在、日本法令の英訳は、例えば、韓国の状況と比較すると、立ち遅れた状況にある。日本司法の国際化が唱えられさまざまな施策がこれまで行われてきたが、少なくとも法令の外国語訳という点では、まだ国際化に程遠い状況である。

文部科学省科学研究費補助金基盤研究Ａ「漢字文化圏法令データベースの構築を通した比較法研究基盤の確立」（二〇〇八年度〜二〇一〇年度）は、日本、韓国の主要法令を原語とその英訳で収集し、日本政府の法令外国語訳プロジェクトの中で培った知見、技術、データを活用して、まず日韓のプロトタイプ法令標準辞書を自動的に生成し、韓国法制研究院その他とタイアップして、辞書を洗練しようとするものである。さらに、カバーする範囲を中国と台湾の法令データに広げ、近い将来に四カ国語標準翻訳辞書（英語、日本語、中国語、韓国語）を開発し、あわせて、法令データに各国の研究者・実務家による多様な注釈（annotation）を追加するシステムを組み込んだ国際協力型の比較法研究の基盤を構築しようとするものである。日本法は、歴史的に中国等から多くを学び、明治以降は西欧法を幅広く受容し、第二次世界大戦後はアメリカ法の強い影響を受けてきた。他方、韓国、中国、台湾は、漢字文化の諸国である関係上、第二次世界大戦後は、日本法の法令、法概念、法理論をさまざまに参照してきた。この基盤研究Ａは、データベースの構築を通じて、これら漢字文化圏諸国の法の相互影響関係を比較法的に研究しようとするものである。

さて、これら一連の法整備支援事業および研究を遂行していく中で、援助する側の国々における多くの研究者、機関との学術交流が飛躍的に増大した。もちろん、ベトナム、カンボジア、ラオス、モンゴル、ウズベキスタンなどの被援助国の大学、研究所、司法省、最高裁判所との共同研究は従前より継続し、さらにいっそうの拡大がなされてきた。

法整備支援は、日本はもとより欧米の法学研究者にとっても経験が少ない分野であり、相互の研究者、機関が研究・経験交流を求めており、また、法整備支援事業・研究の過程で、多くの法学上の理論問題が生起し学問的に興味深い論点が提出され、国際的な、法整備支援研究フォーラムが形成されてきた。

アジア諸国において日本と並んで法整備支援に積極的な韓国は、将来における北朝鮮の法制度改革を念頭に置きつつ、ベトナム、カンボジアなどインドシナ諸国の体制移行・転換と法整備、さらにスターリンにより強制移住させられた朝鮮族が数多く住むウズベキスタンへの法整備支援に大きな関心をもっている。そして、とくに韓国法制研究院が、この法整備支援研究の一つの中心機関となっている。また、韓国法制研究院のイニシアチブで創設されたＡＬＩＮ（Asia Legal Information Network）は、アジア諸国の多くの大学、研究所をメンバーとしており、日本からはＣＡＬＥがこれまでのところ唯一の正式メンバーとして加盟している。ＡＬＩＮは毎年、アジアの各地で年次総会を開催し、シンポジウムを行っている。

また、欧米の大学では、法整備支援に熱心に取り組んでいる、アメリカのウィスコンシン大学、ワシントン大学、ヨーロッパでは、フランスのポール・セザンヌ＝エクス・マルセイユ第三大学、ドイツのベルリン自由大学、ハンガリーのＥＬＴＥ大学、スウェーデンのウメオ大学等との共同研究を活発に行っている。

二〇〇七年七月の国際法社会学会・アメリカ法社会学会等によるベルリンでの国際大会の際には、ドイツのブレーメン大学ロルフ・クニーパー（Rolf Knieper）名誉教授らと共同で法整備支援にかんするセッションを行い、被援助国の「コンテクスト」を重視した法整備支援のあり方を検討した(78)。

また、二〇〇九年九月、ＣＡＬＥは、ドイツ連邦司法省東欧法研究所（ミュンヘン、Institut für Ostrecht München）と学術交流協定を締結した。この研究所は、ドイツのいくつかの地域にある東欧法研究所の一つであるが、最近、ミュンヘンからレーゲンスブルクに移転した。研究所には、ロシア法、ポーランド法、チェコ法、ハンガリー法、ブルガリア法などの専門家がおり、法判令研究をふくむ各国の法研究に従事している。これらの専門家は、もちろん、現地の法律事情、言語にも通じている。

CALEは、アジア諸国法、とりわけアジア体制移行諸国の法改革を研究しており[79]、したがって、同様にロシア・東欧の体制移行諸国法を研究するドイツ連邦司法省東欧法研究所との連携を強化することが求められた。大学が法整備支援を行う場合の近時における最大の特徴は、支援対象国のアジア諸国の大学、法学研究所、司法省などとの結びつきは当然であるが、とくに、欧米の大学、研究所との学術交流が、きわめて密度の高い形で進展するようになったということである。法整備支援というテーマを介した国際学術交流の進展についていえば、さきにあげたようなきわめて多くの大学、研究者が法整備支援に深い関心をもち、協力関係が発展してきた。

したがって、欧米の法学研究者の世界では、法整備支援というテーマは、一つの重要な共通の研究テーマとなっており、この点、日本の法学研究者の世界とは若干趣きを異にする。日本の法学の世界では、途上国、体制移行国の法研究、法と開発研究[80]は、いまだ一部の研究者の関心にとどまっており、法における開発援助論にかんする科目も、全国のほとんどの大学法学部には設けられておらず、ましてや、法科大学院に法整備支援論などの授業科目を掲げる大学は少なく、「国際化の中の法学教育」のあり方を今一度考える時期にきているといえよう。

これらの法学教育支援とかかわって、さきに述べたように法整備支援に取り組む日本側の人材育成が重要な課題になっているが、この点では、以下のことがらについて指摘しておくことが必要である。

第一に、法曹実務家をめざす若い世代の人びとは、法における開発援助、法整備支援に、きわめて大きな関心を寄せていることである。久保田祐佳・久保田明人・伊藤朝日太郎・本田千尋・菅原仁人編『法律家と国際協力の世界』[81]は、「法曹関係者の方々に、国際的な人権課題に対しても、日本の法律家として貢献できること、遠い国で苦しんでいる人を自分の力で助けることができるということを広く知って」もらうために、このブックレットを作成した、と述べている。編者たちは、新六二期司法修習生であるが、法整備支援をつうじた人権、民主主義分野への国際協力という課題意識を強くもっている。

第二に、「日本語による日本法教育」にかかわって、名古屋大学は、二〇〇九年度の文部科学省「国際協力イニシアチブ」プログラムの一つに採択され、「社会科学を学ぶ留学生のための基礎教材開発」の作成に取り組んでいる。このプログラムは、アジア各国に設立した日本法教育研究センター学生向けの、日本法教育カリキュラム、教材を作成するために行われているものである。海外の日本法教育研究センターでの、日本法教育教材の開発という事業は、逆に、日本法とは何であるのか、法をそもそも教育するとはどういうことであるのか、さらには、ウズベキスタン、モンゴル、ベトナム、カンボジア等の学生に日本法を教育する中で、従来の「欧米諸国法を継受した日本法」、「欧米諸国法に近い日本法」という把え方が、いかなる意味でそうであるのか、日本法とアジア諸国法との比較をもっと行うべきではないのか、など比較法研究にかかわる重要な論点を提起することともなっている。

これまで、名古屋大学を事例にとりあげながら、大学における「法整備支援とは何か」の実際、および大学が取り組む研究プロジェクトを詳細に紹介してきたが、これらの諸プロジェクトの具体的な内容をみれば明らかなように、法整備支援の実際の進展は、大学における法学研究者・法曹養成人材育成、留学生教育、さらには、比較法学研究方法論など、さまざまな分野にたいする問題を提起し、それらの課題の解明を求めるに至った。そこで、法学教育支援を含む、大学がなすべき法整備支援のモデルは、つぎのように定式化できる。第一には、法整備支援の対象国、対象地域法にかんする、いわゆる地域研究、外国法研究を核として法整備支援の展開を推進することである。第二には、民商事法分野だけではなく、ガバナンス支援も含み、公法分野などすべての法領域を対象とした法整備支援を実施することである。第三には、法学教育支援を基本として、援助側および被援助側の法整備人材育成支援に重点をおいた法整備支援を行うことである。

これら三つの点を重視した法整備支援の展開が、大学が担う法整備支援の今後の方向であると考える。

第4章

法整備支援戦略の研究

1 旧ODA大綱と法整備支援

日本における法整備支援が開始された一九九〇年代中頃において、法整備支援戦略にかんする全体的な構想は存在していなかった。しかし、一九九〇年代中頃の開始時期に法整備支援にかんする戦略がまったくなかったかといえば、そうではなく、一つの、ある意味では明確な戦略が存在した。それは、アジアの（旧）社会主義諸国が、市場経済化を進展させるために必要な法整備を支援するという戦略であり、これを実現する上で、具体的には、民商事法分野の立法支援、人材養成支援などを積極的に推進していく、というものであった。

日本の法整備支援開始の時期より、それなりの戦略が存在した理由は、第一に、法整備支援の開始時のリーダーであった森嶌昭夫に、法整備支援にたいする強い思いと見識が存在したからであり[1]、第二に、当初、外務省主導で始まった法整備支援にたいして当時の外務省の担当者の中に、この事業を推進しようとする強い意思、すなわち「ハコモノ支援から知的支援へ」という戦略が存在したからであり、第三に、法整備支援という従来には存在しなかったODAを実施する上では、なんらかの戦略を立てることなしには、プロジェクトを進めることはできなかったからである。

とはいえ、当時の法整備支援は、当然のことながら、時代的制約性をもつものであった。その「時代的制約性」とは、第一に、なによりも、法整備支援対象国は、ある意味では、ア・プリオリに「ベトナム」と想定されていたこと、第二に、したがって、「アジア法整備支援」という名称を付されていたものの、その「アジア」の概念にはまったく検討が加えられておらず、せいぜいのところ、ベトナムの他、カンボジア、ラオスなど「インドシナ諸国」が漠然と考えられていたこと、第三に、ベトナムを想定して法整備支援が考えられたため、また、正式な、政府によるベトナムの法整備支援の開始前に、森嶌がグエン・ディン・ロク司法大臣（当時）の要請に応え民法典起草支援を行った（一九九五年、ベトナム民法典制定）ため、ベトナム側の民商事法支援要請と森嶌の専門性およびその法整備支援「理論」とが合致して、その後の、日本による法整備支援は、民商事法中心の支援となったことである。

したがって、今日の法整備支援戦略論という観点からすれば、第一に、どのような法分野に支援するか、第二に、どの国に支援するか、第三に、支援の手法、とりわけ人材育成支援を戦略論の中でどのように位置づけるか、などの問題への対応が十分ではなかったし、じつは、上記の諸問題は、日本の法整備支援開始直後より、問題となっていた論点でもあった。

ところで、一九九二年六月三〇日に「閣議決定」として制定された「政府開発援助大綱（旧ＯＤＡ大綱）」(2)は、はじめて、日本のＯＤＡにかんする「基本理念」、「原則」、「重点事項」等を定めた。そして、「基本理念」では、「開発途上国の離陸へ向けての自助努力を支援することを基本とし、広範な人造り、国内の諸制度を含むインフラストラクチャー（経済社会基盤）および基礎生活分野の整備等を通じて、これらの国における資源配分の効率と公正や『良い統治』の確保を図り、その上に健全な経済発展を実現することを目的として、政府開発援助を実施する」とした。また、「原則」では、「主権、平等及び内政不干渉」の諸原則とともに、「開発途上国における民主化の促進、市場指向型経済導入の努力並びに基本的人権及び自由の保障状況に十分注意を払う」こととした。そして、既述のように「重点事項」として、まず「地域」としては、「東アジア」、「ASEAN」など「アジア地域に重点を置く」とされ、その後に、「アフリカ」、「中近東」、「東欧」、「大洋州」などが記されている。さらに、「項目」としては、「地球的規模の問題」、「基礎生活分野（Basic Human Needs）」、「人造り及び研究協力等技術の向上・普及」、「構造調整」などとならんで、「インフラストラクチャー整備」支援が提起されている。しかし、この「旧ODA大綱」が制定された当時、日本による法整備支援はまだ実施されておらず、したがって、この大綱には、法整備支援の記述等は一切存在しない。

ところで、一九九六年に開始された、ベトナムにたいする日本の法整備支援は、外務省によって、「重要政策中枢支援」という名称で行われた。この「重要政策中枢支援」という名称および形態のODAは、新しいものであり、「ハコ・モノ支援から知的支援へ」というODAの政策転換と軌を一にした流れに位置づけられていた。すなわち「重要政策中枢支援」は「知的支援」として実施されたものである。「重要政策中枢支援」は、第一に、相手国政府の「中枢」の「政策」そのものに関与しうる支援形態であるとともに、第二に、それが「ノウ・ハウ」の領域に対する、つまり「知的」な分野に対する支援である、という特徴を有していた。

一九九〇年代初頭、「重要政策中枢支援」、すなわち「知的支援」の最初のプロジェクトは、一橋大学の石川滋名誉教授をリーダーとして行われた、「ベトナムに対する経済政策策定に関する重要政策中枢支援」(3)であり、このプロジェクトは、ベトナム政府にたいして、市場経済化の過程でいかなる経済政策を策定するかについて、日本の経験にもとづくノウ・ハウを伝達することを支援内容とするものであった。

「重要政策中枢支援」の第二番目のものとして行われたのが、「ベトナムに対する法整備に関する重要政策中枢支援」、すなわち、ベトナムにたいする法整備支援である。そして、日本の外務省、法務省等は、JICA（国際協力事業団、当時）をつうじて、ベトナムの司法省をカウンターパートに選定し、「知的支援」としての法整備支援を開始した。しかし、さきにもふれたように、この開始の時期において、戦略論がなかったわけではないが、法整備支援の基本理念、対象法分野、さらには、カウンターパートの選定などの点について、検討が不十分であったことは否めなかった。

例えば、ベトナムにたいする法整備支援の第一フェーズ（三年間）の終了時の、ベトナム側関連機関の聞き取り調査の際には、カウンターパートである司法省は満足していたものの、ベトナム最高人民裁判所、最高人民検察庁からは、日本の支援が司法省に独占されており不満である旨の意見が噴出した。このような提言を受けて、ベトナム法整備支援第二フェーズ以降には、ベトナム側のカウンターパートが、司法省に加えて、最高人民裁判所、最高人民検察庁も加えられるなどの措置がとられた。ベトナムにたいする法整備支援は、当初は、日本の弁護士がJICAの長期専門家として派遣され、活動していたが、その後、法務省、最高裁判所からも長期専門家が派遣された⑷。

また、ベトナムにたいする法整備支援は、市場経済化を進めるために民商事法支援を行うことに重点が長きにわたり置かれてきたため、「良い統治（グッド・ガバナンス）」にかんする法整備への支援は、十分ではなかった。さらに、人権、民主主義、ジェンダー等、他の援助国、国際機関等が主張し行っていた法分野への支援では遅れをとることとなった。

ベトナムに続き、一九九〇年代末からは、カンボジア、二〇〇〇年代になると、ラオス、モンゴル、ウズベキスタン、インドネシア、中国、ネパール等へと、日本の法整備支援の対象国は拡大していった。民商事法支援を中心とするという日本の法整備支援戦略は、例えば、カンボジアにも引きつがれ、民法、民事訴訟法の起草支援を行った。この民商事法支援を中心とする支援の方法は、相手国政府からは、一般にきわめて高い評価を与えられてきた。しかし、例えば、ベトナムについていえば、民商事法の制定の時期をへて、市場経済化の進展にともない、行政改革、なかんづく行政法改革が課題となり、また、「良い統治」との関連で、人権、法の支配、等々にたいする外国・国際援助機関の各種プロジェクトの進展の中で、民商事法中心支援の限界が明らかになってきた。

さらに、さきにあげた国以外からも、法整備支援分野での援助要請が行われるようになった。例えば、マダガスカル、イラン、グルジアなど多様な地域からの、主として人材養成にかんする支援要請があり、日本として、どの国に対して法整備支援を行っていくのか、その判断基準は何か、などの問題が生起してきた。

上記の諸問題は、たしかに法整備支援に携わる人材をいかに確保するかなど多くの技術的な問題をも含んでいるものの、全体としては、法整備支援の理念をどのように考えるか、という問題の解明を不可欠にしたといえよう。

「理念」をめぐる問題は、のちにふれるが、現在の時点で、この理念の問題を考える際の視点は、日本政府として、ＯＤＡにかかわって、法整備支援の「理念」そして「戦略」をどのように考えるか、ということとともに、政府レベルの議論とは別に、法整備支援に関与する各々の機関、個人が、各々の「理念」と「戦略」をもち、それを明確にしていくことが重要であると考える。

2　新ODA大綱と法整備支援――法整備支援の理念

二〇〇三年八月二九日に改定された「新ODA大綱」（閣議決定）[5]は、「旧ODA大綱」ではふれられなかった「法整備支援」への言及を直接に行っている。ちょうど旧ODA大綱が制定された一九九二年から新ODA大綱が制定された二〇〇三年までの一〇年間は、日本の法整備支援の準備期を含め、法整備支援にかんする基本的な骨子が形成される時期でもあった。新ODA大綱は、旧ODA大綱の「改定について」という「前文」に相当する部分をもっている。それは次のようなものである。

「平成四年に閣議にて決定された政府開発援助（ODA）大綱は、これまで一〇年以上にわたって我が国の援助政策の根幹をなしてきた。この間、国際情勢は激変し、今や我が国を含む国際社会にとって平和構築をはじめとする新たな開発課題への対応が急務となっている。こうした中で多くの先進国は、開発途上国が抱える深刻な問題に対してODAを通じた取組を強化している。また、政府、国際機関のみならず、様々な主体が開発途上国への支援を行い、相互の連携を深めている。

我が国としては、日本国憲法の精神にのっとり、国力にふさわしい責任を果たし、国際社会の信頼を得るためにも、新たな課題に積極的に取り組まなければならない。そのためには、ODAに対する国民の理解を得ることが重要であり、国内の経済財政状況や国民の意見も十分踏まえつつ、ODAを効果的に実施することが不可欠である。

このような考えの下、ODAの戦略性、機動性、透明性、効率性を高めるとともに、幅広い国民参加を促進し、我が国のODAに対する内外の理解を深めるため、次の通りODA大綱を改定する」。

この「前文」で注意すべき点は、第一に、九・一一事件を含む国際情勢の「激変」をふまえて、「平和構築」が前面に掲げられていること、第二に、「ODAの戦略性、機動性、透明性、効率性」の向上が強調されていることである。第一の点とのかかわりでは、のちにふれるように、「平和構築」論と「法整備支援」論の関連が問題になること、第二の点は、「戦略性」というものをどのように考えるか、すなわち、その「戦略性」が主として、日本のための戦略か、途上国のための戦略か、ということが問われてくることとなる。

さて、新ODA大綱は、「理念――目的、方針、重点」を掲げ、「一、目的」の冒頭で、「我が国ODAの目的は、国際社会の平和と発展に貢献し、これを通じて我が国の安全と繁栄の確保に資することである」と述べ、ODAの目的が、日本の「安全と繁栄の確保に資すること」であるとした。この点については、新ODA大綱草案が二〇〇三年七月に公表され、国民から意見を募り、それにたいする外務省の見解がホームページに記載されたが、それによると、日本の安全と繁栄といういわば「国益」が前面に出すぎているのではないか、という疑問が寄せられた、という。そして、「二、基本方針」の冒頭で、「この様な目的を達成するため、我が国は以下の基本方針の下、ODAを一層戦略的に実施する」と述べ、ここでも「戦略」という用語を明記している。そして、「二、基本方針」の最初につぎのように、法整備支援を位置づけた。

「(1) 開発途上国の自助努力支援

良い統治（グッド・ガバナンス）に基づく開発途上国の自助努力を支援するため、これらの国の発展の基礎となる人づくり、法・制度構築や経済社会基盤の整備に協力することは、我が国ODAの最も重要な考え方である。このため、開発途上国の自主性（オーナーシップ）を尊重し、その開発戦略を重視する。

その際、平和、民主化、人権保障のための努力や経済社会の構造改革に向けた取組を積極的に行っている開発途上国に対しては、これを重点的に支援する」。

じつは、この文章中、二〇〇三年七月に公表された新ＯＤＡ大綱草案段階では、「法・制度構築」は、たんに、「制度構築」となっており、「法・」という用語は入っていなかった。これにかんする外務省の説明は、国民の意見にたいする外務省の説明文には見出すことができず、したがって、「法・」という用語は、外務省、法務省など政府内からの提言によって加えられたものと想像できる。

さて、「法・制度構築や経済社会基盤の整備」に「協力」するというように、「法・制度構築」の「整備」「協力」、すなわち「法整備支援」（政府文書では、一般に「法制度整備支援」という用語が使われている）が、ＯＤＡ大綱に明記された。この「開発途上国の自助努力支援」とは、「『人間の安全保障』の視点」、「公平性の確保」、「我が国の経験と知見の活用」、「国際社会における協調と連携」という他の基本方針とともに、「戦略的」な基本方針の根幹をなすものである。新ＯＤＡ大綱において、法整備支援は、第一に、「良い統治（グッド・ガバナンス）」支援の一環として位置づけられた、第二に、法整備支援は、「人づくり」、「制度構築」支援とともに、「我が国ＯＤＡの最も重要な考え方」として位置づけられた、第三に、法整備支援にあたっては、「開発途上国の自主性（オーナーシップ）」を尊重する、第四に、「平和、民主化、人権保障」の努力を積極的に行っている国に「重点的に支援する」、ことになった。

法整備支援の、二〇〇三年までに至る経験と議論が、上記のような法整備支援の理念の策定にどのように影響したかについては、定かではない。しかし、これを前後する時期において、法整備支援実施経験者の中で、法整備支援の理念をめぐる議論が存在したことはたしかである。法務省法務総合研究所は、ＪＩＣＡと連携して、毎年一回、「法整備支援連絡会」を開催し、日本の法整備支援に関与する機関、個人とともに、法整備支援に生起する諸問題を議論する場を設定している。二〇〇三年に行われた第四回法整備支援連絡会においては、「法整備支援の課題」等がテーマとなり、内容的には「法整備支援の理念」をめぐり、以下のような議論が行われた。

ともにカンボジアの民法、民事訴訟法の起草支援グループの責任者として活躍した、森嶌昭夫と竹下守夫の間で交わされたやりとりは、日本の法整備支援の理念論のあり方、また、新ODA大綱の内容とも関連して、きわめて興味深い論争であった。

まず、竹下は、法整備支援の理念として、なによりも、「相手国が民主的法治国家、あるいは法の支配の妥当する民主国家となるような支援である」と述べ、「民主的法治国家」体制整備のための支援であることを明確にした。[6] そして、さらに、つぎのように言及した。

「法整備支援というものは、やはり日本の国として行うべき事業であると私どもは考えております。それは、社会経済上のインフラ整備とは少し意味が違うのではないか、インフラ整備のようなものであれば、これは民間がやって、それに資金援助をするというだけでいいだろうと思いますが、法制度支援は、冒頭に申しましたように、相手の国が法の支配する民主国家になる、それを支援するということでありますから、優れて国家的な支援というものが必要になってくるのではないか。最近いろいろな場面で言われる官民の仕分けから言うと、民にはやはり任せられない、官の責任でやるべきことではないかと思うのでございます。大変失礼に当たるかもしれませんが、どうも見ておりますと、本来から言えば、国の機関がこちらの責任主体になってしかるべきところが、JＩＣＡも国の機関と言えばそうですけれども、特殊法人であるJＩＣＡに、言わば丸投げになっている。それではJＩＣＡそれ自体がするかといえば、JＩＣＡは支援委員会というものを作って、その支援委員会がやるということで、この法整備支援プロジェクトの管理・運営の責任は、国本来の機関からＪＩＣＡに移り、ＪＩＣＡから支援委員会に移って、希釈化されてしまっているという印象を受けました。専門家の意見を聞くということはもちろん必要ですけれども、しかし、それはあくまでも言わば諮問機関にとどまるべきでありまして、企画・執行・管理の責任はやはり国が負うべきものではないかと思う次第でございます[7]」。

これにたいして、森島は、つぎのように反論した。

「私はＪＩＣＡの職員ではありませんけれども、お話に先立って竹下先生に先ほどの法整備支援に対する国の責任に関して、ＪＩＣＡの無権代理として申し上げます。国が金銭的な支援ではなくて、ＯＤＡとして事業を行う場合の実施主体はＪＩＣＡでございます。ＪＩＣＡがやっているということは国が逃げているということではありませんし、現にＪＩＣＡがプロジェクトを策定する際には、外務省もきちっと出てこられます。なお、国内支援委員会に対して事業の丸投げというような誤解をお持ちのようですけれども、決してそうではなくて、国内支援委員会そのものは、言わばＪＩＣＡのプロジェクトの具体的な実施を担っているわけでありまして、そこには常にＪＩＣＡの責任者も出席いたしますし、また、法整備にかかわっておられる、法務省もそうでありますけれども、すべての機関が代表を出しておられます。仕組みそのものとしてはきちっと国の責任体制ができているのですが、問題は、運営の中身が竹下先生にそういう印象を与えるような実態であるのかどうかです。もしも竹下先生のお話に対して実際にそれを担っている我々が反省しなければならないとすれば、果たしてその仕組みの中できちっとした責任を果たしているかどうかということでありますが、この点については、最後に戦略というところでお話をしたいと思います。しかし、ＪＩＣＡがあちこちに金だけ出して丸投げをしているわけではないことは、最初に申し上げておきたいと思います[8]」。

この法整備支援連絡会において問われたことは、その後の討論の場でも種々の意見が提出されたことからも明らかであるが、法整備支援の実施をどのような機関が担うべきか、という問題とともに、竹下が指摘したように、「市場経済化促進支援」というような「社会経済上のインフラ整備」にとどまることなく、「法の支配する民主国家になる」という理念をどのように考えるかということがらであった。

このとき以降、日本が行う法整備支援の対象分野が徐々に拡大され、従来の民商事法中心という立場は次第に後景に退いてきたように思われる。その端的な事例は、法務省法務総合研究所のパンフレット『法整備支援』であり、かつては「民商事法を中心に」という記述があったのにたいし、その後のパンフレットには、そのような記述はなくなった。(9)

さて、新ＯＤＡ大綱の「基本方針」の「(1)開発途上国の自助努力支援」という項目の論点の各々について検討することとする。

第一にそこでは、「良い統治（グッド・ガバナンス）」支援の一環として法整備支援が位置づけられたが、「良い統治」を理念とする法整備支援論は諸外国・国際機関では広く一般に承認されているものである。法の支配、民主主義、人権など幅広い内容を本来的には含む「良い統治」概念は、他方では、途上国側に受け入れられやすい用語でもある。逆にいえば、「良い統治」とは、それを確立するためには、極端にいえばであるが、人権、民主主義が十全に保障されなくてもよい、とする妥協的な響きをもつ用語である。例えば、「人権」を前面に打ち出した支援は拒否する途上国も多い中、「良い統治」であれば受け入れる傾向がある。とはいえ、「良い統治」が、そのように漠然とした性格をもった用語であるため、法整備支援の理念が漠然としたものになる可能性をもった用語であることに注意を払っておく必要がある。

第二に、法整備支援が、「制度構築」、「人づくり支援」とともに、「我が国ODAの最も重要な考え方」とされたのは、これらの手法にもとづく支援が、「重要政策中枢支援」という一九九〇年代初頭以降の日本のODA政策の転換過程と「知的支援」重視戦略とに直接的に結びついているからであり、この種の「知的支援」を継続し、重視していこうとする考え方のあらわれである。同時に、「知的支援」は、「人づくり」すなわち「人材育成支援」と大きく結びついていることを示すものである。

ところで、新ODA大綱制定以前の一九九〇年代末から、日本のODAに伴う外国からの研修システムは、JICAおよびJICEにより大きな変更をともなってきた。JICAは従来から「知的支援」にかかわる人材育成をさまざまなチャネルを通じて行ってきたが、その際、途上国からの長期研修生というシステムにより、人材育成の核づくりに取り組んできた。例えば、ベトナム司法省から役人を日本の法務省が長期研修生として受け入れるなどの方向が構想されてきた。しかし、研修の実をいっそうあげるために、期間ももっと長く、例えば三年間受け入れ、その際、日本の大学を活用し、さらに、日本の大学で修士または博士の学位取得を行わせる、というような形での人材育成が一般的となってきた。法整備支援との関係では、文部省の通常の国費留学生とともに、JICA–JICEの長期研修生という身分での留学生が来日し、日本の各大学大学院法学研究科等で学ぶこととなった。「人づくり」については、また、前章でみたように現地に日本の大学が「日本法教育研究センター」を設立し、日本語教育とともに、日本の法学教育を行うことによって、人づくり支援を行っている。

第三に、「自主性（オーナーシップ）」の尊重という点についてであるが、このオーナーシップをめぐる問題は複雑である。法整備支援との関連でオーナーシップ論について論じる場合には、被援助国側の支援要請項目と援助国側の支援項目との調整が課題となる。一般に新ODA大綱制定以降、とくに新生JICA設立以降は、いわゆる「要請主義」（被援助国側の要請があってはじめてその分野に支援することができる、というシステム）が見直され、新ＯＤＡ大綱は、その点について、「援助政策の立案及び実施」の中で、「政策協議の強化」を掲げ、「ＯＤＡ政策の立案及び実施に当たっては、開発途上国から要請を受ける前から政策協議を活発に行う」ことを強調した。この点では、オーナーシップとの関連から種々困難な問題も存在するが、少なくとも、他の外国・国際援助機関がすでに行っている法分野、テーマ、領域については、必要であると判断すれば、政策協議の対象とすることは可能である、と考える。

第四の、「平和、民主化、人権」等の課題を、どのように法整備支援と結びつけていくかであるが、アジア諸国との関連では、一九九三年のカンボジア憲法制定にむけての国際機関による「平和構築」、「憲法制定支援」の経験が参考となる。[10] 新ＯＤＡ大綱は、「重点課題」の一つとして、「平和の構築」を掲げ、「紛争の終結を促進するための支援から、紛争終結後の平和の定着や国づくりのための支援まで」幅広く平和構築の内容を提示している。このような平和構築プロジェクトにおいて、とくに、「紛争終結後の平和の定着や国づくりのための支援」というプロセスの中で、「法整備支援」は有効であるし、必要不可欠であると考える。

日本の法整備支援の歴史においては、日本カンボジア法律家の会（ＪＪリーグ）が、日本政府のその後の本格的なＯＤＡにもとづく法整備支援に先行して、一九九〇年代前半から、法律図書の寄贈にもとづくカンボジアの大学法学部再建支援、法律家育成支援に取り組んだが、これらの諸活動は、カンボジアの平和構築支援の一環として貢献した。

今日、アフガニスタン復興支援、東ティモール復興支援という新たな課題が浮上しているもとで、平和構築の際の法整備支援の意義が認められており、これらの国々にたいする、より本格的な法整備支援の実施が求められている。

3　戦略としての人材育成

日本の法整備支援戦略について、政府がまとまった文書として提出したものは、二〇〇九年四月、内閣官房がまとめた「法制度整備支援に関する基本方針」[11]（法制度整備支援に関する局長級会議、以下、「基本方針」と記す）である。この文書は、日本の一〇数年間にわたる法整備支援の経験と、二〇〇三年に閣議決定された新ＯＤＡ大綱にもとづき、法整備支援を「オールジャパン」の取り組みとして再構築することを意図してまとめられたものである。「基本方針」の作成にあたっては、法整備支援に取り組む関係諸官庁の他、大学、国際民商事法センター、日本弁護士連合会、経済団体連合会等の意見を聴取する会議も開催しつつ、制定されたものである。「基本方針」は、「基本的考え方」および「国別実施方針」（中国、モンゴル、カンボジア、インドネシア、ラオス、ベトナム、ウズベキスタン）から成る。「I．基本的考え方」は、以下のように述べている。

「平成二〇年一月の第一三回海外経済協力会議において、法制度整備支援を経済協力の重要分野の一つとして位置づけることが決定された。

世界各地の開発途上国に対し、立法支援や制度整備支援を行う法制度整備支援は、良い統治（グッド・ガバナンス）に基づく開発途上国の自助努力を支援するものであるとともに、我が国が将来に渡り、国際社会での名誉ある地位を保持していくための有効なツールであり、戦略的な支援を展開していく必要がある。したがって、政府開発援助（ＯＤＡ）大綱、ＯＤＡ中期政策等に基づき、①自由・民主主義など普遍的価値観の共有による開発途上国への法の支配の定着、②持続的成長のための環境整備及びグローバルなルール遵守の確保、③我が国の経験・制度の共有、我が国との経済連携強化という観点から、基本法及び経済法の分野において積極的な法制度整備支援を行うこととする。また、技術的協力を主としていることから、我が国の顔の見える援助の一翼を担うことが期待される」。

また、日本の法整備支援の手法についても、つぎのように述べている。

「我が国の法制度整備支援は、現地に専門家を派遣して、相手国のカウンターパート機関と対話・調整を進めながら、相手国の文化や歴史、発展段階、オーナーシップを尊重し、国の実情・ニーズに見合った法制度整備を支援していることに特長がある。さらに、法の起草・改正にとどまらず、法が適切に運用・執行されるための基盤整備、法曹の人材育成や法学教育までを視野に入れ、相手国自身による法の運用までを見込んだ支援を行っているという特長もある。

今後もこうした特長を活かし、相手国のニーズ・案件に応じ、専門家の派遣、学者や法律実務家を中心とする国内組織からのサポート、訪日研修、留学生受入等の多様な手法を組み合わせ、また有機的に連携させて、柔軟でバランスの良い、効果的な支援を実施する。支援の充実を図るには、派遣される専門家はもちろんのこと、法制度整備支援に取り組むことに適当な人材をより多く確保することが不可欠であることから、人材の活用と育成のための基盤整備を図る。さらに、具体的な支援方針の策定・実施等においては、関係官庁の連携はもとより、日本弁護士連合会、経済団体等関係者間の官民連携が不可欠であることから、今後オールジャパンによる支援体制を強化していく。なお、我が国の援助リソースを効果的効率的に活用するためにも、他のドナーとの役割分担にも留意し、研究機関とも連携しつつ、選択と集中による支援を実施する」。

さらに、「II．国別実施方針」については、つぎのように述べている。

「法制度整備支援の実施に当たっては、これまでの支援実績、我が国にとっての外交面及び経済面での重要性、被支援国のニーズ等を総合的に勘案する。また、特に基本法分野への支援は、その国の発展に必要な基盤整備の根幹部分であり、相手国の歴史や文化、生活習慣に深く根ざしていることから、それらの諸点で我が国との共通性・親和性を有している国について、法体系の同質性なども考慮する。

以上を踏まえた上で、当面の方針としては、中国、モンゴル、カンボジア、インドネシア、ラオス、ベトナム、ウズベキスタンの七ヶ国を中心に進めていくものとする。その際、これら七ヶ国については、国別の実施方針を定めることとする。

また、今後、民主化の促進、法の支配の定着、平和構築支援等の観点から、七ヶ国以外のアジア諸国やアフリカ諸国等に対しても、相手国のニーズや必要に応じて、支援の需要を更にくみ取っていくこととする」。

「基本方針」は、第一に、法整備支援を、「良い統治（グッド・ガバナンス）に基づく開発途上国の自助努力を支援するものであるとともに、我が国が将来に渡り、国際社会での名誉ある地位を保持していくための有効なツール」であると位置づけ、「戦略的な支援を展開していく必要がある」としたこと、第二に、「自由・民主主義等普遍的価値観の共有による開発途上国への法の支配の定着」、「持続的成長のための環境整備及びグローバルなルールの遵守の確保」、「我が国の経験・制度の共有、我が国との経済連携強化といった観点から、基本法及び経済法の分野において持続的な法制度整備支援を行うこと」を提起した。

また、法整備支援の手法については、第一に、「相手国の文化や歴史、発展段階、オーナーシップを尊重し、国の実情・ニーズに見合った法制度整備を支援している」ところに特長があるとしていること、第二に、「法の起草・改正にとどまらず、法が適切に運用・執行されるための基盤整備」とともに、「法曹の人材育成や法学教育までを視野に入れ、相手国自身による法の運用までを見込んだ支援を行っている」という特長をもつこと、とくに「法学教育」支援という大学の取り組みについて言及していること、第三に、「法制度整備支援に取り組むことに適当な人材をより多く確保することが不可欠である」とし、法整備支援を担う人材育成の課題を明確化していること、第四に、「官民連携が不可欠であることから、今後オールジャパンによる支援体制を強化していく」ことを述べ、第五に、「選択と集中による支援を実施する」こと、を定めた。

「基本方針」の上記の諸論点は、各々が重要な検討課題であるが、とくに、「自由・民主主義等普遍的価値観の共有による開発途上国への法の支配の定着」という課題と、他方では、「経済法の分野」を明示的に指摘している課題とを、どのように全体的に理解して、法整備支援を実施していくかについては、よりいっそうの政策論的な検討が必要であるように思われる。

4　法整備支援と戦略論――政策提言

日本の法整備支援にたいしては、近時、政府レベルから大きな位置づけを与えられるようになった。二〇〇六年五月には、法務、財務、外務、経済産業、文部科学省の五省が、副大臣級による法整備支援検討会議を設置し、法整備支援の「司令塔」の問題について構想を提示し、また、二〇〇七年五月には「アジア・ゲートウェイ構想」が発表され、アジア諸国の留学生受け入れにかんする政策が提示され、さらに、二〇〇九年四月には、内閣官房による「法制度整備支援に関する基本方針」が策定された。そして、その後も、例えば、二〇一〇年五月に「キャンパス・アジア」構想が発表され、日本と中国、韓国などアジア諸国との若い世代の学生交流と、質を保証した教育システムの確立など、これまでにはない、日本とアジア諸国との知的交流計画が進展しつつある。当然、アジア諸国にたいする法整備支援については、経済界からの強い要望も存在している。

ところで、このような動向にもとづき、法整備支援戦略を構想する場合には、研究上の課題としては、(1)法整備支援戦略の研究、とともに、(2)それがODAとして行われる以上、法整備支援評価にかんする研究、(3)アジア諸国の法情報の収集とデータベース構築にかんする研究、(4)さらには、災害復興・平和構築のための法整備の研究、が必要となる。そこで、以上をふまえて、日本の法整備支援にかんする政策提言をつぎのように行う。

第一に、法整備支援は、法学教育支援をはじめ、広く法曹・法学人材育成支援に力を注ぐべきである。日本の法整備支援は、「オーナーシップ」をキーワードとして実施され、そして、立法支援、司法制度改革支援などの分野で大きな成果をあげてきたが、本来的な支援目標は、被援助国の人びと自らが自国の法制度の確立を自前で行いうるような支援であるべきである。そのような観点からすると、日本の大学において、アジア諸国の法曹人材を育成し、それらの人びとが留学を経て、自国の法制度確立の中核的人材として成長していくことを支援の中心とすることは、時間と資金（留学生受け入れのための奨学金）がかかるとはいえ、もっとも重要な方法である。また、日本の大学が被援助国で行っている「日本法教育研究センター」による「日本語による日本法教育」プログラムの実施は、日本とアジア諸国の法の分野におけるいっそう強いきずなを確立することに貢献し、さらには、日本の若い世代の法曹が現地のセンターで、インターンとして日本法教育に携わる経験は、日本の若い法曹が日本法自体を相対化し、また日本法の意義と問題点を再確認することに貢献し、なによりもそれらの若い世代がアジア諸国を知ることに寄与する。(12)

第二に、立法支援にあたっては、民商事法分野だけでなく、広くガバナンスにかかわる分野、例えば行政法等にも取り組むべきである。法整備支援開始当初は、「民商事法支援を行うことは、ひいては、その国の人権、民主主義、法の支配の改善に貢献するものであり、したがって日本は、当面、民商事法支援にもっとも力を注ぐべきである」という議論も存在したが、日本の法整備支援が「グッド・ガバナンス」の構築に寄与するという目標が設定された以上、民商事法支援だけでは、十分ではない。「グッド・ガバナンス」は、市場経済化に伴う経済改革とともに、「行政改革」が深刻な課題となっている被援助国の実情からも、きわめて痛切に求められている分野である。行政法支援は、ドイツ、アメリカ等とともに日本の援助機関がウズベキスタンで本格的に取り組んできた分野であり、この経験をベトナム、カンボジア、ラオス、モンゴル、東チモールなどの支援に生かしていくことは現実的であり、可能である。

第三に、法整備支援の対象地域については、東南アジア、モンゴル、ウズベキスタン等とともに、アジアのその他の地域、西アジア、中東、さらにはコーカサスも射程に入れる必要がある。ただし、これらの地域は紛争地域が多いため、その際、平和構築論との連携を考慮すべきである。この点では、それらの地域の多くはイスラーム法を基盤として法が出来上がっている地域であるため、日本がどのような支援ができるかを明確にする必要がある。とはいえ、すでに、例えば日本は五カ年以上にわたって、イランの司法官研修を行っており、その経験にもとづくならば、刑事司法のあり方、立法手続等、より具体的な法の分野における法整備支援は十分に可能であり、さらに、アフガニスタン、イラク、また、グルジアなどの諸国にたいする研修、法学教育支援は、緊急性があり、国際的責務として可能な限り取り組むことが必要である。

第四に、日本側の法整備支援人材育成を計画的に行い、法務省法務総合研究所が二〇〇八年より開始した法整備支援セミナー、インターンシップのいっそうの発展をめざすとともに、とくに法科大学院教育を重視し、「法整備支援論」、「法と開発論」等の科目を各法科大学院に設置すべきである。本来、日本の司法制度改革、そして法科大学院設立は、日本司法の国際化というファクターへの対応として構想されたはずである。しかし、アジアをはじめとする非西欧世界の法を学び、法の分野の国際協力をテーマとして勉強できる科目を設置している法科大学院は、ほんのわずかしか存在していない。日本で活躍するとともにアジア諸国でも活躍できる法曹を養成するためには、法科大学院での教育が決定的に重要である。すでに、若い世代の法曹、司法試験に合格した法科大学院卒業生は、ウズベキスタン、カンボジア、タイのビルマ人難民地域などで、法学教育支援等を実際に行っており、したがって、これらの世代にたいする「法の分野の国際協力」にかんするノウハウの伝達は緊急の課題である。この点にかんして、法整備支援で現地に派遣される専門家は日本での法実務経験を十分につんだ法曹が行くのが望ましい、という意見があり、この意見自体は、まったく正しい主張であるが、しかし、同時に、法曹実務をほとんど経験していない人びとが、とりあえず、アジア諸国で研修等に参加しさまざまな経験を積む、という方向の追求も意義のあることと考える。

第五に、そこで、「オールジャパン」による法整備支援を本格的に確立していくための一つの方策として、これまで法務省法務総合研究所等が行ってきた毎年の「法整備支援連絡会」とは別に、すでに各関連機関からも要望が提起されている、より学問的、理論的な研究をめざす、実務－研究融合型の「法整備支援学会」の設立が考慮されるべきであると考える。「法整備支援連絡会」は法整備支援を主として実務の分野から情報交換する場として今後もいっそう重要性を増大させていくと思われるので、「連絡会」を広く理論的にサポートする場としての「学会」という位置づけになる。

「法整備支援学会」は、第一に、広く、日本および諸外国による法整備支援の経験の交流を図り、また法整備支援理論について討論を行うこと、第二に、「法整備支援学会」という以上、「法整備支援学」の構築をめざすこと（この点については、松尾弘慶応大学教授による「開発法学」の提唱が参考となる）、第三に、本学会は、法律実務家と法学研究者さらには、情報学、日本語教育学等との協働にもとづく学会という際立った特色をもつ、実務・研究融合型学会として構想する必要があること、第四に、法整備支援を遂行する上での有益な情報交換を主要な目的とする学会にするために、従来の法整備支援にかんする情報のデータベース化を一つの主要な任務とするとともに、情報交換・情報発信のあり方を大いに工夫し、例えば「学会電子ジャーナル」を創設するなどのアイディアが求められている。

日本政府による法整備支援事業は、すでに一五年以上の歴史と経験を有してきた。その間、二〇〇一年には法務省法務総合研究所に国際協力部が設置され、また軌を一にして、二〇〇二年には、名古屋大学に法政国際教育協力研究センター（ＣＡＬＥ）が設立され、法整備支援に本格的に取り組む一連の組織が確立してきた。さらに、これまで最高裁判所、国際民商事法センター、日本弁護士連合会、日本司法書士会連合会も法整備支援に積極的に取り組み、また、近年では国際協力機構（ＪＩＣＡ）に法整備支援を担当する弁護士専門家が配置されるなど、法整備支援は、日本の法に携わる者すべてが関心をもつ事業になってきた。したがって、今日、日本の法整備支援は、新しい段階を迎えつつある、といえる。この時期において重要なことは、法整備支援を行う各関係機関、個人が協力し、「オールジャパン」の体制を確立し、よりいっそう効果的に法整備支援を行うための体制づくりをすることである。

法整備支援は、かつては一般の人びとはもとより法曹の中でも認知度がそれほど高くなく、個々の法曹実務家、研究者のどちらかといえば「刻苦奮闘」という雰囲気の中で行われてきた。しかし、今日では、法整備支援にかんする「特集」が、『ジュリスト』や『法律時報』という日本の代表的な法律雑誌に取り上げられるなど、人びとの大きな関心を呼んでいる。さらに、法科大学院の学生をはじめ、法曹をめざす若い世代が、法整備支援の現場であるアジア諸国に積極的に出かけ、実際に支援に携わるとともに、法整備支援理論を本格的に学ぶなど、法整備支援にたいする関心が高まっている。

法整備支援のこれまでの情報を整備し、その経験を「理論」として世代間に継承していくためにも、「法整備支援学会」というオールジャパンの取り組みは有効である。

第5章

ベトナムと法整備支援

――事例研究として

1　一九八六年ドイモイと一九九二年憲法体制

（1）「貧しさを分かち合う社会主義」とドイモイ

一九八六年一二月のベトナム共産党第六回大会は、「ドイモイ（刷新）」路線を提起し、それまでのレ・ズアン書記長時代の、「貧しさを分かち合う社会主義」（古田元夫）からの離陸を図った。もちろん、一九八六年以前に、すでに農業の分野の「請負制」は開始されていたが、「貧しさ」からの訣別のために、市場経済化と対外開放政策という二つの柱からなる「ドイモイ」路線へと、その後、かじを切ることとなった。

ところで、「法整備支援」という観点から「ドイモイ」の開始を考察する場合に重要な点は、従来のソ連・東欧諸国による法整備支援から、一九九〇年頃を一つの境として、スウェーデン、フランス、そしてその後の日本による法整備支援というように、ベトナムにたいする法整備支援のドナーが大きく変わったということである。

ドイモイ以前の憲法は、一九八〇年に制定された憲法であり、これは一般に一九八〇年憲法と呼ばれる。ソ連の法律顧問団の支援を受けて成立した一九八〇年憲法は、一九七六年のベトナムの南北統一後の最初の憲法であるとともに、統一から憲法制定までの時期に生じた、カンボジアのポル・ポト派との戦争（一九七八年）および中越戦争（一九七九年）という二つの戦争を経た直後に制定された憲法であり、したがって、「準戦時」的な性格をもつ憲法であった。

一九八〇年憲法は、全体として、長期にわたり権力を掌握していたレ・ズアン体制のキーワードでもあった「勤労人民の集団主人権」という概念を中核にすえた憲法であり、この用語は、前文および条文の中にもあらわれていた。ただし、不思議なことに、この「勤労人民の集団主人権」が法的にいかなる意義をもつ用語であるかを定義した本格的な欧米文献はほとんど存在しない。ベトナム文献によると、この概念は、レ・ズアンが創造したものであること、また、たんなる「人民」ではなく「勤労人民」がこの権利の主体であること、さらに、勤労人民がたんに「主人」となるのではなく、「集団的な」主人となること、などが説明されていた。したがって、この概念は、個人ではなく集団が、国、機関などあらゆる単位において主人となるという意味であるとされ、個人は集団あるいは全体の中に埋没させられていくという傾向をきわめて強く有していた。まさしく、この体制は、古田がいうように、「貧しさを分かち合う社会主義」を正当化するイデオロギーとして機能した。すなわち、「勤労人民の集団主人権」という用語は、法的な概念というよりは、国民を社会主義建設に、そして場合によっては戦争に動員するための政治的なスローガンとして提起された。

したがって、そこには、法的な意味合いと論理は希薄であった。この概念がただ一つ、法的に関連する用語は、「権利と義務は不可分である」という権利・義務の不可分性規定である。一九八〇年憲法は、したがって「権利と義務の不可分性」を強調した憲法であり、「一人はみんなのために、みんなは一人のために」という原則を表明したものであると理解された。

ところで、一九八〇年憲法の制定を含む、ドイモイ以前のベトナムの法体制は、圧倒的にソ連（法）の影響のもとに置かれていた。というよりも、ソ連の直接の監督と指導のもとに置かれていた。かつての北ベトナムでは、とくに一九六〇年代以降、法学教育はベトナム国内ではまったく行われず、すべてソ連をはじめとする東欧諸国で行われてきた。現在のおよそ六〇歳以上の法学研究者、法実務家のエリートは、ソ連のモスクワ、バクー、タシケント、キエフをはじめとして、その他、東ドイツ、チェコスロバキア（当時）などの各大学で学んだ人びとであった。留学先はさまざまであっても、そこで教えられる法律学は、「国家と法の一般理論」をはじめとするソビエト法、および社会主義法理論であり、この圧倒的な影響力は、今日においても依然として消えてはいない。

北ベトナムは、一九六〇年を一つの境として、中国モデルを捨て去り、ソ連モデルを選択し、ソ連の支援のもとに社会主義建設を行うようになった。さきにあげた法学教育とともに、立法建設も、ソ連の法律顧問団の関与にもとづき行われるのを常とした。例えば、さきの一九八〇年憲法の制定の際にも、ソ連の法律顧問団は大きな役割を果たし、一九八〇年憲法制定時にはベトナム司法省に、ソ連の法律顧問が常駐し、彼らの指導のもとに憲法が制定された。したがって、一九八〇年ベトナム憲法は、それに先立って制定された一九七七年ソ連憲法からきわめて強い影響を受けており、伝統的な社会主義型憲法であった。

しかし、一九八六年のドイモイ路線の提起と、とりわけ一九八九年の東欧社会主義諸国の体制転換は、ベトナムに決定的な影響を与えることとなった。その後のベトナムの動向をふまえていえば、ベトナムは、一九八九年以降、急速に西側諸国への接近を求めるとともに、一九九〇年代以降は中国との和解を求めることとなった。これらの動向を考察する上で、一九八九年のベトナムに生起した動向を整理しておくことは、きわめて重要である。一九八九年は、ベトナムもその陣営に属する社会主義諸国の危機がもっとも先鋭化された形で顕在化した年であった。四月には、ポーランド、ハンガリーで複数主義（プルーラリズム）が採用されたが、そのような時代背景のもとで、六月には中国で天安門事件（六・四事件）が起こり、それまでの人権、民主主義を求める人びとの運動に武力弾圧が加えられた。しかし、七月から八月にかけての東独、ハンガリー、オーストリアをまきこんでの「ヨーロッパ・ピクニック」の結果、ハンガリー、オーストリア国境が開放され、ベルリンの壁は事実上意味のないものとなり、そのことが一一月の現実のベルリンの壁崩壊、さらに一二月のルーマニアにおけるチャウシェスク体制の終焉へと至り、東欧社会主義体制は、全体として崩壊した。

また、その後のソ連邦の改革への動きの加速化と、一九九一年のソ連邦解体、ソ連を構成したバルト三国・中央アジア諸国の独立、モンゴルの体制転換など一連の兄弟社会主義国の歴史的な体制移行と体制転換のさ中に、一九八〇年憲法体制からの離脱と、一九九二年憲法制定をベトナムは行うこととなった。

一九八九年、ベトナムでは、「急進改革派」と後に分類される政治的潮流が出現した。複数主義、人権、民主主義、表現の自由を求める急進改革派は、ベトナム共産党内の知識人グループを主要なメンバーとして生み出されてくるが、中国の天安門事件への対応と同様に、ベトナム共産党の主流は、この動きを封じこめるに至った。そこで、ベトナムの政治は、一九八九年当時の主たる政治的潮流であった「保守派」と「改革派」の綱引きとしてあらわれた。「保守派」は、伝統的な社会主義体制のもとで利益を得てきた、軍、国営企業などの人びとの利害を体現した政治的潮流であり、端的にいえば、一九八〇年憲法体制に親近感をもつ人びとであり、一九八〇年憲法の改正を最小限に抑えようと考えた。これにたいし、「改革派」は、一九八六年以降のドイモイ政策の進展の中で現れはじめてきた起業家の利益を代表する政治的潮流であり、とりわけ彼らの経済的利益、経済的自由を少しでも得ようという方向での主張を掲げた人びとであった。

他方、同時に指摘しておくべきことは、保守派も改革派もともに、ベトナム共産党の一党支配を維持する点においては共通していたことである。したがって、政治の分野、党の分野の問題については、可能なかぎり、従来の社会主義体制を維持するという方向を採用していた。

市場経済化にふみ切ること、また、対外開放政策の採用の結果、経済の分野の改革ばかりではなく、法の分野、行政の分野にたいしても改革が否応なく求められることとなったが、一九八九年から一九九二年の憲法制定の過程においては、保守派と改革派の対決という構図を、一九九二年の憲法規定そのもの、および一九八〇年憲法との対比でみてとることができる。その対抗状況を、以下、いくつかの規定に即して検討していくことにする。

そこで、ベトナムにおける法改革の諸相を、「民主主義」[1]と密接に関連すると思われる「人権」の分野から主としてそれを考察することとする。もちろん、「民主主義」と「人権」は、関連しつつも、そのベクトルを異にする領域をもっているが、ベトナム法改革が直面する「市場経済」、「民主主義」、「人権」というグローバルに展開する価値をめぐる状況[2]のなかで、それらにかんしてベトナムにおいても浮上してきた諸問題にたいし、ベトナムがどのように対応してきているかについて、検討していくことにする。

ここで、「民主主義」ではなく「人権」を軸にしてこれらの諸問題を考察しようとするのは、ベトナムでは、「民主主義」については従来からの「社会主義的民主主義」が引き続き掲げられているのにたいし、他方、従来は否定されてきた「人権」という用語＝価値が、ドイモイ下で浮上し、一九九二年憲法体制の理解のためのキーワードの一つとなったからであり、「人権」についての一連の動向をふまえることにより、ベトナムにおける「民主主義」および法改革の位相を明らかにしようと考えたからにほかならない。

ベトナムにおいては、一九八六年のドイモイ路線の採用以降とりわけ一九九二年憲法の制定前後の時期より、従来の社会主義的法理論から一定の転換を行った。従来は、ブルジョア的な法理論として批判の対象であった

「法治国家」論が支配的になり、また「三権分立」論は憲法上は採用されていないものの理論的には一律にはその理論を否定しないという状況となってきた。ここに取り上げる「人権」概念も、そのようなベトナム法の再編のなかで浮上してきたものであり、したがって「人権」概念はこのようなベトナム法理論の転換過程全体のなかで考察する必要がある。

このように、ドイモイの進展のなかで制定されたベトナム一九九二年憲法が、従来のベトナム諸憲法と決定的に異なる点の一つは、新たに、「人権」概念を憲法上の権利として登場させたことである。「人権」概念が、一九九二年憲法に登場することになった憲法制定過程の議論および国内的・国際的背景については、すでにいくつかの研究が日本でも存在する。(3) また、ベトナムの「人権」をめぐる個別的な領域、例えば、思想の自由、表現の自由などの精神的自由権、営業の自由、職業選択の自由などの経済的自由権、教育を受ける権利、社会保障の権利など社会権といった、人権の個別的規定にかかわる現状と諸問題が今後は全体として明らかにされるべき時期にきていると思われる。とはいえ、本章では、人権総論にかかわる諸問題とりわけベトナムにおける「人権」をめぐるいくつかの用語を検討し、ベトナムの歴史過程のなかであらわれてきたそれらの用語の意味内容を確定し、訳語を検討することにより、ベトナムにおける人権論の現代的位相を明らかにし、それらの作業を通じて、法整備支援と人権、民主主義をめぐる諸問題を検討する。

(2) 用語にかんする問題の所在――「人権」とは何か

ベトナムの「人権」問題を考察するためには、以下のようなさまざまな問題系列を念頭においておかなければならない。

第一には、ベトナムにおける権利概念の展開の系列からみた、「人権」概念の位置づけにかんしてである。ベトナムでは、植民地からの独立および社会主義建設の過程で、さまざまな独特の権利概念があらわれた。「民族の権利」、「基本的な民族権」、「市民の（基本的な）権利」、「勤労人民の集団主人権」、「人民の主人権」などの権利概念と、「人権」というベトナムにとっては新しい概念との関係を問うことが、ここでは課題となる。

第二には、社会主義的基本権論の系列からみた「人権」と「市民の権利」という二つの概念の相克にかかわる論点である。これは、端的には、一七八九年のフランス革命の「人および市民の権利宣言」にあらわれる「人の権利＝人権」と「市民の権利」の関係に深くかかわっている。

第三には、アジア法論の系列からみた「アジア的人権」論および「アジア的民主主義」論[4]にかかわる論点である。「個」を中心とした欧米の人権観念と、「集団」を中心としたアジアの人権観念という図式が、近年さまざまに提示されているが、このような見解をどのように考えるかという問題である。これは、人権の「普遍性」という問題と関連している。

第四には、国際法および国際人権法の系列からみた問題であり、従来ベトナムを含むアジア諸国、第三世界が主張した「発展の権利」、「第三世代の人権」をどのように考えるかという点にかかわっている。一般に、第一世代の人権は、自由権的基本権、第二世代の人権は、生存権的基本権、経済的・社会権的基本権、第三世代の人権は、「連帯の権利」であり、「発展の権利」、「健康で生態学的に調和のとれた環境についての権利」、「平等の権利」、「人類の共同遺産にかんする所有権」（ヴァサク）、と理解され、国家を超えた国際社会のすべての組織的協力が必要とされる新しいタイプの人権の必要性が主張されてきた。一九八六年一二月二四日の国連総会は「発展の権利にかんする宣言（Declaration on the Right to Development）」を採択したが、「発展の権利」の主体を、「個人」

とみるか「人民」とみるか「国家」とみるか、については種々議論がある。(5) そして、現在のアジア諸国の政治指導者が主張する「発展の権利」の位相について、「人権」理解全体のなかから明らかにする必要がある。

第五には、中国の「人権白書」をはじめ、「市場経済の導入」という系列からみた「人権」概念の特徴という問題である。「生存権」と「自由権」との関係および「国内問題としての人権」という主張に関連する論点である。

第六には、以上の全体にかかわる論点であるが、「人権」とはなにか、「人権」をどのようなものとして構成するかという論点である。この点では、「集団の人権」というカテゴリーは存在するか、という問題領域に深くかかわっている。それは、ただちに、「権利の保障」と「権力の分立」を内容とする、「近代立憲主義」の価値にたいしてどのような態度を選択するかという問題へと連動していくし、それは研究者各々の国家観にも強く規定される諸問題でもある。

(3) ベトナムにおける権利概念の展開――歴史にあらわれた諸観念

ベトナムの現行憲法である一九九二年憲法は、新たに、「人権」という用語を導入した。この意味を確定するためには、逆に、なぜ五九年憲法および八〇年憲法という従来のベトナム憲法には「人権」概念が導入されず排除されてきたのか、という問題の性格を明らかにすることが必要になる。これらかつての諸憲法では、一九三六年のソ連憲法以来の規定、すなわち「市民の基本的権利」というカテゴリーが採用され、社会主義法のもとでは「人権」カテゴリーは拒否されてきたが、それとともに、ベトナムにおいてそれぞれの時代状況のなかであらわれてきた、特殊な権利カテゴリー、すなわち、「民族の権利」、「基本的な民族権」、「市民の(基本的な)権利」、

「勤労人民の集団主人権」、「人民の主人権」など、一九四五年九月の建国以来、憲法的文書[6]および政府の声明などにあらわれた諸観念が、考察されるべきである。

一九四五年九月二日のベトナム民主共和国「独立宣言」[7]は、「地球上のすべての民族（dan toc）は、平等に生まれ、どの民族（dan toc）であれ、生きる権利、幸福の権利、自由の権利をもっている」と述べ、「民族」を主体規定とする権利概念を提示した。周知のように、この「民族」という権利主体については、一方で、一七七六年のアメリカ合衆国独立宣言の「すべての人間（nguoi）」、他方で一七八九年のフランスの「人および市民の権利宣言」（ホー・チ・ミンは、ban tuyen ngon nhan quyen va dan quyen と訳している）の「人（間）」および「市民」という権利主体と対照させていることに注目しておく必要がある。

ところで一七八九年のフランスの権利宣言は、一般には「フランス人権宣言」と呼ばれることが多いが、「人の権利（droits de l'homme）」すなわち「人権」と「市民の権利（droits du citoyen）」という二つの異なる権利概念を提示している。若きマルクスが、この問題に着目し、こだわり、『ユダヤ人問題によせて』（一八四三年）において、「市民の権利」とは、市民という身分をもつ人びとの政治的国家における、政治的権利のことであり、人の権利すなわち人権については「自由という人権は、人間と人間との結合にもとづくものではなく、むしろ人間と人間との区分にもとづいて」おり「私的所有の人権は、任意に、他人にかまわずに、社会から独立に、その資力を収益したり処分したりする権利、つまり利己の権利である」[8]と述べた。

このフランスの権利宣言にあらわれる二つの権利の性格について、一般には、「人の権利」=「人権」は「前国家的権利」であり、「市民の権利」は「後国家的権利」であるといわれている。「前」とは、マルクス的にいえば「他人にかまわずに」ということであり、ジョン・ロック的にいえば、「自然権」のことであるが、その意味するところは、「国家以前」に存在＝保持している権利のことであり、国家によってすら基本的には侵害されることのない権利ということになる。「後」とは、「市民という身分をもつ人々」の権利を意味し、したがって、国家の構成員に由来する権利、ということになる。もちろん、権利の保障という別の観点からは、以上のような整理はやや厳密さに欠けるが、権利の性質という観点からは、以上のように理解することができるであろう。

したがって、ベトナムの「独立宣言」において主張された「民族の権利」は、「人権」および「市民の権利」とは、論理のレベルをかなり異にしていることがわかる。すなわち後者二つは、「前」と「後」という違いはあるにしても「個人」を出発点とする主体規定であるのにたいし、「民族の権利」は民族という「集団」から出発している。もちろん、「民族の権利」の主張は、ベトナムの「民族」（この場合は、第一義的には「少数民族」ではなく「人民」、さらには「国家」と言い換えることも可能である）が国際社会において国家としていまだ認知されていない状況の下での権利主張であり、また、「民族の権利」が「人間の権利」（人権）の重要な一環をなすという認識にもとづいている。

ただ、この点にかかわって留意しておくべきことは、現在のベトナムにおいて、いわゆる個人の権利としての「人権」を保障するというレベルの議論の際に、あえて「民族の権利」または「集団の権利」というような議論も「人権」のなかに含ませて主張することをしばしば行うことの意味を理解しておくべきである。この点の意味については、のちにふれる。

さて、一九四六年のベトナム民主共和国憲法は、第二章で「市民の義務および権利（nghia vu va quyen loi cong dan ; devoirs et droits du citoyen ; duties and rights of the citizen）」を規定しているが、「義務」にかんする条文が「権利」より先に置かれているところに一つの特徴がある。この一九四六年憲法をどのように評価するかについては、それが抗仏戦争の全面的な開始の時期の直前に制定されたという事情もあり、複雑な問題をかかえているが、全体としては、権利カタログという観点から考察するならば、平等にかんする一連の規定、例えば、法の前の平等、少数民族、女性の平等、言論、出版、集会、結社、信仰、居住の自由、刑事手続、労働権、子供の教育を受ける権利、庇護権などが定められている。この権利カタログのなかで、当時のベトナムとの関係で注目されるのは、第一二条の「ベトナム市民の財産所有権は、保障される」という規定である。権利カタログの憲法上のあり方としては、ビードが述べるように「ブルジョア民主主義的[9]」なものである。このことが逆に、その後、フランスとの長期徹底抗戦の時期になると、「非進歩的であるとして、党官僚たちに攻撃され[10]」ることになった。

それにたいし、一九五九年のベトナム民主共和国憲法は、社会主義型憲法としての性格が明確であり、「社会主義への過渡期の憲法」という位置づけが行われている。そして、第三章に「市民の基本的権利および義務(quyen loi va nghia vu co ban cua cong dan ; droits et devoirs fondamentaux des citoyens ; fundamental rights and duties of citizens)」を定めた。一九五九年憲法は、四六年憲法とは異なり、義務より先に権利がおかれる構成になり、権利カタログは四六年憲法に比べ格段に豊富化され詳細になった。この憲法は、一九三六年のソビエト憲法の系譜にある憲法であった。一九三六年ソビエト憲法は、階級原理をそのままの形で定めるのではなく、いわば体制制約原理にもとづく基本権規定を定めた。ロシア革命当初に制定された一九一八年の宣言は、「勤労し搾取されている人民の権利宣言」という名称からもわかるように、それが、一七八九年のフランスの「人および市民の権利宣言」を明確に意識していたこと、また、権利論に階級原理をストレートに導入し、権利主体を「勤労し搾取されている人民」に限定し、それ以外の者には権利の享受を否定した。しかし、一九三六年のソビエト憲法は、「市民」を権利主体とすることにより、形式的には、すべての市民に権利が保障されることとなった。しかし、この時期、現実のソビエト社会では、粛清がきわめて大規模に行われ、また、憲法自体は明確に「労働者および農民の社会主義国家である」（第一条）ことを規定し、あらゆる条文が社会主義体制という体制に制約される根拠を与えた。ここで注意しておくべきことは、一九三六年憲法が、なぜ「人権」ではなく「市民の基本的権利」という表現を採用しているか、という問題である。従来からのマルクス主義法理論によれば、さきのマルクスの『ユダヤ人問題によせて』がそうであったように、「人権」とは、「共同社会から切り離された人間の権利」であり、これは現実に存在する人間のあり方、すなわち階級に分裂した人間のあり方とは異なり、現実の支配・従属関係を「人権」というありもしない言葉によって隠蔽するものである、と批判してきた観念であった。したがって、一九三六年ソビエト憲法は、あえて「人権」という用語を拒否し、それにかえて「市民の基本的権利」という用語を採用したのであった。

この場合、単に用語上の問題にとどまらず、自然権思想にもとづく「人権」カテゴリーを拒否し、「市民の基本的権利」が「前国家的」権利であることを拒否したのであった。このような考え方は、社会主義諸国の憲法に圧倒的な影響を与え、その後の東側諸国の諸憲法は、基本的には、この一九三六年ソビエト憲法型の基本権の構造をもってきた。この構造は、一般には一九八九年に始まる東欧諸国の崩壊とその後のソ連邦の解体の時期まで維持されるが、その後のそれらの諸国の憲法群には、「市民の基本的権利」ではなく「人権」カテゴリーが、登場してくるようになる。

ベトナムでは、一九八〇年憲法にも「市民の基本的権利」という構造は維持され、また現行憲法である九二年憲法にも、妥協的な形であれ、その構造が依然として含み込まれている。

さて、一九五九年憲法体制の下で、当時の北ベトナムは六〇年代になるとアメリカ合衆国との戦争および当時の南ベトナム政権との対峙という事態を迎えるが、そのとき、北ベトナム政府が主張した権利概念に、「基本的な民族権（quyen dan toc co ban ; droits nationaux fondamentaux ; fundamental national rights）」がある。この観念は、一九六五年四月の国会におけるファム・ヴァン・ドン政治報告において初めて登場したといわれる。[11]

ベトナムにおける独自の法概念である「基本的な民族権」は、内容的には「独立、主権、統一、領土保全」の四つの要素から構成され、その後、一九七三年の「ベトナムにおける戦争の終結と平和回復にかんする協定（パリ協定）」において国際法上承認された。パリ協定は、前文と第一章で「ベトナム人民の基本的な民族権」を定めたが、ここで注意すべきことは、第一に、六五年のファム・ヴァン・ドンの政治報告の際にはじつは上記の四要素に加え、「平和」が入っていたがその後削除されたこと、第二に、この「基本的な民族権」は、「独立宣言」の「民族の権利」の系譜にある観念として位置づけられ、その「基底的」なものとして四つの要素が選択されたこと、第三に、パリ協定では、「基本的な民族権」が「南ベトナム住民の自決権」にも貫かれる法原理として位置づけられていることである。第三の点は、南北統一が緊急にかつ迅速に一九七六年に遂行されたことの理由に直接かかわる論点をはらんでいる。

南北統一後の最初の憲法である一九八〇年のベトナム社会主義共和国憲法は、従来からの伝統的な社会主義憲法の型を踏襲しつつも、他の諸国の憲法には存在しない「勤労人民の集団主人権（quyen lam chu tap the cua nhan dan lao dong ; droits de maître collectif du peuple travailleur ; rights to collective mastery of the working people）」という新しい権利観念を提起した。

「勤労人民の集団主人権／制度」は、今日の時点から性格づけるとすれば、「個人」の権利の否定または大幅な制限を企図し、権利の主体を「集団」へとシフトさせるドイモイ以前の政治スローガンとして理解するほかない。

当時においても、この観念をめぐって、少なくとも、その法的な意味内容はきわめて不分明であり、ベトナム法にかんするほとんどの西欧の文献が、この観念の説明を放棄するかまたは単に当時のレ・ズアン共産党書記長のこの問題についての文献をそのまま引用して説明に代えるという方法がとられていたことに、この権利概念がもっていたイデオロギー性があらわれている。しかし、「勤労人民の集団主人権」という用語が、憲法上の権利・義務関係についてどのような特殊性を与えていたかをみると、少しずつ、この用語を憲法上のキーワードとして導入した意図が明らかになる。

「勤労人民の集団主人権」または「勤労人民の集団主人制度」という用語は、一九八〇年憲法の前文をはじめとしてかなりの数の条文のなかに明記してあり、この憲法は「勤労人民の集団主人権」を体系化した憲法ともいわれる。この用語は、そもそもレ・ズアンが六一年三月の党中央春季整風会議において初めて用いたといわれているが、[12] この概念は、七六年のベトナム共産党第四回大会のキーワードとなり、さらにレ・ズアン体制の総決算ともいうべき八〇年憲法に体系化されて規定された。

ところで、一九八〇年憲法のもっとも「ベトナム的」な条文は、第五四条であり、それは、「市民の権利と義務（quyen va nghia vu cua cong dan）は、勤労人民の集団主人制度をあらわしており、社会生活の諸要求と個人の正当な自由とを調和的に結合したものであり、一人は万人のために万人は一人のために、の原則に従って、国家、集団、個人の間の利益の一致を保障する。市民の権利（quyen cua cong dan ; droits des citoyens ; the rights of citizens）は、市民の義務（nghia vu cua cong dan）と不可分である。国家は、市民の諸権利（cac quyen cua cong dan）を保障し、市民は、国家と社会にたいする自らの義務を完遂しなければならない」という規定である。

この条文の特徴は、つぎのようなものである。第一に、この条文が「人権」というカテゴリーではなく「市民の権利」というカテゴリーを一貫して使用していること、第二に、ベトナムにおける「市民の権利と義務」の体系は、「勤労人民の集団主人制度」を「あらわして（the hien ; concilier ; reflect）」おり、したがって、この「市民の権利と義務」の関係のなかに、「勤労人民の集団主人制度」の意図されたものがあらわれていること、第三に、「一人は万人のために……」という道徳的な規定が含まれていること（これはベトナムではマルクス＝エンゲルス「共産党宣言」の「各人の自由な発展が万人の自由な発展の条件となる」という一節との関係から論じられるのが常であったが、朝鮮民主主義人民共和国の一九七二年憲法第四九条が同様の規定をもっている）、第四に、「国家、集団、個人の間の利益の一致」を前提にした権利、義務論であり、これは理論的には、七七年のソ連憲法の前提となっている「全人民国家論」を下敷きにしていること、第五に、市民の権利と義務の不可分性が極端に強調されていること、そしてこの不可分性規定は七七年ソ連憲法にも存在するものの、「ベトナム〔一九八〇年――引用者〕憲法は、権利と義務を結びつける点で、新しいソ連憲法〔一九七七年憲法――引用者〕をはるかに越えている」[13]こと、である。

したがって、「勤労人民の集団主人権」は、「国家、集団、個人の間の利益の一致」を前提にしながら、「権利と義務の不可分性」を極端に強調し、結局のところいわゆる個人の権利としての、そして自然権としての人権という考え方とは対極にある権利概念として位置づけられ、また、政治スローガンとしては、集団的な契機を強調することにより、国家的所有＝全人民所有および集団的所有＝協同組合所有という二つの所有形態へと収斂させるために人びとを動員していく役割を担った。さらに権利論のレベルでは、典型的には、選挙制度にかかわって、一九五九年憲法の「立候補権」という文言を否定し、八〇年憲法は、単に「代議員に選出されることができる」と規定し、「権利」という文言を削除した。そして、具体的には、祖国戦線が候補者名簿を作成し、その名簿に記載された者のみを、候補者としたが、これは「勤労人民の集団主人権」のあらわれとして理解することができる（その後、祖国戦線による候補者名簿の作成というシステム自体は維持しながらも、ドイモイの進展のなかで、社会諸団体の支持がなくとも候補者名簿への推薦を求める、いわゆる「独立候補者」の存在を認めるにいたった）。

しかし、一九八六年以降のドイモイ路線の採用に伴い、市場経済化と対外開放政策が取り入れられるに伴い、八〇年憲法の改正が緊急の課題となった。そして、一九九二年四月、改正憲法が制定された。この憲法は、憲法改正過程における保守派と改革派の力関係を反映して、憲法のきわめて多くの領域で妥協的な規定をもっている。したがって、この憲法を八〇年憲法の完全な転換とみるかそれとも八〇年憲法のかなりの部分を引き継いでいるとみるか、きわめてむずかしい問題がある。

とくに、憲法原理の転換にかかわって指摘しうることは、第一に、「法治国家」論の台頭と従来からの「社会主義的適法性」との関係であり、第二に、「勤労人民の集団主人権／制度」の位置づけおよび国家の性格規定をめぐる問題、第三に、「権力分立」をどのように考えているか、第四に、「市民の権利」と「人権」をめぐる相克、という問題である。[14]

第一の問題については、政治的スローガンとしては、「法治国家（nha nuoc phap quyen ; l'Etat de Droit ; law based state）」論が強調されるが、同時に、憲法上の規定としては、「社会主義的適法性（phap che xa hoi chu nghia; légalité socialiste ; socialist legality）」が強調されている（第一二条）。「社会主義的適法性」という観念は、ロシア革命以降のソビエトの経験のなかで提起されてきたもので、それは「革命的適法性」観念からの系譜にあり、単なる「適法性（legality）」ではなく「社会主義」の擁護のためにこそ「適法性」は存在するということを表明した独特の観念であり、権力の濫用を抑制する契機をもちながらも、究極的には、「プロレタリアート独裁」を確保し、そのための法の運用を可能とする観念であった。それにたいして、「法治国家」論は、これまでのベトナムでの理解としては明瞭であるわけではない。違憲審査制度など権力分立原理を制度上認めていない現在のベトナムにおいて「法治国家」論は、国会の役割重視というレベルにとどまっている。したがって、旧ソ連、東欧諸国では、一般的にいって、「社会主義的適法性」から「法治国家」への転換として法原理の転換が進行したが、ベトナムでは、現状では、本来的には矛盾する側面をもつ二つの法観念が共存するという特徴をもっている。

第二の「勤労人民の集団主人権／制度」という一九八〇年憲法の中核概念は、数次にわたる憲法草案の変遷のなかでしだいにその姿を消し、結局のところ一九九二年憲法では「人民の主人（lam chu cua nhan dan）権」という規定を若干残した以外は、削除され、憲法の中核概念としての位置を失った。これは、従来の「勤労人民の集団主人権」から「勤労」と「集団」を削除し、「人民の主人権」という用語となってもこの観念をなんとか維持したいという保守派の要求にもとづくものである。改革派は、この用語まで削除することを要求すれば、のちにみる「人権」という用語も同時に削除される力関係にあったため、やむなく承認した。

第三の「権力分立」と「プロレタリアート独裁」にかんする論点は、つぎのようである。一九九二年憲法は、従来の「プロレタリアート独裁国家」という国家の性格づけを憲法上の表現としては止め、「人民の人民による人民のための国家（nha nuoc cua nhan dan, do nhan dan, vi nhan dan）」（第二条）（その後、二〇〇一年の改正では「人民の人民による人民のための社会主義的法治国家」とした）という規定をおいた。これは、一九九一年のベトナム共産党第七回大会で表れた表現をそのまま移入したものである。「人民の人民による人民のための国家」という規定は、国家の性格づけのカテゴリーとしては、あまりふさわしいとはいえない。それにもかかわらず、九二年憲法がこの性格づけを選択したのには、理由がある。その背後には、八〇年憲法の「ベトナム社会主義共和国は、プロレタリアート独裁国家（Nha nuoc chuyen chinh vo san）である」（第二条）という規定では、市場経済化に伴い個人の「営業の自由」までをも承認した九二年憲法とは適合的ではなくなる、したがって、「プロレタリアート」だけではなく「人民」一般の国家という規定に置き換えざるをえない、という客観的な要請があった。そして、五九年憲法のように「人民民主主義国家（nuoc dan chu nhan dan）」（第二条）という用語では、それが「プロレタリアート独裁の一形態」として理解されてきた用語の歴史からしてあまり相応しくない。そこで、「人民の人民による人民のための国家」という用語を採用した。しかし、九二年憲法は、国家の性格規定を用語上、変更したものの、国家の編成原理としては、国会の最高機関性を謳い、また「民主集中原則」を採用し、「権力分立」制を排除している。これらの原理は、国会と内閣（および首相）の関係、また裁判所の位置づけにも明確にあらわれている。九二年憲法の下でも、憲法および法令の解釈権限は国会常務委員会に付与されており、裁判所には違憲法令審査権は与えられていない。立法機関内部の一機関である国会常務委員会に憲法および法令の審査権が与えられているのは、国会の最高機関性および民主集中原則という国家の編成原理に基礎づけられている、といえよう。一般に、「権力分立」制は、民主主義原理からではなく自由主義原理から説明されるが、複数政党制の否定にみられるように、民主主義原理自体にまだ制約の多いベトナムにとって、自由主義原理の導入はこれまでのところ現実のものとはなっていない。したがって、九二年憲法は、権力分立を排除した、これまでのベトナムにとって伝統的なタイプの編成の仕方をとってきている。しかし、学者のなかの議論においては、従来「ブルジョア的」として否定されてきた「権力分立」原理を、「一概に否定すべきものではない」という柔軟な評価に代わりつつあることにも目配りをしておかなければならない。「憲法裁判所」であれ「憲法院」であれ、違憲法令審査制度を旧社会主義国家を含めて各国が採用している現在の状況の下で、ベトナムが中国と同様に国会（全国人民代表大会）常務委員会にそのような権限を付与しておくことには無理があろう。どのような形にしても、もし将来ベトナムが違憲法令審査権を国会以外の機関に与えたとき、それは憲法原理のなかに一定の自由主義原理を導入したという意味で、従来とは異なる国家論上の位置づけが与えられるであろう。

第四の、「市民の権利」と「人権」をめぐる相克は、本章の主題となる論点であるので項目をあらためて詳述することにする。

（4）「市民の権利」と「人権」について

一九九二年憲法は、「市民の権利」および「人権」を、その総則的規定である、第五〇条および第五一条において、つぎのように定めている。

第五〇条　ベトナム社会主義共和国において、政治的、市民的（dan su）、経済的、文化的、社会的な人権（quyen con nguoi）は尊重され、それは市民の諸権利（cac quyen cong dan）のなかにあらわれており、憲法および法により定める。

第五一条　市民の権利（quyen cua cong dan）は、市民の義務（nghia vu cua cong dan）と不可分である。

国家は、市民の諸権利（cac quyen cua cong dan）を保障し、市民は、国家と社会にたいする自らの義務を完遂しなければならない。

市民の権利および義務は、憲法および法により定める。

以上の規定に対して、一九八〇年憲法の総則的規定は、再度紹介すると、以下のとおりであった。

第五四条　市民の権利および義務（quyen va nghia vu cua cong dan）は、勤労人民の集団主人制度（che do lam chu tap the cua nhan dan lao dong）をあらわしており（the hien）、社会生活の諸要求と個人の真の自由とを調和的に結合したものであり、一人は万人のために万人は一人のために、の原則に従って、国家、集団、個人の間の利益の一致を保障する。

市民の権利は、市民の義務と不可分である。

国家は、市民の諸権利を保障し、市民は、国家と社会にたいする自らの義務を完遂しなければならない。

形式的な面だけに着目すると、一九八〇年憲法においては第五四条という一カ条に規定されていた総則的規定が、九二年憲法においては、二カ条になっているのはなぜか、という問題がある。これは、憲法改正諸草案を検討することにより明らかになるが、結論的にいえば、一九九二年憲法は、「人権（quyen con nguoi）」という新しい概念を導入したので、それに対応するために、二つの条文に分けたというのが、その経緯である。第一次憲法改正草案（一九九〇年二月）の段階で、すでに二つの条文に分かれ、「ベトナム社会主義共和国は、法の定めるところに従い、人権の実現を保障する」というように「人権」にかんする独立した条文が登場していた。すなわち、八〇年憲法には、「市民の権利」の規定だけであったので、一カ条だけであったのにたいし、九二年憲法は、「人権」と「市民の権利」の二つの権利概念を規定したので、二カ条となった。

じつは、一九九二年憲法の最終テキストに先行する諸草案は、すべて、「人権」と「市民の権利」がそれぞれ別々に定めてあったが、最終的に確定した九二年憲法だけが、規定の仕方に他とは異なる特徴をもっている。すなわち、先にみたように、九二年憲法第五〇条は、条文のなかに、「人権」という用語と「市民の権利」という用語がともに入っており、しかも「人権は市民の諸権利のなかにあらわれており」として、「人権」概念と「市民の権利」概念との関係に言及した。すなわち、九二年憲法では、人権概念が、「市民の権利」と関係づけられることにより、「人権」の独自の意義が少なくとも論理的には薄められているという特徴をもっている。その理由は、憲法改正の論議の過程の最終盤で、「人権」を「市民の権利」とは別個な権利概念として独立して承認しようとすることにたいして、なんらかの抵抗力が働いたものとして理解する以外にはない。一九九二年憲法は、「人権」の条文のなかに、「市民の権利」という用語をあえて登場させることにより、「人権」を「市民の権利」という従来の枠組みのなかに限定しようとする解釈を可能にした。

しかし、このことは、ドイモイ下のベトナムにとっては、ある意味で必然的であったともいえる。一九九六年のベトナム共産党第八回大会がそうであったように、従来的な「平等」を重視する立場と市場経済化にもとづく「発展＝開発」を追求する立場という、相互に相反する内容を含む価値が提示されているベトナム社会の現状からもこのことは理解することができる。白石昌也は、第八回大会の分析のなかで、それらの価値の共存を、保守派と改革派の力の拮抗としてこのことを描いたが[15]、その指摘は、「人権」と「市民の権利」の併存という問題にもあらわれている。一九九二年憲法制定時に、保守派にやや押された形ではあれ、なぜ改革派が妥協したかといえば、改革派は、「人権」という用語をともにもかくにも、憲法上の規定として「格上げ」しておくことを最優先したためである。そして今日の時点から考えてみると、保守派が「人権」を憲法規定として掲げておくことに妥協した理由は、ドイモイを進める上では対外関係上有利である、と判断したからにほかならない。一党制の下で改革を進めるという一点においては共通している保守派と改革派にとって、経済的自由についてはともかく、政治的および市民的自由についての「自然権としての人権」論という立場は、当面必要ではなくなり、「人権」が「市民の権利」に包摂される形で、九二年憲法の規定が行われた。

以上、みてきたように、ベトナムにおける権利にかんする諸観念は、イデオロギー性が濃厚であり、したがって、そのような歴史的文脈のなかで、それらの意味内容を確定し、またできるだけ、国際社会に共通の内容で、訳語を確定する必要がある。とくに、ベトナム語文献で、さまざまな政治的意図をもった文脈のなかで一見異なる内容を付与されて用いられる権利概念を翻訳する際にすべて異なった訳語として訳出することには無理がある。そもそも、「人権」という語一つをとりあげても、それを論ずる者によりその意味するところはさまざまであり、イデオロギー性が濃厚である。したがって、必要なことは、それぞれの概念がどのような政治的な対抗関係のなかであらわれてきたのか、を明確にするとともに、国際的な人権状況とのつながりに留意することである。

(5) ベトナムにおける人権をめぐる議論の特徴

ベトナム一九九二年憲法に「人権」が規定されたことに伴い、さまざまな法学文献で「人権」が説明されるようになった。まず、代表的な憲法コンメンタール（ハノイ、一九九五年）[16]は、「人権」と「市民の権利」の関係につき、「人権の具体的表明である市民の権利」[17]という解釈を行い、「人権」が「市民の権利」に包摂される解釈を行っている。さらに、それは、国内外の対抗諸潮流による「人権（nhan quyen）」攻勢[18]への対抗を強調し、「和平演変」への警戒を指摘した。

また、一九九五年に政府の肝煎りでホー・チ・ミン国家政治学院に人権研究センターが設置され、この人権研究センターの活動に協力する目的から、ベトナム最大の法学研究機関である「国家と法研究所」にも「人権部」が新たに設立された。そして、ホー・チ・ミン国家政治学院の人権研究センターのスタッフが作成した、『現代世界における人権問題概説』（ハノイ、一九九六年）[19]は、つぎのような特徴をもっている。同書によれば、ホー・

チ・ミンが「神聖な民族の権利（quyen dan toc）」と「基本的な人権（quyen co ban cua con nguoi）」という二つの観念を相互に関連づけたことを強調し、この考え方が、「基本的な民族権（quyen dan toc co ban）」へと発展していったことを、なによりも強調している。[20]

ここには、抗米救国闘争の時期において登場し、南北統一のための法原理となった「基本的な民族権」の復活という現象がある。この「基本的な民族権」概念が、現在のベトナムの状況の下で再びあらわれてきた理由は、かつての「国内問題としての南北統一」論と同様に、「国内問題としての人権」論を強調するためであった。

また、同書は、「人権」を論ずる際に、なによりも「生存権」を強調している。[21] これはいうまでもなく、人民の「生存」の保障、すなわち国家の経済的発展を前提としてのみ、人民の自由権とくに精神的自由権（内心の自由、表現の自由など）は保障される、とする理解である。それは、一九九一年の中国国務院の「人権白書」（「中国における人権状況について」）と軌を一にした立場であり、事実、一九九四年には、ハノイで、この「人権白書」のベトナム語版[22]が出版された。現在のベトナムは、ベトナム共産党の一党制の下にあり、その意味では複数主義はまったく採用されていない。この点について、一九八〇年代末において複数主義をかかげた、いわゆる急進改革派は追放されたが、そのような立場にあるタイン・ティン（ブイ・ティン。元ベトナム共産党機関紙『ニャンザン』副編集長）の『ベトナム革命の内幕』[23]でも、改革のプログラムとして、政党システムの改革とともに表現の自由をはじめとする自由権の領域における改革の必要性が指摘されている。[24]

さらに、この『現代世界における人権問題概説』では、アジアの貧困を前提にすれば「基本的な権利は発展の権利である」というシンガポール首相ゴー・チョクトンの言葉を肯定的に引用し紹介しているが、[25] これもまた、上記の「生存権」論を基礎づけるためのものである。

他方で、同書は、しかし、「人権」の「普遍性」自体をかならずしも否定するわけではない微妙な表現も採用している。すなわち、「人権は、人類共通の用語であるが、同時に、独立、自由、幸福のための長期にわたる闘争におけるベトナム民族全体の用語でもある」[26]と述べている。ここには、人権の「普遍性」自体についてはこれまでのところ真正面からは批判することができないという現在のベトナムがおかれている、主として西側諸国および国際的な諸機関との力関係をみてとることができるが、同時に各国には各国の人権保障の独自の条件があることを強調したものと位置づけることができる。

そして、一九九六年に開催されたベトナム共産党第八回大会では、「社会主義的民主主義」および「人民の主人権」をあらためて強調し[27]、伝統的な社会主義論の枠のなかに「民主主義」と「人権」を制約していく傾向が顕著である。

一九九二年憲法で新たに規定された「人権」概念は、「基本的な民族権」、「生存権」、「発展の権利」という用語に連動させられることにより、第一次憲法草案の時期には急進改革派をはじめ改革派のなかにも含まれていた、複数主義への志向および「自然権としての人権」という内容をほぼ完全に喪失していき、それにかわり、「国内問題としての人権」論が中心的な位置を占めることになった[28]。

(6) 訳語について

ⓐ「人間の権利」と「人権」について

ベトナムでは、quyen con nguoi という言葉について、「民族の権利」も含めて用いることがあるので、これに「人間の権利」という訳語をあてはめて、漢語のそのままの翻訳語である nhan quyen に「人権」をあて、両者を厳密に区別し、その意味内容まで区別しようとする立場があるが、両者は、共に「人権」と翻訳すればよい。もちろん、文脈上、「人の権利」あるいは「人間の権利」と訳したほうがよい場合は、そうしてもよい。

重要なことは、ベトナム語で、quyen con nguoi の場合には「人間の権利」と訳し、nhan quyen に「人権」というように図式的にあてはめるのは正しくない、ということである。quyen con nguoi は、第一義的には「人権」と訳すべきである。ちなみに、法務省刑事局外国法令研究会『法律用語対訳集ヴェトナム語編』(社団法人商事法務研究会、一九九六年)は、「人権」につき nhan quyen だけをあげている(二二三頁)が不十分である。

ⓑ「政治的、市民的、経済的、文化的、社会的」ということの理解について

一九九二年ベトナム憲法第五〇条にある「政治的、市民的、経済的、文化的、社会的な人権」という文言は、憲法改正諸草案には、まったく存在しなかった表現である。これは、ベトナムも批准した、二つの国際人権規約、すなわち「経済的、社会的および文化的権利にかんする国際規約」と「市民的および政治的権利にかんする国際規約」の形容詞をすべて援用し、一体化したものである。したがって、この条文中の、quyen con nguoi ve chinh tri, dan su, kinh te, van hoa va xa hoi の dan su は、この場合には、「民事上の」と訳すのは間違いであり、「市民的」と訳すほかない。たしかに、luat dan su といえば民法のことであるが、「人権」とのかかわりにおける権利の種類として出てくる場合には、「民事上」の権利ではなく、「精神的自由」、「身体的自由」などのことである。

そのような訳語の問題とは別に、一九九二年憲法で、それ以前の憲法諸草案には存在しなかったこのような文言を追加したのは、「人権」概念を「国際人権規約」に批准したからそれを国際法上では承認する、という政治的な意思表明に限定し、国内法のレベルでは「人権」概念の独自の意義をできるかぎり希薄にしていこうということにほかならない。その意味で、この第五〇条の「人権」概念は、二重のしばり(もう一つは、先に述べた「市民の権利」による枠づけ）がかけられている。

ⓒ「市民の権利」について

quyen cong dan または quyen cua cong dan について「公民権」という訳語をあてていることがあるが、「公民」とは、一般に、「国政に参与する資格、例えば公務につく権・参政権等を認められた国民」[29]のことであり、したがって、「公民権」は、「参政権」を意味し[30]、まさしく「政治的、市民的、経済的、文化的、社会的」な領域全体にかかわる「市民の権利」概念を、「公民権」という用語におきかえることには、無理がある。したがって、quyen cong dan は、フランス革命の際の「人および市民の権利」宣言の「市民の権利」および従来の社会主義諸国で使用されてきた「市民の権利」という系譜のなかで訳す必要がある。

このカテゴリーをめぐって重要なことは、とくに社会主義国の憲法におけるこの用語については、「人権」概念の拒否の結果、この用語が創出されたのであり、「人権」と区別される「市民の権利」という理解である。

(7)「共同体」と「個人」

これまで、ベトナムにおいてあらわれてきた諸権利概念を近年の「人権」概念との関係という問題に着目して考察してきた。その結果いえることは、それらの権利概念が、植民地という時代をへて、その後の社会主義的変革の時代およびドイモイの時代にそれぞれ適合するような形で構成されてきた、ということである。その意味で、それらベトナムにおける権利概念は、ベトナム的な特徴をもっていた。そこには、「人権」概念が、伝統的な「市民の権利」概念と一体のものとされることによってのみ、その存在が許されているというベトナムの現状をみてとることができる。したがって、ベトナムの「人権」と「市民の権利」をめぐる議論の動向は、一党制の下で開発を進めている国家にとって共通する特徴をもっているともいえる。ベトナムの人権論の、中国およびASEAN諸国の人権論への接近は、このことを端的に示している。

最後に、「アジア的人権」、「アジア的民主主義」にならって「ベトナム的人権」、「ベトナム的民主主義」を構想することは可能か、という問題がある。ベトナム自体は、これまでのところ「ベトナム的人権」あるいは「ベトナム的民主主義」を明示的に主張するには至っていないが、一般的には、将来の開発の進展と対外関係の変化によっては、その可能性もないとはいえない。

しかし、重要なことは、「ベトナム的人権」や「ベトナム的民主主義」なるものが、国策との関連で語られることと、それが客観的にあると主張することとを、区別しておくことである。この問題にとって、今後検討すべき論点の一つは、アジア諸地域における「共同体」と「個人」の関係である。そして、ベトナム法の現在とのかかわりで生じているのは、「郷約（村のおきて、huong uoc）」の復活と「共同体」の位置づけに関連する問題である。それは、儒教的伝統をもち、農村社会であるベトナムにとって、発達した社会の産物である西欧民主主義は根づかない[31]としたデューイカーの見解の是非を検証するための重要な問題領域である。

「郷約」の復活をめぐって、ベトナム司法省において討論が現在進行中であるが[32]、それは、実はこの問題が、「法治国家」というドイモイ下のスローガンの意味内容と深く関連しているからにほかならない。そして、この問題はまた、ベトナムにおける「人権」と「民主主義」の実際と理論に密接にかかわっている。

2　二〇〇一年憲法改正と法整備支援

一九九二年憲法の制定から、その憲法が部分改正された二〇〇一年に至る過程は、ベトナムにおける市場経済と対外開放政策、とりわけ外資導入が本格的に進行する時期であった。一方では、スウェーデンをはじめとする欧米諸国が、「法の支配」の確立をベトナムに求める法整備支援に着手するとともに、他方では、日本がその時期、民商事法を中心とする、直接に市場経済化を促進するための法整備支援に着手していった。

そしてベトナムは、一九九二年憲法の制定からおよそ一〇年の歳月を経て、若干の憲法改正を行った。二〇〇一年憲法改正において、もっとも大きな変化は、すでにふれたように、第二条の「国家の性格規定」にかんするものである。一九九二年憲法は、「ベトナム社会主義共和国は、人民の人民による人民のための国家である」と規定していたが、一九八〇年憲法の「プロレタリアート独裁国家である」という国家の性格規定と比較すると、制定当初から文言上も落ちつきが悪く、この第二条の規定をどうするかということが課題となっていた。そこで、二〇〇一年改正憲法第二条は、「ベトナム社会主義共和国は、人民の人民による人民のための社会主義的法治国家である」というように、たんに「人民の人民による人民のための国家」というのではなく、「人民の人民による人民のための社会主義的法治国家」という「国家の性格規定」を行った。

このベトナム二〇〇一年改正憲法規定を、比較憲法的に考察すると、第一に、その後の二〇〇四年中国改正憲法第一条が「中華人民共和国は労働者階級が領導し、労農同盟を基礎とする人民民主独裁の社会主義国家である」と述べ、第五条で「中華人民共和国は、法により国を治めることを実行し、社会主義法治国家を建設する」

と規定するものの、中国の場合には、「国家の性格規定」を示す第一条では、ベトナムとは異なり「人民民主独裁の社会主義国家」であるとして、旧来的な「独裁」概念を維持していること、また、「社会主義法治国家」という用語を、国家の性格規定を行う第一条とは異なる条文の中で用いているという違いが存在する。国家の性格規定の条文でベトナムと類似の規定を置くのは、一九九三年ロシア憲法第一条の規定であり、それは、「ロシア連邦（ロシア）は、共和制の統治形態をとる民主的な連邦制法治国家である」と定めている。他方、第二に、「人民の人民による人民のための」国家という規定は、元来は、リンカーンに由来する文言であるが、同様の規定は、例えば、フランス一九五八年憲法第二条が「共和国の原理は、人民の人民による人民のための統治である」と定めているように、他にも見出すことができる。

ところで、ベトナムにおける「法治国家」論の登場過程は、欧米による法整備支援が開始された時期と軌を一にしており、したがって、主要には、「外圧」論から問題を考察することが可能である。片山裕・大西裕編『アジアの政治経済・入門〔新版〕』[33]の「ベトナム」を担当した白石昌也は、この間のベトナムをめぐる問題状況をコンパクトではあるが的確に整理、分析している。白石によれば、ベトナムのドイモイ政策は、ソ連、東欧の「ショック療法」とは異なり、農業部門から工業部門への改革を、業種、地方での試行的な実験を先行させながら行ってきた「漸進主義」であること、また、共産党の一党支配体制を、経済の発展、人びとの生活の向上を行うことにより、いっそう強固なものとし、民間企業については、政府がさまざまな許認可権限、土地の国有と土地使用の際の国による承認という手続きをつうじて、共産党がコントロールをしている、という。そして、白石論文は、民主主義、人権、法治、トランスペアレンシー（透明性）等を、米越通商協定の締結、ＷＴＯへの加盟など、国際社会の「外圧」としてとらえているところに特徴がある。

すなわち、一九八九年の東欧社会主義体制の崩壊後に開始された、ベトナムにたいする法整備支援は、「法の支配」をキーワードとして、スウェーデン、デンマーク、ノルウェー、フランスなどの国がかかわって行われてきた。そして、それらの諸国による「法の支配」確立支援プロジェクトによる「外圧」の一つの結果として、二〇〇一年改正憲法第二条の「社会主義的法治国家」規定の導入を考えることができる。

とくに、ベトナムにおいては、一九九〇年代の「経済改革」の開始以降、とくに二〇〇〇年代になると「行政改革」が課題となり、行政手続法の制定をはじめとする行政法改革へと着手した。その背景には、市場経済化の進行に伴い、とくに政府の許認可権限とのかかわりから大量に汚職事件が増大したことが存在した。ベトナムでは、「経済改革」から「行政改革」への進行が、直ちに「政治改革」には連動していかないところに、体制のあり方の一つの顕著な特色を見出すことができる。ベトナムの政治体制の根幹は、その憲法が定めているように、第一に、それが「社会主義国家」であること、第二に、現実のベトナム共産党の一党支配を、第四条で「ベトナム共産党は、……国家と社会を指導する勢力である」と定め、「党の指導性」を定めていること、第三に、このような「党の指導性」が第六条の「民主集中原則」によって担保され、第四に、第九条で述べているように、「ベトナム祖国戦線およびその構成組織は、人民政権の政治的基礎である」として、祖国戦線という共産党の翼賛団体に例えば国会議員選挙の際に候補者指名簿作成権を付与するなど、強い権限を与えていること、により伝統的な政治体制を維持している。

ただし、この強固な政治＝統治体制が今後も維持できるかどうかについては、ベトナム国内においても議論が存在し、その議論の一つの焦点は、「憲法裁判所」設立をめぐる問題である。二〇一一年一月には、五年に一回のベトナム共産党大会が開催され、その大会をふまえて、憲法改正が行われる予定となっている。その際の改正箇所が、憲法の「経済制度」の章を中心とした部分にとどまるのか、それとも「政治制度」に波及した改正となるのか、が注目されている。そして、ベトナムの法学者の関心は、この「政治制度」の分野に一つの「風穴」をあけることにあり、それは、「憲法裁判所」設立構想である。一般に、社会主義諸国においては、「国会中心主義」が国家機関のあり方の原則として採用されてきた。現状では、ベトナムは中国と並んで、「憲法裁判所」を設立していない。中国では全国人民代表大会常務委員会が「法律の解釈」権限を有し（中国憲法第一八条）、また、ベトナムにおいては、同様に国会常務委員会が憲法と法律の解釈権限を定めており（ベトナム憲法第八四条）、他の機関に、その権限を委ねてはいない。また、中国と同様、ベトナムでは「三権分立」を採用しておらず、ベトナムでは「三権分業」という憲法上の表現が採用されているだけである。いうまでもなく、「三権分立」は、三権相互間のチェック機能が課題となるが、「三権分業」はたんに機能分担・分割だけが課題となる。

そこで、韓国、ドイツによるベトナムにたいする法整備支援の中で、これらの国々が制度としてもつ憲法裁判所にかんする構想がにわかに浮上してきたという経緯をもっている。

ドイツは、ベトナムにたいする法整備支援を、コンラート・アデナウアー財団が積極的に行っており、シンガポールにアジア事務所を所有するコンラート・アデナウアー財団は、ベトナムのみならず、アジア地域の「立憲主義」の確立を射程に入れた、憲法裁判所をテーマとする国際シンポジウムをベトナムで開催するなど、この分野で活発なプロジェクトを行ってきた。そして、コンラート・アデナウアー財団は、ベトナムにたいする法整備支援において、旧東ドイツ時代にドイツと関係が深く、また人的な交流もある、ベトナムの「国家と法研究所」をカウンターパートとして、「立憲主義」や「憲法裁判所」をテーマとする数多くの国際会議を行ってきた。

韓国では、周知のように、この間の韓国憲法裁判所の活動が注目されてきたが、ベトナムと韓国との法整備支援・協力の進展の中で、憲法裁判所をテーマとする国際協力が進展した。とくに、韓国法制研究院のイニシアチブで組織された、ALIN（Asia Legal Information Network, アジア法律情報ネットワーク）は、中国、日本など東アジア、モンゴル、ロシア（極東部）、ウズベキスタン、カザフスタンなど中央アジア、フィリピン、ベトナム、マレーシア、タイ、インドネシアなど東南アジア、インドなど南アジアの主要な大学、法学研究所等とのネットワークを構築し、年次大会を毎年行うなど、きわめて活発な活動を行っている。

したがって、ベトナムにおける「憲法裁判所」設立構想は、ドイツのコンラート・アデナウアー財団と韓国法制研究院の強い影響のもとに開始された、といえよう。とはいえ、韓国における憲法裁判所の機能強化という事態は、韓国社会の民主化の進展の中で支えられてきたのであり、「民主化」の進展が現実には進まず、また、一党支配が維持されているベトナムにおいて、形の上での制度導入はともかく、憲法裁判所を本格的に導入し、その本来の機能を発揮させることは、きわめて困難であると思われる。しかし、旧社会主義諸国が、例えば、ウズベキスタン、モンゴル、ロシア、中東欧諸国が憲法裁判所を設立しているという現状のもとで、ベトナムが、この制度を当面受け入れ、設立していくという可能性は、ないわけではない。

ベトナムでは、「法治国家（nha nuoc phap quyen）」という用語が新しく造語として作られてきたことは、すでにふれたが、近年のベトナム法学事典では、つぎのように、「法治」の意味内容が定義されている。司法省法理研究院『法学事典』[34]は、これまでベトナムには存在しなかった、本格的な法律学事典である。従来の『法学辞典』は、簡素な用語集であったり、ベトナム語と各外国語との対応用語集のようなものであったが、今回の『法学事典』は、大型本で全九〇六頁という大部なものであり、また、グエン・ディン・ロク（Nguyen Dinh Loc）元司法大臣、ウオン・チュー・リュー（Uong Chu Luu）前司法大臣が編集会議主席、副主席となり、執筆者も、ダオ・

チ・ウック（Dao Tri Uc）前国家と法研究所所長をはじめ、ベトナムの代表的な法学者が数多く参加するなど、ベトナム法学界の総力をあげて刊行したものであるといえよう。

その『法学事典』の Phap Quyen（法治）の項目は、以下のように記述されている。すなわち、「法治」は、①「人民が国家権力の主体である」こと、②「市民の権利および人権が尊重され保護される」こと、③法治のためには「民主主義が不可欠の条件であり、保障する」こと、④「国家と社会にたいし法律に中心的な地位を付与する」こと、などを求めている。これら「法治」を確立する上での諸要素のなかに、「民主主義」と「人権」が加えられていることは、ベトナムの法学者の、「法治」にたいする理解が、世界の動向とそれほどかけ離れているわけではなく、したがって、現代的な理解にもとづいていることを示している。

同様に、『法学事典』では、Toa An Hien Phap（憲法裁判所）の項目も設けられており、説明がなされている。その記述のよると、「ベトナムでは、まだ憲法裁判所は存在しない」とわざわざ述べつつ、憲法裁判所は、「法律文書の憲法適合性を審査することを主要な任務とする特別な機関である」と定義し、それは、「現代民主主義国家の組織において第一級の重要性をもつもの」であり、「憲法の最高性を保障し、一般的には、適法性と法秩序を強化し、政治システムの堅固性を保障し、個人の自由権を保障するものである」と述べ、きわめて高い評価を憲法裁判所に与えていることが特徴的である。憲法裁判所設立を切望するベトナム法学界の主流のこのような考え方が、二〇一一年のベトナム共産党大会と、その後に予定される憲法改正作業において、どのように反映されていくかについて注目していく必要がある。

ベトナムにたいするヨーロッパ諸国による法整備支援プロジェクトにおいては、「政治改革」の課題とかかわって、「人権対話」というプロジェクトが行われている。ベトナム政府、ベトナム共産党の「人権」理解は、基本的には、「人権は国内問題である」、あるいは「経済発展が先で、人権の保障は経済発展を妨げないような形で行われるべきである」というものであり、その意味では、ベトナムにたいする法整備支援において、人権を課題にすることには困難をともなってきた。日本の対ベトナム法整備支援は、民商事法支援が中心に置かれ、人権に直結する刑事法分野の支援も、それほど本格的には行われてこなかった。しかし、さきにみたように、国際的な法整備支援の潮流にも影響され、さきのドイツ、韓国などによる「立憲主義」シンポジウムに日本からも研究者が参加したり、行政法のような技術性の高い分野の国際シンポジウムなどが、日越間でこれまで数多く行われてきた経験をもっており、そのような経験にもとづくと、日越間でも、スウェーデン、ノルウェーが行っているような「人権対話」という方法をつうじて、この分野の問題につき討論を行うことは可能である、と思われる。日越間の「人権対話」プロジェクトを遂行していく上で、主要な困難は、むしろ日本側に存在すると思われる。

3　ベトナムにおける「近代経験」と法整備支援

(1) 問題の所在

「社会体制と法」研究会が提起した、「近代経験」というものをどのように考えるかという主題は、じつは、本書のテーマである「法整備支援」をどう考えるかというテーマに深く関係している。

水林彪は、主として体制移行諸国法、社会主義法、アジア諸国法研究を専門とする研究者の学会である「社会体制と法」研究会に、社会主義法等の歴史理解をめぐり二つの問題を提起している。一つは、「文明史・国制史論」から法の歴史を描く、という主張である。この「文明史・国制史論」とは、いわゆる「世界史の基本法則」＝「単線的歴史発展論」とは異なる歴史像の提起であるとされているが、しかし、同時に水林の主張は、あくまでも「普遍」を語ろうとするところに特色があるように思われる。すなわち、水林によれば、「私の目指すものは、civilisation という普遍史的問題を基準として諸々の個別的存在の諸連関を探求すること、そのような仕方での、普遍を媒介とする個別ないし特殊の認識である[35]」。

水林によるいま一つの問いかけは、直截に社会主義法研究者にたいするものである。水林は、「社会主義法」とは何であったのか、そして、それをどのような方法で社会主義法研究者はとらえるのか、という点について、「社会主義法についての新たな総括[36]」を求めている。すなわち、『『近代経験』』に関する諸個別事例を総括し、そこから〈第一次『近代経験』―『社会主義経験』―第二次『近代経験』〉という歴史過程全体の人類史的次元での意味を考えようとする試み[37]」を求めるものであった。

しかし本書においては、「文明史・国制史論」という水林の理論体系および社会主義法についての新たな総括の要求にたいして本格的な対応を行う準備はできていない。ここにおいてなしうることは、これまで「社会体制と法」研究会が「『近代経験』と体制転換」というテーマで追究してきた主題にたいして、それをベトナムという著者の専門分野にかかわって若干の検討を行うことである。すなわち、ベトナムは歴史的には長期にわたり中国の支配下に置かれ、その後、フランスによる植民地支配をうけ、さらに、社会主義的統治の時代をへて、近年における市場経済化の導入の道を歩むという歴史の中で、「近代経験」というものがどのような意味をもち、この「近代経験」という主題にかかわっていかなる論点が存在するかについての検討を行うことにする。そして同時に、このような射程にもとづく歴史の切り口からすれば、「法整備支援[38]」という、新たな「近代経験」にもふれ、また、水林が提起している一つの論点でもある「中心―周縁」という問題についても、いわゆる中国とベトナムとの関係にかかわって、土地所有をめぐって、その問題性格の一端を紹介することに努めたい。

(2) 理論、方法の問題について

ⓐ「文明」という観点について

水林は、「文明」という用語を、エンゲルスの『家族・私有財産・国家の起源』に依拠して、「共同体を基礎とする身分制的国制の時代から、……市場経済社会を基礎とする文明的国制の時代へ[39]」としてとらえ、ここでいう「市場経済社会」とは「資本主義経済」ではないことに注意を喚起している。

ところで、アジア諸国法研究においては、「文明」という用語ですぐに想起されるのは、梅棹忠夫『文明の生態史観[40]』である。梅棹は、世界を、西洋と日本など「その生活様式が高度の近代文明である[41]」「第一地域」と、中国、東南アジア、イスラーム諸国、ソ連、中東欧など「そうでない[42]」「第二地域」に区分し、その二つの地域においては「社会の構造がかなりちがう[43]」ことに着目する。そして、「文明」を論ずる際の「系譜論と機能論[44]」にふれたのちに、「文明」とは「巨大な工業力」、「交通通信網」、「行政組織」、「教育制度」、「学問」などと定義づけたうえで、なによりも二つの地域の社会の構造の違いを知るためには「封建制の比較史[46]」を分析することの重要性を論じ、また、「資本主義体制」の成熟と「革命[47]」との関係に言及し、「生態学」とは「主体・環境系の自己運動[48]」ととらえる。

水林と梅棹の「文明」概念への考察方法は、異なる位相にあるものといえるが、しかし、植民地、途上国の「近代経験」を論じようとする場合には、梅棹の「文明」観は、それらを分析するうえでの手がかりを与えてくれているように思われる。いずれにせよ、ベトナムのように中国からみれば「周縁」であり圧倒的な農村社会の歴史理論を、「未開」から「文明」へという図式でとらえようとする場合、「市場経済社会」であれ「資本主義経済」であれ、これらの諸用語で整理するためには、他の相当の諸ファクター——例えば、「植民地化」、「社会主義化」、さらには外国からの「援助」など——を介在させる必要があると考える。

ⓑ「普遍」と「特殊」ということをどのように考えるか

本書において、「文明」観のあれこれについて上記のように述べるのは、じつは、現代日本におけるアジア諸国法研究をめぐる理論状況を明確に意識してのことである。近年、日本では、一九八〇年代終わりから九〇年代初めにかけての社会主義体制の崩壊を一つのきっかけとして、「発展段階論」への反省ともあいまって、「法文化(legal culture)」論がさまざまに提起されてきた。例えば、木下毅『比較法文化論』[49]は「東西法文化」について論じ、野田良之教授の所説に依拠して「狩猟・漁撈・採集型」、「遊牧民型」、「農耕民型」のメンタリティから法文化論を語っているが[50]、これは要するに「風土」論である。いま必要なことは、そのような「風土」論を語ることではなく、例えば、木下のいう「東アジア法系」に属するとされる「ヴェトナム法族[51]」とは何か、そしてそのような分類が可能かについての実証研究こそが求められているといえよう。

また、いわゆる「アジア法」研究における「普遍」と「特殊」についていえば、従来の日本の法学研究では、例えば、中国法の「圧倒的影響」のもとでベトナム法がいかなる「独自性」をもっているかという観点から研究が行われてきた。中国の周辺＝周縁諸国法研究が従来のモンゴル(蒙古)法制史研究などを別として手薄な研究状況のもとでは、中国法を一つの基準として周辺諸国の法を論ずるという論じ方は、研究のそのような段階においては当然出てくる考え方であり、むしろ、例えば仁井田陞にみられるように「唐を中心として見た東亜の法律」⑶という観点は、アジアにおける中国法以外の諸国法にも、漢籍資料にもとづいてではあるが、考察対象を拡大したという意味において、学問の発展にまぎれもなく寄与した、といえる。

しかし、中国の周辺諸国法を専門とする研究が本格的に登場しつつある現在の学問状況は、従前の、中国法を基準として周縁を論ずるという方法自体、その限界と有害性が明確になってきた。すなわち、周辺諸国の法および社会にたいする実証的な研究は、中国を基準とするだけでは説明できない問題が多々存在していることを示したし、また、ひとまずは、周辺諸国の法を、中国法を基準とするという前提をとり外して研究してみる必要性を増大させた。

「中心」―「周縁」という理論枠組は、方法としては、例えば従属理論であれば、とりわけ植民地支配、現実の従属関係を理解し、世界史を構造的に把握する上では一つの視点を提供するものではあるが、「中心」との関係から問題がつねに考察される傾向、また、「中心」・「周縁」という関係性自体が問題に応じて主客を転倒させ変化していくという意味において、きわめて漠然とした理論となっていく傾向を否応なくもたされてきた。

（3）土地所有をめぐって――ベトナムの場合

ベトナムの土地所有をめぐる日本の研究は従来、主として歴史学研究者によって行われてきた。①菊池一雅『ベトナムの農民』古今書院、一九六六年、とくに七〇頁以下、②同『村落共同体の構造』大明堂、一九七七年、③吉沢南『個と共同性』東京大学出版会、一九八七年、④桜井由躬雄『ベトナム村落の形成』創文社、一九八七年、⑤石井米雄監修／桜井由躬雄・桃木至朗編『ベトナムの事典』同朋舎、一九九九年、の「公田制」「村落」の項目（ともに桜井執筆部分）、⑥科研費特定領域研究・司法改革班（戒能通厚ら）『ベトナム現地調査報告書』二〇〇三年、⑦ヴ・ヴァン・イエン（中込武雄・大橋宣二訳）『仏印に於ける公田制度の研究』（Vu van Hien, *La Propriété Communale au Tonkin*, 1940）栗田書店、一九四四年、などがその代表的なものである。近年、ドイモイ以降のベトナム法の展開過程のなかで、土地は国有であるものの「使用権」の私有化のもとで、ベトナム土地法制に対する実証的な研究が本格的に法学研究者によって開始されるに至った（文献⑥）。ベトナム土地制度の歴史的な考察にとっては、なによりも「公田制」をめぐる議論が重要である。「公田制」にかんする最新の研究水準を示していると思われる文献⑤によれば、「公田制」とは、「一五世紀から一九五三〜五六年の土地改革まで続いた割地慣行をもつ村落共有地制度[53]」のことである。

ところで、ベトナム公田制にかんする古典的な書物であるヴ・ヴァン・イエン（ヴ・ヴァン・ヒエン、Vu van Hien）『仏印に於ける公田制度の研究』（文献⑦）は、水林が言及した中国の「井田制」について、それがベトナムにたいしては影響を与えてこなかったことを述べ、「然し、仮りに支那に於いて井田制が実際に行はれて居ったとしても、吾々は井田制が安南国には決して伝来されなかった事を主張し得る[54]」といい、「紀元前三世紀以来、如何なる時期に於いても安南人は周の土地制度を知らなかった[55]」と指摘した。

また、土地制度における家族をめぐる問題についても、「支那村落の内部に於ける斯くの如き家族の優越せる役割は安南の村落に於いては全く存在していない[56]」と述べ、ベトナムの「村落は血縁的関係よりも寧ろより以上地縁的関係に依って結ばれてゐる[57]」と指摘した。そして、ベトナムにおける土地制度、とりわけ「共有地」については、むしろタイ族、ジャワ、そしてロシアなどに類例を見出すことができる、と結論づけている[58]。

土地の売買という論点については、「村落共有地は売却することも、質入れすることもできない[59]」（黎法典三四一条）と、文献①は指摘しつつも、土地の実質的な私有財産としての売買が行われていたとも述べている[60]。

（4）ベトナムの「近代経験」をめぐって

ⓐベトナムの「近代経験」とは

「近代」をどのように定義づけるかにもよるが、「その地域の『近代』における『近代』との接し方[61]」という意味においては、これまでベトナムは大きくは二回にわたって「近代」との接し方を経てきたといえよう。もちろん、いわゆる社会主義（法）の導入という時期およびファクターを「近代」とよぶ、とすると三回ということになるが、本書では、「近代化」=「西欧化」とさしあたりとらえ、これについては「近代」とは別個のものと考えておくことにする。

さて、第一回目の「近代」と接した時点は、ベトナムが「仏領印度支那」としてフランスの植民地に組みこまれたときである。「革命」と「人権」宣言の国であったフランスを宗主国として、ベトナムは植民地支配をうけることになった。フランス植民地のもとで、ベトナムは、フランスの多くの文化を受けいれるとともに、法制度および統治の領域でも「近代」化が進行した。フランスは当初、「同化政策」を採用し、その後、「協同政策」へと転換していくものの、しかし、これら法の分野の「フランス」化=「近代」化は、愛国主義者のファン・ボイ・チャウによれば、「人種を陰滅する法律[62]」のベトナムへの押しつけとして評価されたし、また、ホー・チ・ミンによっては、フランスからインドシナへの道のりは遠いので、正義を象徴する自由の女神のはかりは平衡をうしない、「虐殺する剣」だけが残ることになったと評価された[63]。したがって、ファン・ボイ・チャウおよびホー・チ・ミンによって、法の分野の「近代」化は、ベトナムにとっては否定的なものと扱われた。もちろん、ホー・チ・ミンが起草した「ベトナム民主共和国独立宣言」（一九四五年九月二日）は、冒頭に一七七六年のアメリカ合衆国「独立宣言」と一七八九年のフランスの「人および市民の権利宣言」を掲げ、ベトナム「民族の権利」

を主張したが、その重点はいうまでもなく、フランス「近代」がもった「光」によってその「影」である植民地支配を批判したのであり、一九四五年九月以降のホー・チ・ミンの政府がフランス「近代」の「光」の部分を自らの統治の原理として採用したわけではなかった。

ベトナムにおける、「近代」との第二回目の出会いは、一九八〇年代後半にはじまる「ドイモイ（刷新）」路線のもとで、市場経済化と対外開放政策が採用された時期以降のことであった。

法の分野においては、欧米・日本の援助機関および国際援助機関によって大規模に行われた「法整備支援」をとおして、ベトナムはこれまで経験したことがなかったような、「近代」との否応ない接し方を求められるに至った。この第二回目の「近代」との遭遇は、グローバル化のもとでの「市場経済化」、WTO加盟といった、いわばより直接的に経済的な理由にもとづくものであった。(64)

法整備支援は、とはいえ、援助各機関の政策により、その目標はさまざまであり、援助理念も異なっていた。市場経済化促進のためか、人権、民主主義、ジェンダーの促進のためか、法の支配の確立のためか、人間の尊厳のためか、等々、援助理念の対抗が実施主体の中に存在した。

いずれにせよ、ベトナムは一九八〇年代末から、一九九〇年代初頭にかけての東欧、ソ連の社会主義体制の一連の崩壊という事態を前にして、諸外国からの法整備支援を積極的に受け入れることになった。しかし、法整備支援にともなって受け入れることになった「近代」の内容は、上記のように多様であるものの、その内容が何であれ、少なくとも一九八〇年代まで存在したベトナム社会主義（一九八〇年ベトナム憲法体制をここでは想定している）とは基本的に対立する内容をもっていたことだけは確かである。ドイモイ政策のもとで一九九二年憲法が制定され新しい道（市場経済化と対外開放路線の採用）を歩みはじめたとはいえ、すくなくとも統治体制の分野では、かつての一九八〇年憲法体制からの根本的な転換はそれほど急速に行われたわけではない。そのことは、二〇〇一年一二月に行われた憲法改正が当初の予想には到底及ばない改正のレベルに止まり、とくに統治機構にかんする改革の遅れは顕著であり、その後、法改革とともに行政改革にようやく焦点があてられることとなった。しかし、同時に、現在、かつてのフランス植民地下での一九二〇年代の行政改革、法改革を検討することが、ベトナムにおける法学研究者の中で注目されてきている。すなわち、ベトナムの法学研究者が第二の「近代」の導入の時点で、第一回目の「近代」とそのあり方に着目したことは当然ともいえよう。

この第一回目と第二回目の「近代経験」の内容そのものについては、今後、歴史研究の課題として、一九二〇年代論と一九九〇年代論の比較を本格的に行うなかで解明されるべきことがらである。そこで、このベトナムにおける「近代経験」を考察する上で、きわめて興味深いと思われる研究をつぎに紹介して、ベトナムにおける「近代経験」をめぐる問題の一端を提示することにする。

ⓑ ベトナムの「近代経験」をめぐる若干の議論について

今井昭夫「植民地期ベトナムにおける立憲論と一九四六年憲法」[65]は、植民地期ベトナムにおける立憲論の系譜を、「文明化」をめざした二〇世紀初頭の愛国啓蒙運動に求め、その後の立憲党、『南風』雑誌グループ、あるいは急進的反植民地運動などにおける立憲論を実証的に明らかにし、どのような系譜の立憲論（反共産党・ベトミンのそれを含む）が一九四六年ベトナム憲法に影響を及ぼしてきたかを検討したものである。そして、今井は、「一九四六年憲法が植民地期の立憲論の積み上げの成果」[66]であるという結論を導き出している。

周知のように、一九四六年ベトナム憲法は、フランスとの全面的な戦争（「抗仏戦争」）の前夜という複雑な時代状況の下で、ホー・チ・ミンの側がフランスにたいして譲歩をしていた時期の憲法であり、内容的にも幾多の譲歩を示す条文をもつ憲法であった。そして、この一九四六年憲法は、その後の西側の研究者から「のちには、裏切り者の仕業だ」という評価まで加えられた経緯をもつほどに[67]、今日の研究史においてもミステリアスな存在であった。

このような研究状況に対し、今井の研究は、植民地期ベトナムにおける立憲論（すなわち、立憲論の多様な系譜）を仔細に追うことにより、それらが一九四六年憲法制定過程に与えた影響を明らかにし、一九五九年憲法以降の憲法とは異なる「近代立憲主義」の系譜の主張を含みこんでいることを鮮やかに分析した。

したがって、「近代経験」とベトナムという問題を考える場合には、植民地期ベトナムのフランスによって押しつけられた「近代経験」（第一の「近代」）と、ドイモイ以降の欧米、日本、国際援助機関などによる法整備支援という「近代経験」（第二の「近代」）の分析および比較研究とともに、その間に横たわる時期における、ベトナムの知識人による「立憲論」と「人権、民主主義、自由論」の系譜を解明することが研究課題として重要である。

(5) ベトナムにおける「近代経験」と伝統法秩序研究によせて

ベトナムをはじめとするアジア諸国法研究を考える場合、「近代経験」が伝統法秩序にどのような影響を与えたかを考えることはいま一つの重要な研究テーマである。ベトナムについていえば、フランス植民地期において、一九二〇年代にフランスが行った行政改革の中でフランスが利用しようとしたものの一つは「郷約（村のおきて）」であった。「郷約」とは中国に起源をもち、ベトナムでは現存する最古の郷約としては一五世紀のものがあり、村における紛争解決、婚姻・家族等にかんする書かれたおきてを指す。この郷約を、フランス植民地のもとで、とりわけ一九二〇年代の行政改革、法改革の過程で「改良」しようとしたが、植民地化以前に制定されたものを「古典郷約」とよぶのにたいし、これを「改良郷約」とよんでいる。また、一九八〇年代末、ドイモイの過程でベトナムは一九四五年の革命以降「封印」してきた郷約を復活させ各地の人民委員会の指導のもとで新たな郷約の制定が行われ、これを「新しい郷約」とよんでいる。ここでは、ベトナムにおける二回の「近代経験」において、ともに「郷約」の「改良」、「復活」という現象が生起していることに注目しておく必要がある。

従来ベトナムでは、「王法も村の垣根まで」ということわざが存在してきたが、これは、一般にベトナムにおける村落の自律性の「強さ」をあらわすものとして理解されてきた。しかし、自律性の「強さ」だけの観点からベトナム村落を考察することは一面的であろう。村落における自治の存在と、それを自らの支配に適合的なように国家の側が組みこむということとは矛盾することではない。いずれにせよ、郷約という村のおきてのあり方について、現在のベトナム政府が深くコミットしようとしていることは事実である。

とはいえ、郷約は、「改良」され「新しく」されようとも本来的に古い時代に起源をもつものが多く、したがって、それは、今日からみると「古い」価値原理に立脚している。例えば、村の結婚式における結納にかんする規定であるとか、あるいは新郎、新婦のアオザイの着用のすすめであるとか、さらには、紛争解決における「長老」の支配であるとか、全体的に、古い、伝統的なシステムを是認する規定をもつ場合もある。

その場合には、ドイモイの過程で提起された「法治国家」論、民主主義、人権などとの関連からは、本来的に相反する規定をもつことになる。同時に実体面からは、政府の側が、郷約を一つの「しばり」として、「法治」、「民主主義」、「人権」などの水準のあり方を逆に限定する体制を維持することを可能とするように郷約は機能していると位置づけることもできる。

この点との関連では、梅棹の前掲『文明の生態史観』は、「専制帝国の比較史」というテーマの重要性にふれ、「第一地域の諸国の植民地になることによってひきおこされる平行現象。朝鮮とインドシナの比較、李王家とバオダイ、同化政策、植民地インテリゲンチアの形成とその動向など[68]」という研究プランのメモを記していることに注目しておきたい。

中国に起源をもつ「郷約」は、その後、朝鮮半島、ベトナムに伝播していったが、「郷約」をめぐる中国、ベトナム、韓国・朝鮮の歴史研究および比較研究とともに、現代においてこれらの各国が「郷約」にたいしていかなる位置づけを与えているかについての研究は、アジア諸国の「近代経験」というテーマを考える上で重要な研究分野であり、このテーマの解明に一つの手がかりを与えるものとなるであろう。

第6章

法整備支援論とアジア立憲主義研究

1　第三世界と立憲主義

（1）現代憲法学にとって「第三世界」とは何か

「第三世界」という用語は、第二次世界大戦後、貧困と差別の克服をめざし、ヨーロッパ近代に対決する価値を掲げ、植民地からの独立と民族解放闘争を展開する、アジア、アフリカ、ラテンアメリカ諸国を特徴づけるものとして用いられてきた。[1]

そして、例えば、憲法学にとってもっとも基本的な問題の一つである「人権」というカテゴリーにかんしても、一般に「第三世界」の憲法学者は、それが現実の支配＝従属関係を隠蔽するものである、と厳しく非難してきた。[2]ところが、一九八九年を前後する時期から始まった社会主義諸国の崩壊は、第三世界をも例外とするのではなく、世界のあらゆる地域に影響を与え、これらの地域を「市場経済」へと組み込む方向にいっそうの拍車をかけることになり、「人権」、「立憲主義」などについても新しい動向を生み出してきた。[3]

「人権」概念をめぐる、国連世界人権会議（一九九三年）での各国からの多様な見解にあらわれている状況およびいくつかの国における「人権」と「自由」についての価値原理の転換は、これらの世界的な状況の変化に対応するものである。

前者にかんしては、例えば、「発展の権利」をめぐる第三世界の議論にたいして、西欧的な人権基準からの批判という対応が存在し、[4] 他方、後者にかんしては、王政復古を規定しながらも、「自由な民主主義体制および複数政党制」という憲法原理を採用した一九九三年のカンボジア王国憲法をその典型として指摘することが可能である。[5] いずれにしても、現在、「第三世界」諸国は、依然として貧困の克服という課題をもちながらも、現在の具体的な歴史的条件のなかで、発展の方向を模索している。

本章では、それらの多様な方向を模索する「第三世界」の憲法を分析するうえで、「近代憲法原理」の批判としての第三世界憲法という視点、および、「近代憲法原理」の継承としての第三世界憲法という視点の双方からそれを考察することが必要であると考えている。「批判」と「継承」という一見あい矛盾する視点から問題を考察することは、いうまでもなく「近代憲法原理」自体の再検討という課題を含んでいる。

そして、本章では、このような問題関心にもとづき、アジア諸国、とりわけラオス、ベトナム、カンボジアというインドシナ三国の憲法像と立憲主義にかかわる諸問題を考察することにより、「近代憲法原理」がこれらの地域において現在どのような位置付けを与えられているかについて検討する。なお、本章では、「近代憲法原理」の意味内容を当面、個々の個人の人権保障を中心的な価値とし、そのための制限された政府権力のあり方というように理解しつつ、[6] しかし、実際には、それが植民地および民族問題ならびに女性の問題を捨象してきたものとして、把握しておく。[7]

（2）ラオス、ベトナム、カンボジアの憲法像

ラオス、ベトナム、カンボジアは、一九世紀中葉からフランスの植民地に組み込まれ、「仏領インドシナ連邦(l'Union française indochinoise)」の一員となり、植民地時代にはフランス法の影響が支配的であった。とくに直轄植民地であったコーチシナでは、フランス憲法が直接に効力をもち、そのもとでフランス法が適用された。その他のアンナン、トンキン、ラオス、カンボジアにおいては、フランス法の精神に反しないかぎりにおいて、現地の立法機関が制定した法を適用した。

ところで、当時、フランス憲法は、植民地を形式上はフランス本土と同様に扱ったものの、植民地人民は、「隷民(sujet)」とされ、「市民(citoyen)」の地位を与えられなかった。(8) 植民地人民を本国の市民と区別するというフランス憲法体制のもとで、植民地人民には参政権をはじめとする諸権利の制限が加えられた。

同時に、フランス憲法による統治およびフランス法にもとづく教育は、この地域が第二次世界大戦後独立してからもフランス法の伝統を残存させることになり、他方、植民地時代に、これらの地域にフランス法が適用されたことは、「近代立憲主義」といわれてきたものの「光」と「影」を浮き彫りにした。

「光」の部分とは、「人間は生まれながらにして平等であり、不可譲の人権をもつ」という自然権の思想であり、この考え方は、その後の民族解放闘争を支える思想、すなわち、植民地人民も独立し自らの国家をもち生活を享受する権利がある、という思想を正当化するものとして展開していった。「影」の部分とは、いうまでもなく植民地における宗主国による支配と収奪が「近代立憲主義」のもとで行われ、宗主国の憲法の植民地にたいする適用がそのまま宗主国の人民と同一の権利を植民地人民に与えるものではない、という点であった。

このことは、植民地人民にとって、その憲法像に複雑な意識を生み出すことになった。すなわち、憲法をはじ

めとする法の体系というものは、なによりも支配のための技術にすぎず、植民地人民自らにとっては当てにならないものであるという法観念を植え付けるのに十分であった。このような法観念は、その後のこの地域における権利観にも大きな影響を与え、「権利」は、つねに「反植民地闘争」との関連においてのみ理解され、また、「個人の権利」は、民族、国家に従属するものであるという考え方を顕著に残すことになった。[9]

しかし、「反植民地闘争」の時代が終焉した場合には、当然のことながら、植民地時代および反植民地闘争時代に存在したこのような権利観は現実性を失い、これらの地域にとっては新しい憲法像、権利観が浮上してきた。それは、市場経済の導入にともない、「人権」、「法治国家」、「立憲主義」という、従来この地域の法理論においては否定されてきた法観念の浮上という問題である。

一九八九年の東欧社会主義体制の崩壊後、インドシナ三国で最初に憲法を制定したのは、一九九一年八月のラオス人民共和国憲法[10]である。この憲法は、「人民共和国」という国名にあらわれているように、伝統的な「人民民主主義」型憲法の特徴をもっており、市場経済の導入という路線を採用しながらも、憲法の章別編成も人民民主主義＝社会主義憲法型を踏襲し、とくにベトナム一九九一年七月憲法草案[11]の影響を濃厚に受けた内容となっている。ラオス一九九一年憲法は、かつての社会主義憲法に伝統的な「市民の基本的権利および義務」の体系をもち、またベトナム共産党への親近感を如実に示す前文を掲げている。このことは、一九七五年以降の状況のなかで、ベトナムの法律幹部によりラオスの法律幹部が養成され、ベトナム社会主義法がラオスへ移入されたという事実から理解する必要があろう。また、ラオス一九九一年憲法への、ベトナム一九九一年七月憲法草案の影響は、「人民が主人となる権利」（前文）、「多民族人民の主人権」（三条）というように、起源的にはベトナム八〇年憲法が採用した特殊な用語を数多く導入していることからも明らかである。しかし、レ・ズアン時代のベトナム一九八〇年憲法[12]においては、「勤労人民の集団主人権」という特殊な用語が支配的であったのにたいし、ラオス一九九一年憲法は、ベトナム一九九一年七月草案と同様に、「勤労」と「集団」を削除して、たんに「人民の主人権」という用語を採用している。

なぜ、「勤労」および「集団」という文言を削除したかという問題を理解するためには、ベトナム一九八〇年憲法の改正作業の全体像を理解することが不可欠である。一九九一年春のベトナム共産党第七回大会は、かつてのレ・ズアン体制のもとで人民を社会主義建設に動員するためのスローガンとして確立した「勤労人民の集団主人権」という用語を、公式の理由説明をすることなしに「人民の主人権」という用語に改め、また「プロレタリアート独裁国家」という規定にかえ、「人民の人民による人民のための国家」という規定を行った。そして、憲法改正第二次草案（一九九一年七月草案）において、同様の改訂を行った。したがって、ラオスの一九九一年憲法は、ベトナムにおける党七回大会を前後するベトナム法理論が直接的に導入されているとみるべきであり、一九八〇年ベトナム憲法とは異なる文脈の中で制定されたものと考えるべきであろう。

このことをさらにその後の事態と関連させて説明すると、一九九一年一二月のベトナム憲法改正第三次草案をへて一九九二年四月に改正された憲法では、少なくとも市民の基本的権利にかかわる条文から、この「人民の主人権」という用語を削除した。したがって、ラオス憲法は、後にみるカンボジア憲法もふくめインドシナ諸国憲法群のなかで初発に制定されたという経緯からも伝統的な社会主義憲法の型にもっとも忠実であるといえよう。

ラオス憲法に続いて制定されたベトナム一九九二年四月憲法は、ドイモイ（刷新）のもとで、市場経済の導入に最優先の比重をおいた憲法であり、その意味において、一九七五年のベトナム共産党第四回大会の路線を定式化した一九八〇年憲法とは一線を画している。しかし、ドイモイ路線の進行過程で制定されたベトナム一九九二年憲法ではあるが、それは依然として一九八〇年憲法の基本的枠組みに拘束されており、例えば、「唯一の」という文言は削除されたものの「党の指導性」にかんする規定は残っており、また、国家のレベルにおける「民主集中制」の規定も残っている。他方、新たに「人権」規定が導入され、また、「プロレタリアート独裁国家」規定および「勤労人民の集団主人権」規定は削除されるか変容していった。一九九二年憲法は、全体として、当時の保守派と改革派の力関係に大きく左右されており、両者の妥協の産物としての性格をもっていた⑬。

そして、この一九九二年憲法を前後する時期から、ベトナムにおいては、「法治国家」論⑭が、ドー・ムオイ共産党書記長の周辺から提起され、また、同時に、法理論の領域では、「立憲主義」、「権力分立」論が提唱または検討されるに至った。

ベトナムにおける「法治国家」論の位置づけについては、のちにあらためて言及するが、それが政治的スローガンとして語られる場合には、中国と同様に「人治から法治へ」という程度の意味において用いられている。しかし、改革派（ドイモイ推進派）の法学者が主張する「立憲主義」の概念には一九九二年憲法で条文化された「人権」保障を不可欠のものとする見地が示されており、このような立場は、「権力分立」論の提起にも反映しており、改革派は、少なくとも、従来、ブルジョア的であるとしてきた「権力分立」論を一律に否定する見地からは自由である。とはいえ、ベトナムにおいては、近代立憲主義を基礎におく「人権」、「立憲主義」、「権力分立」という考え方が、学者の主体的な研究の結果として提起されてきたというよりは、むしろドイモイ路線にもとづく市場経済の導入の結果、後追い的に主張するという傾向のほうが強いため、これまでのところ、理論的な一貫性に欠けている。現在、改革派の中心になっている法学者のほとんどすべてが、旧ソ連および旧東独で法律学を学び研究した研究者であるために、伝統的な社会主義法の体系から完全に自由であるわけではなく、例えば「立憲主義（constitutionalism）」を主張しながらも同時に「社会主義的適法性（socialist legality）」を強調したり、[15]また、「法治国家（nha nuoc phap quyen）」が「法の支配（rule of law）」とどのような関係にあるのか明確ではない。

一九八九年以降のインドシナ三国の歴史のなかで最後に登場したのは、カンボジア憲法である。一九九一年一〇月カンボジア人民革命党は、臨時大会を開催して「カンボジア人民党」へ党名変更し、政治綱領から「マルクス・レーニン主義」を削除し、「自由市場経済」、「複数政党制」の採用を明記した。いうまでもなくこの措置は、同月二三日に行われた「カンボジア問題の包括的政治解決にかんする協定」の調印にむけて、人民革命党が社会主義からの訣別を内外に示すために行ったものである。

その後、ＵＮＴＡＣ（国連カンボジア暫定統治機構）のもとでおこなわれた総選挙と新憲法の制定過程は、きわめて特殊な性格をもった憲法をカンボジアに出現させた。一般にカンボジア憲法史[16]は、一九四七年から一九七〇年のシハヌークを中心とする「カンボジア王国憲法」の時代、一九七二年のロン・ノルによる「カンボジア共和国憲法」の時代、一九七五年のポル・ポトの「民主カンプチア憲法」の時代、一九八一年のヘン・サムリンによる「カンプチア人民共和国憲法」（一九八九年五月改正）の時代に区分することができる。一九九三年九月に制定された憲法は、「カンボジア王国憲法[17]」の名称をもち、ロン・ノル憲法以降否定されてきた「君主制」を復活した。また、かつてのシハヌーク時代の憲法に存在した「すべての権力は、国王に由来する」、「国王にたいする忠誠」、「国王は国家の最高の元首」であり、「その身体は、神聖不可侵」である、という文言はなくなったが、「カンボジア王国は、国王が憲法、自由な民主主義および複数政党制に従う王政国家である」と定め、「国王は君臨すれども統治せず」と規定するものの、国王は「国家元首」であり、「クメール王国軍の最高司令官」であり、「議会の同意を経て宣戦布告」する権限、「非常事態宣言」を行う権限を与えられ、強大な権力をもつことになった。しかし、同時に、一九九三年憲法は、「女性の権利、子供の権利」の保障、「死刑の廃止」、「家事労働」の尊重、「自由な民主主義および複数政党制」、「環境の保護」などを明記し、古典的な自由権ばかりでなく、現代的な人権を数多く規定している。統治機構にかかわる分野では、「命令的委任の禁止」が明記され、また、「憲法院」の制度を新たに導入した。「憲法院（constitutional council）」制度は、いうまでもなくフランス現行憲法から影響を受けたものであり、その「権限」は「憲法尊重保障、憲法および法律の解釈」にあり、「選挙争訟」および「組織法律」の審査を担当する。憲法院は、「九人のメンバーからなり、三人は国王により任命、三人は国民議会により選出、三人は司法官職高等評議会により任命」され、「選挙争訟」および「組織法律」以外にも、「国王、首相、国民議会議長、および一〇分の一の数の国会議員は、法案を公布前に憲法院に送付し審査を求めることができる。国民議会の内部規則および諸々の組織法律は、公布前に審査のため憲法院に送付される」。現行フランス憲法と異なる点は、「法律の公布後」にも法律の違憲審査を求めることができることである。「法律の公布後、国王、首相、国民議会議長、一〇分の一の数の国会議員、または裁判所は、法律の違憲審査を憲法院に求めることができる。市民は、前項に定められたと同様に、国会議員または国民議会議長をつうじて法律の合憲性を争うことができる」というように、フランスの憲法院の権限に比較して、違憲審査の機会は多く与えられている[18]。

カンボジアでは、一九九三年憲法を制定する過程を前後して、人権にかんするＮＧＯが数多く設立され、憲法上規定された「女性の権利」、「環境保護」などの規定は、これらのＮＧＯの要求が反映したものであるともいわれている。しかし、全体として、一九九三年憲法は、その制憲過程からみても、カンボジア国民の意見を反映したものということは困難である。同時に、一九九三年憲法の起草過程に、ＵＮＴＡＣの意思が大きな影響を与えたであろうことは当然であり、今後、一九九三年憲法の制定過程をいっそう検討する必要がある。

カンボジア憲法史をふりかえれば明らかなように、ポル・ポト時代の憲法には、毛沢東最晩年の一九七五年中国憲法の影響が絶大であり、全文二一カ条という短い条文数は、当時の中国憲法の三〇カ条をはるかにこえて短いものであるし、「肉体労働」への異常なまでの言及は、ポル・ポトが毛沢東主義を徹底して押し進めようとしたことを如実に物語っている。また、ヘン・サムリン時代の憲法は、当時のベトナム一九八〇年憲法に類似した内容であり、「ベトナム、ラオス人民およびその他の兄弟社会主義諸国との密接な協力」、「社会主義へ漸次的に前進する」と規定していた。国民統合のシンボルとしてのシハヌークの存在に賭けざるをえなかったカンボジア九三年憲法のもとで、平和が回復し、人びとが自らの要求を主張しはじめたとき、一九九三年憲法はどのような評価を与えられるのであろうか。

ところで、ラオス、ベトナム、カンボジアというインドシナ三国にとっても一九八九年は、決定的な転機となった。東欧諸国の崩壊は、それらの国々の援助に頼っていたベトナム、ラオス、カンボジアのその後の方向を決定づけた。もちろん、インドシナ諸国において、市場経済導入の方向はそれ以前から選択されていたことではあるが、ベトナムはカンボジアからの撤退を余儀なくされ、またその後のソ連の崩壊をふくむ事態は、中越関係の一定の改善をもたらし、インドシナ三国が、それぞれの道を歩むことを決定的なものにした。

この間、ベトナムは、ラオスおよびカンボジアの法学教育も担当し、これらの地域の法律実務に絶大な影響を与えてきたが、今日、少なくともカンボジアにたいするベトナムの影響力は失われ、それにかわり、フランス、アメリカ、そして日本などが立法作業を援助してきた。そして、これまでラオス、カンボジアに影響力を行使してきたベトナム自体が、伝統的な社会主義法から急速に乖離してきた。

(3) アジアの立憲主義をめぐる議論の動向

「アジアの立憲主義」にかんするテーマが日本の憲法学のなかで本格的な研究上の対象になるのは、それほど古い時代からではない。それを象徴するのは、一九八九年に横浜で開催された「第一回アジア憲法シンポジウム」であった。そこにおいて「アジアの立憲主義」がテーマとして選択された。[19]

ところで、アジア諸国・地域にたいする日本の比較法・比較憲法研究の歴史をふりかえれば、古くは、明治維新以降の日本のアジア諸国への植民地支配とかかわって、台湾、朝鮮、「満洲」における「旧慣調査」または「慣行調査」にかんする研究があるが、[20]戦後の日本の憲法学との関連では、植民地地域に大日本帝国憲法が適用されるべきか否かをめぐる帝国議会での議論に一定程度の注目がなされた。この問題にかんしては中村哲による研究[21]があるが、戦前日本の憲法体制は、当時の他の西欧植民地主義に比較してもきわめて封建的な性格をいっそう多くもち、植民地地域の人民への圧政をふくむものであった。大日本帝国の植民地への対応は、大日本帝国憲法が有した「外見的立憲主義」の諸特徴をいっそう拡大したかたちで示すものとなった。その後、江橋崇が、この問題を検討したが、[22]この問題は、植民地法研究の不可欠の領域である、宗主国の憲法が植民地地域に適用されたか否か、また、適用された場合において、憲法上、「国民」概念、「市民」概念に植民地地域の住民が含まれるかどうか、さらに本国からの出先機関である総督府の権限のありかたなど、広範な研究領域の開拓に連なるものであり、本来、ヨーロッパ諸国の憲法を対象とする日本の研究者にとっても歴史研究として不可欠なテーマであるばかりではなく現行憲法の理解にとっても重要な領域であったにもかかわらず、これらのテーマはいくつかの例外を除いて、ほとんどが取り上げられることはなかった。例えば、フランスと植民地問題の関連についていえば、若き日の深瀬忠一が、一九五〇年代末にフランスに留学し、アルジェリア問題を目のあたりにし、フランス第四共和制から第五共和制への移行を植民地問題と統治機構の再編という視点から論じた。(23) 戦前の研究史において、植民地研究という観点からアジア諸国の法の問題に取り組んだ業績としては、第二次世界大戦末期に続々と発表された一連のものがある。例えば、「仏領印度支那」にかんする宮沢俊義の著作、(24) 福井勇二郎の研究(25)などは、当時の日本の法律学者が、語学別（植民地宗主国研究別）に編成され、日本の占領地、支配地域の法の研究への従事を強いられたことをあらわしている。

戦後の日本の比較憲法学において、アジア、アフリカ、ラテン・アメリカなど第三世界が研究対象にのぼるのは、黒田了一『比較憲法論序説』(26)をはじめ、長谷川正安、(27) 影山日出彌、(28) 吉田善明ら(29)の著作においてであった。とくに影山の研究は、「非資本主義的発展の道」というレーニン晩年のテーゼとモンゴル革命に示唆をうけたものであり、また民族民主革命の起点をメキシコ革命に見出し、第二次世界大戦後の第三世界の憲法群の発展を展望し、第三世界と「人民民主主義」の結びつきの可能性を示唆したものであった。ところで、小林直樹は、戦後日本の主権論の総括を精力的に行い、(30) その中で、マルクス主義憲法学の立場からする主権論の問題性を指摘した。小林が批判の対象の一人とした影山による主権論(31)の特徴の一つは、それが影山の比較憲法論の構想と深く結びついていたことである。今日の時点から振り返るならば、影山による主権論の最大の問題点の一つと思われるのは、「社会主義」および「人民民主主義」と「主権」の関係の理解をめぐってであり、換言すれば「主権」、「独立」、「自由」という、とくに一九六〇年代に第三世界の側から主張されたカテゴリーが、「近代立憲主義」および「人権」といかなる関係にあるのかという理論的追究にかかわる諸論点であった。

このような研究史をふりかえってくると、さきの「第一回アジア憲法シンポジウム」でのテーマである「アジアの立憲主義」という問題設定のあり方は、それまでの日本の憲法学にはあまり存在しなかった問題提出の仕方であることが、理解できる。このような問題設定のあり方は、憲法学にだけ特殊であるわけではなく、一九九三年度の日本比較法学会のテーマが「西欧法原理の復権」であったことをみても、当時の日本の法律学全般と軌を一にした動向として指摘することができる。一言でいえば、一九八九年以降の世界史の転換は、アジア諸国をふくむ第三世界における法の変化をもたらし、とくに、経済発展と人権保障の関係を問うという方向での研究へと問題関心が収斂されていった。

「立憲主義」という枠組みから第三世界の法の問題を考察する[32]という方法的問題の是非についていえば、それが第三世界の憲法研究にとっての最終的または総体的分析枠組みであるわけではないとしても、人権および現実の法の発展過程を分析する上では有効な方法として存在する。その際、重要なことは、このような方法と、千葉正士が提唱した「法文化論[33]」との射程の違いについて自覚的であらねばならないということであろう。「アイデンティティ法原理」の発見を求める千葉の方法と、「立憲主義」論の方法は、関連させながらも区別しておく必要がある。すなわち、「法文化論」を直ちにそのまま法の現実の発展過程に適用したり、または法の類型論を現実の法の発展の問題に短絡的に適用することは、学問方法論としては、有効ではありえない。

ところで、「立憲主義」という視点からアジアの諸憲法を分析する方法は、アメリカ合衆国の憲法学者ビーア (L. W. Beer) により主張され、すでに『アジアの憲法制度』(原題は、*Constitutionalism in Asia*[34]) という書物が存在していたが、その後、ビーアの編集により、『二〇世紀末のアジアにおける憲法システム (*Constitutional Systems in Late Twentieth Century Asia*)』という書物が刊行された[35]。この書物によれば、「西欧『立憲主義[36]』」とはいっても、アメリカ、イギリス、オランダ、フランスなどその意味するところは異なる。「イギリスの立憲主義とリーガリズムは、インド、スリ・ランカ、バングラデシュ、ミャンマー、マレーシア、シンガポール、香港、パキスタン、その他の地域など、異なる土壌に根付いていったが、一方、オランダ的思考方法と法はスリ・ランカとインドネシアに遺産として残っている[37]」し、「フランスはカンボジア、ラオス、ベトナムという仏領『インドシナ』に影響を与えた[38]」。しかし、「アジアにおける現代的憲法伝統はまさにいま始まったばかりであ[39]」り、そのようなアジアの諸憲法を理解するために、ビーアは「人権立憲主義（human rights constitutionalism）[40]」という概念を重視する。そして、ビーアは、『『人権立憲主義』は、多数者民主主義および立憲主義的権力抑制の諸特徴に結びついている[41]」と述べ、このような観点からみるかぎり「ブルネイ、カンボジア、中国、ミャンマー、北朝鮮、ベトナムは、アジアの非立憲主義体制にある[42]」と指摘している。そして、ビーアは、「相対主義」、「個人主義」、「相互主義[43]」という視点から立憲主義の問題を論じている。

ところで、ビーアの書物は、アジア諸国のうち、中国、台湾、日本、北朝鮮、韓国、ベトナム、ブルネイ、インド、インドネシア、マレーシア、フィリピン、シンガポール、タイをとりあげ、立憲主義をめぐる諸問題を検討している。

そこで本章では、主題とのかかわりから、ベトナムについてどのような分析が行われているかについて、考察していくことにする。ベトナムの章を担当しているのは、アメリカ合衆国の著名なベトナム史家（ペンシルベニア州立大学）である、W・J・デューイカーである。デューイカーは、一九四五年の建国以来のベトナム諸憲法——四六年憲法、五九年憲法、八〇年憲法——の歴史を述べたうえで、一九八〇年憲法の内容を中心的に紹介している。デューイカーはベトナムの憲法体制の最大の特徴として「党の指導性[44]」をあげ、「このような態度の背後には、政治的権威主義および儒教的なエリート主義という長い歴史的な伝統があり、それが深くベトナムの政治文化に横たわっている[45]」と述べ、「東南アジアのほとんどの社会と同様に、ベトナムは、西欧においてブルジョアデモクラシーの興隆へと導いた個人主義と権力分立の伝統を欠く」[46]と指摘し、「それゆえ、ベトナムが西欧的モデルにもとづく、より多元主義的なシステムへと根本的に発展していくと考えることは早計であろう」[47]と結論づけている。デューイカーは、他の書物においてもこれとほぼ同様のことを論じており、儒教的伝統の存在およびベトナムが農村社会であることを根拠に、発達した社会の産物である西洋民主主義はベトナムには根付かない[48]、と主張している。

ところで、ベトナム一九九二年憲法は、ベトナム一九八〇年憲法には存在しなかった大統領（国家主席）制を一方で導入しつつも、他方で国会の権限強化を求めた。しかし、一九九二年憲法は、条文の中で、従来からの「党の指導性」、「民主集中制」、「統一した権力」などの原則を再確認している[49]。

そして、例えば、小倉貞男は、「戦時体制にあって、党が指導し、党員がすべての決定権を持った人治主義は、ドイモイ路線の中で否定され、法律に依拠する法治国家としての国家システムが構築されつつある。ドイモイ社会は、立法、行政、司法が基幹となる近代国家システムの導入、思想、言論、結社の自由の保障が要求される社会である[50]」という。

また、三尾忠志は、一九九二年憲法を「ドイモイ憲法」と規定したうえで、それが、①「一九八〇年憲法の改正憲法であること」、②「『社会主義への過渡期』の憲法であること」、③「ドイモイ路線を国家基本法化したこと」、の三点からとらえ、「この意味で九二年憲法をドイモイ憲法と呼ぶ」と述べている[51]。そして、九二年憲法の第一章「政治制度」について、a、「人民主権国家」、b、「共産党の指導を明記」、c、「党、人民、国家の関係」、d、「国会と地方会議」、e、「三権分立はせず三権分業をおこなう」、f、「ベトナム祖国戦線」、の六点にわたって説明している。このうちeの「三権分業」について「九二年憲法は『三権分立』主義にもとづく立法、行政、司法の分離をせず、国会、政府、最高人民裁判所、最高人民検察院のあいだで分業、責任分担をおこなう」と想定して「三権分業」制を明記している、と説明を加えている。[52]

そこで、一九九二年憲法と「権力分立」をめぐるベトナムにおける議論を整理してみると、つぎのようである。すなわち、それによれば、九二年憲法自体は「権力分立」原理を拒否または否定している。第二次憲法草案を一九九一年七月の国会で説明したボー・チ・コン憲法改正委員会委員長は、「わが国において、一切の権力は、人民に帰属する」とし、「人民は、国家権力を自らが選出した国会をつうじて行使する」としながら、「三権分立」については否定した。[53] しかし、その後に出版された、国家と法研究所のメンバーを中心とする著作には、「権力分立」観念について、「国家権力の現実的統一性」を唱えるマルクス主義学説からすれば、「権力分立」学説は、それに反するとしながらも、他方、「権力分立」をベトナムに「適用すべきか、あるいは適用すべきでないかをめぐり意見が存在する」がどちらの見解を採用するかについては、「民族的特質、各国における民族的伝統などの多くの要素にかかっている」と述べ、それを一律に否定する態度を退けている。[54]

したがって、ベトナムにおける権力分立論を考察するためには、なによりも九二年憲法自体の射程問題を明確にしたうえで、すなわち、九二年憲法が一九八九年以降の保守派と改革派の妥協の産物であるという視点を明確にしておくべきであり、「ドイモイ憲法」と性格づける場合でも、憲法規定自体にふくまれている対抗的な性格を理解しておく必要があろう。そのようにみてはじめて、土地の使用権の内容の拡大（一九九三年の土地法）、また、九二年憲法では最終的に削除された「ストライキ権」の労働法（一九九四年）での復活など、九二年憲法以降に生じた九二年憲法の規定をはるかにこえる立法改革の諸相を正確に理解しうると思われる。

ところで、九二年憲法を前後してベトナムにおいて強調されてきている「法治国家」論は、どのように理解すべきであろうか。「法治国家」論は、直接的には、これまでベトナムにおいては法があらゆる分野で欠如していたこと、存在しても運用が明確ではなく人びとの行動の準則とはならなかったこと、の反省から生じたものであり、とくに、外国投資法にもとづく開放政策をとるベトナムにとって、法の領域での不十分さは致命的な欠陥として政権担当者には意識された。

このベトナムにおける「法治国家」の問題を考えるうえで、一九九二年一一月にオーストラリア国立大学（キャンベラ）が開催した「ベトナムと法の支配」と題するシンポジウムは、有益である。オーストラリアは、ベトナムからの移民が数多く生活していること、ベトナムへの投資に熱心であること、そして各地の大学にベトナム人がスタッフとして研究、教育にかかわっていること、ベトナム政府が法律実務の研修のためにベトナム人法律家をオーストラリアに数多く派遣していること、などの理由からベトナムの法律、経済への関心が強く、カーライル・セイヤー（Carlyle A. Thayer）、デーヴィッド・マール（David G. Marr）、メラニー・ベレスフォード（Melanie Beresford）といった著名なベトナム研究者を擁している。

上記の一九九二年一一月のシンポジウムの内容をまとめた、セイヤー＝マール編『ベトナムと法の支配』[55]（一九九三年）は、ベトナムの「法治国家」論の検討を課題としており、一九九二年憲法自体が検討の対象として設定されているが、とくに、セイヤー「最近の政治的発展――憲法上の変化と一九九二年の選挙」、ゴ・バ・タイン「一九九二年憲法と法の支配」、レヴィアン・ド「ベトナム改正憲法――外国投資への影響」の三つの論文が直接に関連する論文である。

セイヤー論文は、一九九二年憲法について、以下のように、八点にわたりその特徴を整理している。①党の指導性にかんする規定の変化、②「権力分立」にかんする点について、国会が最高権力機関となり、国会の最高監督権があらゆる他の国家機関にたいして行使されることになり、行政部、司法部は、独立ではなく国会に従属している、③中央の国家機構と最高指導部の再編、すなわち、従来の閣僚評議会の解体と大統領制の採用、④「人権」規定の新たな採用にかんして、保守派と改革派の「妥協で、人権は幅広く解釈された。しかし、市民の義務の強調によってバランスがとられている。条文化することにより人権の重要性を強調しようとする試みは成功しなかった」、⑤省の政府（地方政権）にかんする規定の変化、⑥国会議員をいかにして専門的・職業的なものとしていくかについての問題、⑦私的所有とりわけ土地の私有化にかんする問題、⑧防衛・安全問題。[56]

以上のように、一九九二年憲法の改正点を整理したうえで、セイヤーは、一九九二年憲法改正後、一九九二年七月一九日に行われた国会議員選挙の結果をきわめて詳細に分析し、このシンポジウムにも参加していたベトナムで著名な南部の法律家ゴ・バ・タィン夫人（Mme Ngo Ba Thanh）がホーチミン市の第四選挙区で再選に出馬したが、落選したケースについても分析している。[57] セイヤーが一九九二年憲法を分析する視点は明確であり、彼は上述の八点の分析を保守派と改革派の力関係という視点から行っている。

つぎに、ゴ・バ・タィン論文は、以下のような内容をもっている。①ベトナムには一貫して儒教の影響があり、統治は法によってではなく理論によって行うという考え方が脈々と流れている。[58] ②国家は法の支配により統治されるべきであるという考え方をベトナムで最初に提起したのは、一九一九年六月、ホー・チ・ミンによってであった。その際、ホー・チ・ミンは、法の支配にもとづいてフランスは統治すべきであることを求めた。[59] ③一九八〇年憲法を具体化する法制度が確立し、社会主義への過渡期における全国的規模での革命的任務に結びついて法が発展した。[60] ④しかし、一九八〇年憲法は、社会・経済発展状況に合致しなくなった。[61] ⑤そこで、一九九二年憲法改正が行われた。[62] ⑥一九九二年憲法は、法の支配をつうじて社会の国家管理を強化すること、社会主義的民主主義をうちたて、社会主義的適法性を向上させること、を目的としている。[63] ⑦「法の支配」とは、ダイシーによれば、法の前の平等、あらゆる階級の、通常裁判の通常の法への服従を意味し、また、ダイシーは、法の支配をフランスの行政法（droit administratif）に対比した。[64] ⑧法の支配の根本的な諸要素はほとんどの諸国に共通する。その要素とは、権力分立または権力分散（diffusion）、人および市民の基本的諸権利、政治的な頂点にある人もふくめすべての人が法に服従すること、行政行為の適法性とその司法審査、公正な裁判――例えば、裁判所および行政の過程における公正かつ客観的な手続――、不偏不党かつ客観的な伝統をもった独立した司法、議会の多数派による恣意的な行為にたいする司法的抑制である。[65] ゴ・バ・タィンは、かつてアメリカ合衆国とフランスに留学した経験をもつ法律家であり、一定年齢以上のベトナムにおける他の法律家――そのほとんどは旧ソ連、東欧への留学組である――とは異なり近代立憲主義への理解も深い。ただ、この論文でも明らかなように、ベトナム当局の公式的な見解と彼女自身の見解とが明瞭には区別されていないため、論文のなかでは、例えば、従来からの「社会主義的適法性」と「法の支配」との関係も不分明である。

レヴィアン・ド論文は、①一九九二年憲法が、一九八〇年憲法と比較して――新たに導入されるかまたは改正された条文数と改正されなかった条文数の比率から――、「基本的には一九八〇年憲法の焼直しであるように思われる。というのは、わずかに一二カ条だけが新規のものだからである」[66]。②「このように述べるのは、その憲法がベトナムにとって重要な変化を意味しないといっているわけではないのだが、しかし、その変化は、とはいえ希薄である」[67]。③「共産主義制度における憲法の役割は立法権、行政権、司法権のあいだの権力分立を編成することではなく、むしろ現存する体制の正当化と威厳づけにある。一九九二年憲法もこの規則の例外ではない」[68]。

ドは、憲法の政治制度および経済制度の章を中心にその特徴を指摘したのちに、「ベトナムにとって、一九九二年憲法の採択は、外国の投資家たちの心をとらえるための長征の端緒である」[69]と結論づけている。

このように、オーストラリアで刊行された『ベトナムと法の支配』という書物、とりわけ、セイヤー論文およびド論文は、分析的な手法にもとづいており、ベトナム一九九二年憲法と「法治国家」論を考察するうえで、説得的である。

(4)「近代立憲主義」の歴史的射程——第三世界憲法研究とかかわって

一般に、「近代立憲主義」といわれるものは、「近代」および「西欧」という特殊歴史的・地理的な限定をともなって成立してきたといわれている。[70] そうであるとすれば、当該第三世界の社会構造との関連から、「近代立憲主義」の射程という問題を検討することが必要となる。本章のテーマとのかかわりで、これらの問題について、インドシナ地域、とりわけベトナムを中心にこの問題にたいする若干の考察を行っていくことにする。

ベトナム社会がいかなる性格をもつ社会であるかについて、古田元夫は、つぎのような議論を展開している。この問題をより積極的に論じた「ベトナムの『刷新』と『社会主義』の堅持」(歴史科学協議会第二七回大会報告——一九九三年)で、古田は、ベトナムが「社会主義の堅持」という場合の「社会主義」とは、「人類普遍的な理念としての社会主義というよりは、特殊ベトナムに相応しい発展の道としての社会主義」[71]であり、「現在のベトナムで標榜されている社会主義は、発展段階論の最終段階に据えられてきた社会主義というものとはおよそ異質なものと考えて差し支えない」[72]という。そして、国家と社会の問題について、つぎのような議論を述べる。「ベトナムにおいては、社会主義国家が社会を完全に包摂するに至ったことはなく、そのような意味では社会主義であるというのは社会の実態というよりは看板にすぎず、その分だけ逆に世界的な社会主義の危機にもかかわらず安泰であるという側面、言葉をかえると『なかったものはなくならない』という側面である。これは、ベトナムの社会主義体制が最も国権主義的色彩の強かった六〇年代においても、国家は社会を完全に包摂することはできなかったという点に着目する議論である」[73]。また、この議論に依拠しつつ、つぎのようにも述べている。「北ベトナムは『王法も村の掟に劣る』という諺に示されるように、王朝権力からの相対的自律性をもった村落共同体の伝統をもつ地域だったが、この伝統は、合作社を国家に対する食糧供出と兵員供給の義務さえ果たせば、あとは村ぐるみで農民の利益を促進する『隠れ蓑』に転化させることになった。つまりは、国権的社会主義のモデルが重視されていた当時にあっても、国家は社会を完全には包摂できず、小農民的なエートスが温存または再生産される構造が存続していたのである」[74]。

古田報告へのディスカッサントであった栗原浩英は、古田報告が「従来のベトナム現代史像を一変させてしまうほどにユニークな論点を提出した」[75]と述べ、「ベトナムにおいては国家が社会を完全に包摂することはできなかったという古田氏の視点も、同様にベトナム社会主義研究の新次元を切り開く可能性をもつ」[76]と評価しつつ、しかし、「古田氏が看板としての『社会主義』あるいは自律的な村落共同体の『伝統』に言及する時、『集権的社会主義』時代における党＝国家の権力を過小評価しているように思える」[77]、と指摘している。

一九世紀の中葉からフランスの植民地支配のもとにあり、フランス法の影響が強く、そして一九四五年以降は、フランスの再侵略へのレジスタンスを展開し、その後の南北分断のもとで北と南に異なる法制度が支配し、北においてはアメリカとの戦争のため法制度が不十分にしか存在せず、また、法の役割は実際には低く、南においても経緯は別にして、憲法自体がクーデタにより、めまぐるしく改廃され、全体として、一九四五年以降のベトナムの歴史は、戦時体制のもとにあり、法よりは政策、政策よりは命令が優先される社会であった。その意味で、ベトナム「社会主義法」という体系が完結した形で存在する条件は著しく希薄であった。それにもかかわらず、北ベトナム時代の憲法および法律は、とくにソビエト法の影響をうけた伝統的な社会主義法を部分的にではあれ形成してきた。

そして、少なくとも一九八六年以降のドイモイ路線のなかで見直される必要が生じてきたのは、レ・ズアン時代に形成された、ベトナム的特色をもつ伝統的な社会主義体系であり、それは、「国家」、「民族」、「集団」を優先する権利観にもとづく法体系であり、ドイモイ路線の採用以降の歴史は、「個人」を法の表舞台に登場させる方向での改革であった。古田が問いかけている問題の前提的認識である「世界的な社会主義の危機にもかかわらず「ベトナムが――引用者」安泰である」という点の理解については別として、少なくとも法の領域で現れつつある事態は、従来のベトナム社会主義法とは異なる性格の諸法律の形成であり、さらに法理論の領域では、これまでみてきたように、「近代立憲主義」、「近代憲法原理」の導入の可能性が検討されている。

そして、ベトナムでは、従来のソ連、東独の法律顧問ではなく、日本、フランス、アメリカなど西側の法律顧問および法整備支援により、法制度、法学教育が行われつつあるのを知るとき、もはや、ベトナム社会主義法は、急速な転換の過程にあると考えることができる。このような状況のなかで、それでは、「近代立憲主義」は、ベトナム、カンボジアなどの地域にどのような意味をもつであろうか、そしてそれは何をもたらすであろうか。

ことは、「近代憲法原理」の射程にかかわっている。一方では、デューイカーに代表されるように、西欧民主主義は遅れた農村社会であるアジアには根付かないという見解があり、ともすればそのような見解は、かつての西欧によるアジアの植民地支配と軍事的介入および端的にはベトナム、ラオス、カンボジアへのアメリカ合衆国の介入と撤退とを正当化する論理ともなりうる。他方、アジア社会をはじめとする第三世界の社会構造を西欧とは異なり、「個人」ではなく「集団」を基礎にする社会であり、また、キリスト教とは異なる儒教、仏教、イスラームが支配する社会であるため、そこにおいては、異なる権利観、人びとの異なる行動様式があり、「近代立憲主義」は妥当性をもちえない、という議論が存在する。さらに、西欧の「人権」理解を根拠とした第三世界にたいする批判への反批判（いわゆる「人権帝国主義批判」）が、発展の権利を根拠にして表明されることもしばしば存在する。

かつて、吉沢南は、「ブルジョア民主主義革命」を「個人としての解放」と「集団（民族）としての解放」という両面からとらえ、「この二つの側面を包み込んだ総過程を民主主義の世界史的発展と呼ぶことができよう」と指摘したが[78]、その意味において、今日の憲法学は、第三世界をも例外とすることなく、「集団（民族）としての解放」という観点からばかりではなく、「個人としての解放」という観点から問題を考察することを求めている。なによりも批判の学としての憲法学にとって、このような立場にたつことは、じつは自明のことであったように思われる。

2　アジア的人権論の論理と構造

（1）問題の所在

本節では、①「人権」とは何かという問題につき、「アジア的人権」理解と密接に関連すると思われる「第三世代の人権」論とりわけ「発展の権利」をめぐる議論のなかから検討し、②「アジア的人権」といわれているものの概観を提示し、そのような主張が行われるに至った若干の経緯をアジア諸国の現実とのかかわりから説明し、③「アジア的人権」の主張の背景にあるアジア論の一定の傾向、とくに「儒教文化圏」論および「共生」概念の用いられ方、を検討し、④「アジア的人権」論にとっての方法論上の主要な論点である「共同体」論について、日本のアジア諸国の法を研究する際の「出発点」を仁井田陞の議論に求めることにより、「アジア的人権」論の背景にあるアジア法研究の方法的諸問題を検討し、⑤アジア諸国の人権研究にとっての今後の新たな課題を提示する。

なお、本章における方法上の問題についていくつかの留意点を述べておくと、第一には、アジアの人権を論ずるというテーマにもかかわらず、地域対象としては、主としてベトナム、カンボジア、ラオス、あるいはASEANといった地域に限定されているということ、したがって、中央アジア、南アジアなどの地域については対象から外れているという限界があること、第二に、「法文化論」と「人権論」の関係について、近年、法文化論がさまざまに議論されているが、著者は法文化論をアジアの人権状況を論じる際にあまり安易に結びつけるべきではない、という立場であること、第三に、したがって、著者は「アジア的人権」という用語を高度のイデオロギー性をもつものとして批判的に考えていること、である。

(2)「人権」をめぐって

本節では、「人権」を「規範」ととらえ、「客観的な性格」をもつものとして理解する。[79] ところで、「アジアの人権」を論ずる際に、それと理論的に密接な関係をもつ「第三世代の人権」とりわけ「発展の権利」の理解をめぐり、とくにその問題点についてようやく日本でも本格的に検討されるようになった。岡田信弘「第三世代の人権論——その提起するもの」[80]は、「第三世代の人権」論にかんする憲法学からの検討として意義がある。この論文で岡田は、第三世代の人権論への批判論（ドネリー、スュードル、リヴェロ）と擁護論（ヴァサク、ルソー）を検討し、第三世代の人権を論ずるうえで、その享有主体、対象、義務主体、を明確化することの重要性を強調し、「やはり、人権は個人としての『人間』の権利なのであって、批判論が指摘するように、集団や団体はその人間の権利を確保するための手段的な存在と位置づけられなければならないのではないか」[81]と述べた。このような指摘は、「発展の権利」の主張のもとで、実際に生起している個人の人権侵害を個別具体的に明らかにしていくという憲法学上の課題と密接に関連している。[82]

（3）「アジア的人権」とは

ⓐ 文化論（文化人類学）からの日本論、アジア論

青木保は、日本の「集団主義」および「恥の文化」と、欧米の「個人主義」および「罪の文化」という対比は、はたして「説得的」[83]かという問いを発し、ルース・ベネディクト[84]、加藤周一[85]、梅棹忠夫[86]などを検討し、例えばアジアの一国であるタイ社会も「個人主義」というものがみられることを提起し、このような対立図式それ自体のもつ問題性を指摘した。

ⓑ 事例研究——ベトナムなどアジア諸国の「人権」をめぐる若干の動向

ベトナムの現行憲法である一九九二年憲法は、「経済活動の自由権」（第五七条）を新たに規定し、それに対応して「移動および居住の自由権」（第六八条）を規定した。この「移動および居住の自由権」については、それ

以前のベトナム一九八〇年憲法第七一条にも存在したが、一九八〇年憲法の規定においては全体として「法律の留保」規定が存在していた。それにたいし現行憲法第六八条は、「市民は、国内の往来および居住の自由の権利を有し、法の定めるところにより出国および入国の権利を有する」と定め、国内と国外を区別し、国内についてはは法律の留保規定を削除し、国外については法律の留保規定を維持した。また、ベトナム一九九三年出版法では、「歴史を歪曲し、革命の成果を否定」する出版物の禁止規定（第二二条）を定めた。[87] その意味では、ドイモイ下のベトナムでは、経済活動については、一定の自由化を行うとともに、精神的自由権、とくに表現の自由については、「歴史」、「革命の成果」という漠然とした規定にもとづいて制約を加えていくという構造にとどまっている。

カンボジアの場合は、死刑の廃止、女性の権利の保障などの新しい現代的規定とともに、仏教が国教であるというような伝統的規定からなる人権論が、憲法上は定められている。そして、一般に、憲法規定と実際との乖離が指摘されている。[88]

また、インドネシアの場合は、従来の裁判所の判決の動向として、オランダ植民地時代の刑法規定を現代においても適用したり、委任立法という方法によって行政権の裁量の余地を広く認め、開発、安定を政治的自由、民主的参加などの価値に優先させてきた。しかし、それらの傾向にたいして、他方では、新しい動向があらわれ、植民地時代の煽動罪の規定を現代に適用することは誤りであり、民主的価値を重視し、開発を優先的なものとは認めないという方向での議論があらわれていることにも注意を払う必要がある。[89]

ⓒ「アジア的人権」の定義

「アジア的人権」の主張は、「アジア的価値」という考え方を前提にしているが、ここにいう「『アジア的価値』

は『日本的経営』も『家族主義』も『投票ではない意見一致のアセアン型意見決定のシステム』も『和の精神』も『集団主義』も入る」ことになる。[90]すなわち、「アジアの流儀（the Asian Way）」[91]というものに積極的な意味を見出し、このような方法にもとづいて「人権」にたいしてアプローチしていこうとする立場のことである。具体的には、「開発」のためには「人権」とくに精神的自由および政治的自由に制限を加えることも止むをえないとする立場であり、また、「開発優先」という価値を実現するために、人権制約原理として、例えば「パンチャシラ」（インドネシア）、「革命の成果」（ベトナム）などの「国体」概念あるいは「民族全体の利益」概念を明示的に掲げるところに特徴がある。さらに、民主主義論についても、「卓越した指導者による統治」こそが重要であり、結果良ければすべてよし、という理解にもとづく「民主主義」論である。[92]そして、対外的には、人権問題は「一国」の内部問題であるという主張を掲げ、人権問題を理由とした「内政干渉」に反発するという特徴をもっている。中国人権白書に典型的にみられるように、生存権の保障が第一義的なものとされ、市民的政治的自由は、生存権が確保された後においてはじめて保障されるものであるという理解が示されている。そして、全体として、このような内容をもつ「アジア的人権」概念を「西欧的人権」に対置し、世界人権宣言をはじめ国際的な人権文書への攻撃・非難をあからさまに行う場合もある。ただし、リー・クアンユー、マハティールらは別として、アジア諸国の指導者が、声高に「アジア的人権」、「ベトナム的人権」という用語を使用することは、少ない。

なお、中国人権白書にいう「生存権」は、「人民各個人の権利としての生存権でなく、民族的集団としての生存権であ」ることに留意しておく必要がある。[93]

ⓓ「アジア的人権」をめぐる諸議論

このような「アジア的人権」論の主張の背景には、なによりも、かつての植民地からの脱却と独立の過程における貧困の克服と近代化への志向という課題への直面、および、いくつかの国々では「冷戦」のもとでの反共主義における「前線」としての役割を与えられてきたというアジア諸国の歴史が存在する。

また、一九八九年以降顕著になってきたアジアの社会主義諸国をめぐる社会主義建設とそこにおける諸問題の生起およびその後の東欧、ソ連という社会主義諸国の体制崩壊の過程で、中国、ベトナムなどは、「改革開放」を唱え、「開発（優先）主義」路線を採用してきたという経緯がある。また、主として一九九〇年代以降の西側からの援助は、例えばベトナムにおける人権論のあり方に複雑な影響を与えてきた。このことは、一九九二年という時点で、なぜ、ベトナムが「人権」カテゴリーを憲法に導入したか、そしてそれにもかかわらず「人権」カテゴリーの意味を理論的・実際的に希薄化しようとしてきたか、という論点に関連している。

一九八〇年代以降の「儒教文化圏」論の興隆は、アジアＮＩＥＳの急速な経済発展と「ジャパメリカの時代」に「適合的」な議論として登場してきたものである。それは、文明論的範疇によるアジア論であり、「集団主義」、「学習主義」などをキーワードとして、「西欧個人主義」にかわるものとしてのアジア的「集団主義」、権利・義務関係における「義務」の強調を行い、このような社会のあり方こそが資本主義の発展に適合的であるとすら主張された。しかし、一九九〇年代後半の「アジア経済危機」以降、この種の見解は現実的な背景を喪失し、「逆立ちした議論であった」、とか「アジアは一つずつ」という議論にとってかわられつつあるが、依然として「儒教文化圏」論を展開する論者もいる。その際、重要なことは、「儒教文化圏」論が、なによりも、「日本」論＝「日本国憲法」論として語られていることである。したがって、現代アジア論は、現代日本論の縮図である、といえよう。「日本国憲法」論として、西修は、「日本的人権概念の再構築として、『共生の権理』を提案しておきたい(94)」と主張するが、その背景には、「日本人は稲作文化圏として、共同作業がもとめられた。この点、一神教のもとで、戦乱に明け暮れた西欧とはちがう歴史を有する」[95]という認識が存在している。「アジア法」研究者からも、西欧は「個人（主義）」、アジアは「集団（主義）」を基軸にした人権概念であるという主張が提起された（安田信之）。そこには「批判的普遍主義」（「おきまりの単純な西欧中心主義によりかかって人権の普遍性を論ずるのではなく、文化の相対性、『相違への権利』の主張が持つ意味をうけとめたうえで、しかし『もういちど普遍を考える』という問題意識[96]）とは「異なる方法的枠組みを明示的に提起して」[97]いたにもかかわらず、その吟味は憲法学の領域からはほとんどなされることなく終始した[98]。井上達夫は、リベラル・デモクラシーをアジア諸国は受容可能か、という問題を掲げ、「個人主義的欧米」対「共同体主義的アジア」の二項対立図式は不当な単純化を孕む[99]ことを強調した。

とはいえ、憲法学内部でも、これらの諸問題をめぐって若干の議論があらわれている。例えば、ローレンス・W・ビーアは「人権立憲主義」論を提起したが、そこでの問題の核心は、「人権を尊重する憲法主義の哲学的基礎[100]」、および「人権重視の主権[101]」ということであった。そして、ビーアは、「『国民主権』、すなわち民主的多数意思による統治は人権の配慮を優先的に与えるべく再考されなければなりません」、「民主的多数は必ずしも平和と人権にとって信頼に足る同盟関係とはいえません[102]」という問題を提起している[103]。

なお、小森田秋夫は、上述のテーマには「非西欧諸国における人権概念にたいする反発・受容・変容という現象をどう読み解くかという側面と、人権について論者自身がどのような方法的立場をとるかという側面とが含まれている［傍点原文］[104]」こととともに、「西欧と非西欧という対比にかかわるもう一つの論点は、共同体と人権との関係をどのようにとらえるか、という理論的問題である[105]」ことを提起した。

（4）「共同体」とアジアの理解をめぐって——アジア法研究に問われていること

仁井田陞は、アジア社会を認識するうえで、「それ〔東洋とは何か——引用者〕に対する答えは、人によって案外まちまちである。〔中略〕具体的な生活環境——東洋——への反省と理解の仕方によって、全く別の答があらわれてくるのはむしろ当然[106]」と述べ、「アジア」とは何かについての認識主体の問題関心と方法的立場の重要性を強調した。

また仁井田は、孤立閉鎖性をもつ「村落」の存在と、集権／分権は関連しているのかという問いかけを行い、「中国の村落についてこうした孤立閉鎖性は程度問題であって、あまり強調しすぎることは、歴史の現実からも社会の実態からもはなれてしまうおそれがあろう[107]」と述べ、孤立した「村落」は東洋の特色ではなく、西欧にもあった、と指摘した[108]。

さらに仁井田は、「東洋の水」または風土的な必然論は、東洋を理解する「一つのかぎ」ではあっても「万能のかぎ」ではないことにも注意を喚起した[109]。そして、岡倉天心（「アジアは一つ」）に欠落しているものは、「東洋の自己批判である[110]」という。すなわち、仁井田によれば、「天心は古い東洋をそのままの内に、西洋にたちまさった東洋共通の意識を認め」たが、「東洋の過去の克服すべきものを克服すること[111]」が重要である。仁井田は権利論に言及し、「法を動かす力関係—社会内面における敵対矛盾の衝撃」の問題を重視し、「ヨーロッパ人流儀に、権利思想は中国になかったといったり、それを単に裏返しにしてあったといったのでは、この問題を理解することはできない[112]」と述べた。

丸山眞男は、中田薫法制史学が「近代的な法律学の上に立って、法範疇を非常に厳密に使っている」こと、そして「近代法学が展開した範疇的な分析を駆使して、日本や中国の法制史にアプローチした」ことに言及したうえで、仁井田陞の方法論的な困難として、しかし、「中国内在的な発展の中から、法範疇自身を構成していかなければいけない」[113]という批判があることを紹介している。このことは、のちにもふれるように、丸山によれば「新中国と旧中国との断絶性と連続性というような問題」[114]を解明することの重要性に関連している。

旗田巍によれば、昭和初期の村落共同体あるいは共同体の諸理論についての欠陥は、共同体の存在が実証されていなかったことである[115]。それにもかかわらず、共同体は、超歴史的、超階級的なもののように扱われ、その歴史的・階級的性格が無視される傾向があった[116]。平野義太郎＝戒能通孝論争においては、同じ資料を用いながらも、平野は共同体的性格の強固な存在を主張し、戒能は中国村落の共同体的性格の欠如を主張した。そのような事態が生じたのは、旗田によれば、共同体をめぐる論争は、当時の日本認識、アジア認識と深く関連していたから[117]である。

現在のアジア諸国法研究を発展させるにあたり、アジア諸国法研究の出発点としての、仁井田の理論的意義を今日の時点で、いま一度再確認しておくことは、きわめて重要であると考える。丸山が指摘したように、「近代的な法律学の上に立って、法範疇を非常に厳密に使」うということと、「中国内在的な発展の中から、法範疇自身を構成」するということとは、理論的緊張をはらむ課題であった。そして、このことについて、丸山は、「基本的にはそこが、方法論的にそこのところを仁井田さんが解決していたとは思いませんね」[118]とも述べている。

ところで、このような問題も含む仁井田の評価にかかわって、「華北農村慣行調査」の指導者であった末弘厳太郎について、『特集 法律時報七〇年と末弘法学・民主主義法学』[119]所収の、戒能通厚、石田眞、吉田克巳、広渡清吾の各論文および座談会（以上四人と水林彪）は、多様に論じており、それはアジア諸国法の現在、法文化論の現在にとっても、大きな問題の提起を行っている。すなわち、末弘の「不連続線的渦流」論と仁井田の関係について、戒能通厚は「新しい社会形成力」を『中国の内部に発生する力』の意義で当時も戦後も理解して、その巨大な中国法制史の体系を自ら書き換えていった[120]」ところに仁井田の研究史上の意義を見出そうとし、また石田は、末弘において「人権等の近代法的な価値から社会を批判するという視点がなかったこと[121]」を述べ、さらに吉田はもっと直截に「末弘法学が、普遍的な価値については軽視している[122]」ことを述べた。先に紹介した丸山の仁井田批判は、まさにこれらの点とも深くかかわっているのであり、広渡が簡潔に整理しているように、この問題は、日本もふくめ、「近代法を継受する国家・社会は、一方で土着の慣習的規範と制度また法に関する固有の社会的文化的理解と、他方で移入した近代法システムとの間に生み出される複雑な関係を抱え込むことになる」という「二重的性格[123]」をもつ課題に関連するものであった。そして、広渡の場合には、その課題を、「法文化論」を含みこみながらも、それに止まらず「比較法社会論」として接近しようとしているところに特徴がある。

それらの諸問題を解決していくことは今後のアジア諸国法研究にとっての学問的課題であるが、とはいえ、福島正夫がいうように「中国の内部に発生する新しい社会形成力[124]」に着目したところに、仁井田の重要な意義があり、それを可能にしたのは、仁井田の研究がアジア諸国（中国および周辺諸国）の法についての「厳密な資料考証」（福島）にもとづく研究であったからであり、またアクチュアルな課題意識にもとづく研究であったからである。この点こそが、現在のアジア諸国法研究にもっとも求められている課題であると考える。

また、アジア諸国法研究にとっての「生ける法」概念とその射程について、それを具体的かつ歴史的に検討しておくことも重要である。「開発（優先）国家」においては、「国家法」と「生ける法」の関係は複雑である。この問題を「伝統社会に固有の法」という側面から考察する場合、「開発（優先）国家」においては、「国家法」だけではなく「伝統社会に固有の法」自体をすべて動員しながら国家＝開発体制を支えてきたともいえる。例えば、ベトナムの「郷約（村のおきて）」は、一九九〇年代以降、まさにドイモイの過程で復活されてきたし、インドネシアでは、場合によっては効力を有する「植民地法」、「国家法」のすべてを動員して開発を行っていったともいえよう。その場合に、これらの諸現象を考察するうえで、社会の内部にどのような「新しい社会形成力」がうみだされつつあるか、の分析は重要である。例えば、ベトナム法研究においては、人権意識、人権研究センター、法曹の人権認識、人権NGOなど、従来のベトナム社会にはあまり存在してこなかったファクターを新しい課題として取り上げていくこと、そしてその際に、それらのファクターが、国家と社会全体のなかにどのような組み込まれ方をしているのか、そして「国家法」と「伝統社会に固有な法」がもつ対立＝緊張関係といわれるものの歴史的性格などについて、検討しておくことが必要である。

（5）アジアの人権研究と課題

アジアの人権研究の課題としては①共同体論と人権論、とくに裁判外的紛争処理システム（例えばベトナムの和解組）の現状と人権保障、②日本とアジア諸国にかかわる人権問題の考察、[125]③アジアの地域的人権保障[126]などの課題とともに、④個別的人権研究の重要性が指摘しうる。この領域の研究の現状からすれば、とくに、表現の自由、政治的権利・自由など開発体制のなかで制限されてきた人権が各国の憲法をはじめとする実定法のなかでどのように規定され、また制約され、あるいは具体的な訴訟の過程においてそれらの人権がどのような手法にもとづいて制約されていったかを個別的に検証していくことが決定的に重要である。⑤また、アジア諸国への「法整備支援」という新しいファクターとアジアの人権、というテーマの解明も課題である。

ＯＤＡとしての法整備支援とアジアの人権状況との関連では、ＯＤＡ大綱（一九九二年）が、政府開発援助をする際の基準として、「民主化」、「市場経済」、「人権」などをあげ、「知的支援」の一環として、一九九六年以降ベトナムへの法整備支援が開始され、また一九九九年からはカンボジアにたいしても法整備支援を開始したが、しかし、法整備支援において「人権」はどのような位置づけになるのであろうか。この点については、ドナー側の問題としては、諸外国および国際援助諸機関におけるＯＤＡの理念および方法が比較検討されるべきであるし、また、レシピアント側の問題としては、はたして「人権」というテーマは受け入れがたいか、という問題について検討する必要がある。[127]

さらに、二〇〇三年の新ＯＤＡ大綱の「良い統治」論と人権をめぐっては、「良い統治」論と民主主義との関係、ならびに民主主義論と人権論の射程の違いが明確にされなければならないし、さらに開発を目的とする「良い統治」論は人権論にとってかわることができるか、という問題がある。

アジアの人権問題を考察するうえで現在求められている必要な作業は、アジア諸国が歩んできた歴史のなかで形作られてきたアジア諸国の人権をとりまく国際的および国内的な構造を、それまでアジア諸国が直面してきた「歴史的与件」の一つひとつから具体的に考察することであり、[128]その作業をつうじてのみアジア諸国のそれぞれの人権にかかわる構造があらわれてくるであろう。

終章

法整備支援はアジア諸国法研究をどう変えていくか

1　法整備支援とアジア立憲主義の変容

(1)　憲法学とアジア

「立憲主義」という観点から日本の憲法学がアジア諸国における憲法問題に直接にかかわりをもったのは、前章で紹介したように、一九八九年の中国の天安門事件直後に横浜で行われた、第一回アジア憲法シンポジウム[1]においてであった。もちろん、アジア諸国憲法研究自体としては、それ以前の時期において、例えば一九六〇年代に当時のアジア諸国の諸憲法研究をとりわけ緊急事態法制の研究という観点から精力的に行った経緯も存在する。

第一回アジア憲法シンポジウムがそのテーマを「アジアの立憲主義」としたことは、なによりもアジア諸国の当時の新しい変化、すなわち一九八六年のフィリピンにおけるマルコス政権の崩壊とアキノ政権の誕生、一九八七年の韓国における民主化要求にもとづく第六共和国憲法の成立など、開発独裁的な統治体制への批判とそこからの脱却という時代認識があった。この場合、「立憲主義」とは、奥平康弘がそのシンポジウムで述べたように、人権保障と制限された政府権力という考え方を当然にその内容として含む、という理解にもとづいていた。

それから一〇年の歳月を経て、一九九九年、アジア・オセアニア立憲主義シンポジウムが東京で開催され、

「アジアにおける新秩序と立憲主義」のテーマを掲げ、討論が行われた。そして、同時にこの時期、全国憲法研究会の一九九九年度春季研究集会および秋季研究総会は、二回連続して「アジア」をテーマに取り上げ、それぞれ「アジアの憲法問題──アジアの人権保障」および「アジアの立憲主義──統治機構の側面から」というテーマにそった報告が行われた(2)。そして、その後、二〇〇〇年代には、アジア諸国の憲法学者との国際連携にもとづく「アジア憲法フォーラム」など多彩な学術交流が、きわめて活発かつ頻繁に開催されるようになった。

ところで、一九八九年のアジア憲法シンポジウムと一九九九年のアジア・オセアニア立憲主義シンポジウムの間には、シンポジウムをとりまく環境という意味においてきわめて大きな差異があった。一九八九年当時においてもすでに、とくに日本をはじめとする東アジア地域においては、「儒教文化圏」論が盛んに論じられる傾向にあったが(3)、これは主としてアジア論一般のなかで議論されるにとどまり、法律学、とりわけ憲法学にそれほど大きな影響力をもったものではなかったし、日本の憲法研究者もこの論調にたいして多くの関心を示したわけではなかった。むしろ、日本の憲法学としては、アジア諸国の一連の民主化の過程にその関心をおいていたといってよい。しかし、一九九九年の場合においては、一九九三年の世界人権会議以降、アジア諸国の側から「欧米的人権批判」、さらには「アジア的人権」論、「アジア的民主主義」論、「アジア的価値」論など、従来の「儒教文化圏」論という文明論的範疇によるアジア論という枠を越えて、「人権」、「民主主義」などおよそ憲法の基本原理の理解にかかわる論点が、アジア論のなかで前面に浮上するという事態が立ちあらわれるに至った(4)。

したがって、一九九〇年代に新しくあらわれてきたアジア論をめぐるこのような諸論点のなかにこそ、「立憲主義憲法学とアジア」という問題を考える際の今日的争点が存在する。

(2)「アジア的人権」論はなぜ登場してきたか

「立憲主義(constitutionalism)」という用語がベトナムにおいて登場するのは、ベトナム現行憲法である一九九二年憲法の制定を前後する時期であった。「法治国家(nha nuoc phap quyen)」、「人権(quyen con nguoi)」などと並び、「立憲主義(chu nghia lap hien)」という用語は、一九八六年のドイモイ(刷新)路線の提起以降、とくに一九八九年の東欧社会主義諸国の崩壊以降のドイモイの過程で新たに普及した用語であり、従来はブルジョア的であるとして否定的に考えられてきたこれらの用語に積極的または価値中立的な位置づけがベトナム文献などで与えられてきたものである。

例えば、一九九二年にハノイで出版されたダオ・チ・ウック編『世界における各国憲法の諸問題』と題する書物は、「立憲主義」をつぎのように説明している。すなわち、「立憲主義は、政治的社会的諸関係における法の支配(thong tri cua phap luat)にかんする思想とならんで、F・エンゲルスにより『法学的世界観』を表すものとよばれた」が、「立憲主義の第一の内容は、主要には、憲法が存在していること、国の政治生活にたいし憲法を積極的に反映させること、現行法システムのすべてにたいする憲法の中心的決定的地位、に関するものであ」り、「立憲主義の内容は、また、政治的諸関係にたいし、国家組織および政治制度にたいし、憲法による統制を行うこと、人間の諸権利および諸自由を憲法で承認すること、市民と国家の相互のあらゆる関係における憲法適合性の承認、を含みこんでいる(5)」。

ベトナムにおいて、一九九二年憲法の制定の過程で、従来においてはすくなくとも積極的に評価されることのなかった「立憲主義」概念への志向が登場してきたことに注目しておきたい。ベトナム一九九二年憲法は、はじめて「人権」という用語を憲法上に規定したという特徴をもっているが(6)、このことからもわかるように、「立憲主義」概念の登場は、「人権」概念の憲法上の承認ときわめて密接な関連をもっていた。とはいえ、ベトナム一九九二年憲法における「人権」概念の規定は、それまでの「市民の基本的権利」概念を否定するものとはならなかった。

そこで、「アジア的人権」の基本的な構造をベトナムに即して述べるとつぎのとおりである。第一に、中国の一連の人権白書と同様に、「生存する権利」こそ国民および諸民族にとって不可欠の第一の人権である。第二に、したがって「生存する権利」を保障するためには、精神的自由および政治的自由に制限を加えることも止むをえない。第三に、人権は主権国家に帰属する事項であり、基本的に国内問題である。それゆえ、人権を口実とした外国からの内政干渉は許容できない。

しかし、アジア諸国のいくつかの国においては、このような基本的立場にあるものの、「人権」への各国のスタンスは政治状況ともあいまって微妙に異なる側面もあることも指摘しておく必要がある。例えば、中国では国務院（政府）の諸文書では「人権」という用語が登場した後に、二〇〇四年の憲法改正により、ようやく憲法上に「人権」が規定された。ベトナムでは、中国より早い時期に「人権」を一九九二年憲法で定めた。なお念のためにいえば、ベトナムでは、これまでのところ、「アジア的人権」という用語を明示的に承認しているわけではなく、人権の普遍的性格を一応は認めている。

しかし、ベトナムでは、国会議員選挙制度において祖国戦線という「社会団体」が候補者名簿の作成権限をもち、たとえ独立候補者、すなわち官製組織による支援がない候補者といえどもこの名簿に載る以外には国民による審判を受けることが許されておらず、また、司法の分野でも依然として裁判官による糾問主義的な訴訟システムが維持され、さらには、刑法上の「国家の安全を侵犯する罪」が広範に用いられることにより、市民的自由が制限されるなどの法構造が確立している。また、三権分立は否定され法令審査権は国会常務委員会が有している。ベトナムがこのような法構造をなぜ維持しているかといえば、現在の一党制にもとづく統治体制こそが国民の「生存する権利」を保障することができるという確信からにほかならない。したがって、ベトナムの事例にみられるように、開発のための権威主義的または開発独裁的な統治機構を正当化するための言説が、「アジア的人権」論にほかならない。

そして、このような統治の仕組みを国民自身が批判しきれない状況も存在する。長期にわたる植民地支配のもとにあり、法というものが国民の権利保障のためではなく植民地宗主国の利益または為政者の利益に奉仕するものであったこれらの地域の人びとのなかで、法と権利の意味を普及する活動は、まだ緒についたばかりである。

カンボジアへの法整備支援に取り組んできた弁護士の桜木和代は、「法が社会で果たす役割」という法学にとってもっとも基本的な問題についてつぎのように述べている。「法があるだけでは社会はうまく進まない。重要なことはそれがきちんと実施されることである。しかし、それは、法があっての話であって、法がないというのはたいへんな事態であって、その場合は、結局のところ、人々は自力救済、すなわち銃によって紛争を解決するか、または裁判官をはじめとする実力者に賄賂を贈って紛争を解決する以外に方途がなくなってしまう[7]」。

このように法のシステム全体を作り上げていくことが当面する課題となっている諸国がアジアには多く、そのための法整備支援が、一九九〇年代以降、各国援助機関および国際援助機関によって行われ、その後、ベトナム、カンボジア、ラオスなどにおいて多くの法典化が進展した[8]。

アジアの立憲主義を考察していく場合には、このような法整備支援という、グローバリゼーションの過程で新たに登場してきた「法の移植」がもつ意味についても、アジア立憲主義研究の課題から考察する必要が生じてきた。その場合、ＮＧＯをはじめとする国民の政治参加および民主主義の保障をどれだけ確保することができているのかという視点が、アジア諸国の立憲主義を考察する場合には重要である。

（3）イデオロギーとしての「アジア的価値」論

これまで考察してきたように、アジア諸国における「アジア的人権」、「アジア的民主主義」、「アジア的価値」の主張は、それぞれの諸国の現実にその根拠をもって登場してきた。そして、これらの「アジアの流儀（the Asian Way）」というものに積極的な意味を見出し、あるいはそれらの主張と共通する理論内容をもつ考え方が、一九九〇年代以降の日本には数多くあらわれてきた。

このようなアジアの法と社会をめぐる主張とならんで、近年の比較法文化論の領域のなかで、日本の法学研究が従来は欧米諸国を主要な研究対象とし方法論を組み立ててきたことへの反省を内包しつつ、つぎのような見解があらわれてきた。

木下毅『比較法文化論』[9]は、さきにも言及したように、和辻哲郎（『風土』）に依拠して、「農耕民的メンタリティ」を論じ、「このような農村共同体の生活様式が根底から変革されることなしに存続してきたという事実に、日本的メンタリティないし日本文化の伝統的要素を広く持続させてきた基盤があった[10]」と述べる。また、季衛東『現代中国の法変動』[11]は、「中国的秩序における個人の位相」[12]について「もう一つの個人主義」[13]という観点から、「西欧型近代の individualism（個人権益至上論）」とは区別される「中国的個人主義は、連帯性を帯びた人格者をイメージしたものであり、各個体の状況的論理、特殊性、具体性、生命全体の意味を捨象しない」[14]と述べる。ここには、西欧型近代の個人主義を「個人権益至上論」と理解したうえで、それとは別個の「中国的個人主義」をともに「個人主義」というカテゴリーで対比するという手法が存在する。

ところでアジア法をめぐる上述の議論のなかで主要な論点として登場してきたのが、和辻哲郎の「風土」論である。和辻『風土——人間学的考察』[15]は、周知のようにハイデッガーの存在論、人間学の影響を強く受けた作品であり、「風土性もまた社会的存在の構造」[16]という観点からのものである。そして、「モンスーン的風土の特殊形態」のなかに日本を位置づけ、日本の国民の「存在の仕方」を「受容的・忍従的」[17]であるとした。

これにたいして、戸坂潤は、「和辻博士・風土・日本」[18]において、「風土は『ところ』である。それぞれところどころによって異る地方の特異性を強調するのに何より便利であろう。と云うのは之によって、日本や東洋の特異性、日本的・東洋的・現実の特異性、を強調する一つの一般方法を提供することが出来る」[19]とし、「日本の人間存在の受容性」、「モンスーン的忍従性」にもとづき「日本の人間存在に於ける男女の間、家族、家、国家、宗教、その他に一つ一つ、それと覚しく解釈できるものが見出される」[20]が、戸坂によれば、「問題はかかる『日本の国民的性格』と、例の台風との関係如何にある」[21]（傍点、原文）のであり、その因果関係について和辻からは「何物を聞くことも出来ない」[22]。そして、戸坂は、「風土を見出したこと、風土から日本を見たこと、之は和辻氏の没することの出来ない業績だろう。ただ風土の和辻的観念とその観念適用の心事とが、この業績を濁ったものにしている」[23]（傍点、原文）と指摘した。

事実、「儒教文化圏」論の日本での議論のありかた、モンスーン・アジアという観点からの風土論的アジア法論は、西欧の個人主義にたいするアジアの集団主義にもとづく人権論という対置にみられるように、アジア諸国のおかれている「文化」または「文明」そして「風土」からアジアの法および立憲主義の問題を出発させる傾向において共通している。

（4）「立憲主義憲法学とアジア」に求められるもの

ここで、アジア諸国における憲法研究、とりわけ立憲主義という観点からの研究にとって現在どのような課題が存在するかについて述べておきたい。第一には、研究方法論にかかわる論点である。これは、アジア諸国法研究の方法的出発点をどこに求めるかという問題に関連している。仁井田陞は、「東洋の水」または風土的な必然論は、東洋を理解する「一つのかぎ」ではあっても「万能のかぎ」ではないことを強調した[24]。したがって、アジアの法と権利の問題に接近する場合には、「アジア」とは何かについての認識主体の問題関心のあり方と方法的立場如何によってそこにみえてくるアジア像が異なることに、いっそう自覚的でなければならない。同時に、アジアと一口にいってもその地理的範囲は多様であり、中国などを別にすれば、そのほとんどの国についての専門の研究者は、いまだきわめて少数にとどまっているか空白のままである。そうであるとすれば、憲法学界全体の課題としてアジア諸国の憲法研究に従事する研究者の創出に取り組むことである。

第二には、「アジア的人権」論にかかわる法理論的な論点である。「アジア的人権」論は、「第三世代の人権」論とも密接な関連をもっている。すでに、フランス憲法学においては、「第三世代の人権」論とりわけ「発展の権利」論をめぐり活発な議論が展開され、その享有主体、対象、義務主体の明確化という観点からの研究が行われている[25]。この点、日本においては人権の主体論からの検討が開始されているが[26]、このような研究がさらに積み重ねられる必要がある。また、この点との関連では、桐山孝信『民主主義の国際法』[27]は、「国際民主主義の二つの系譜」として「国家間平等としての国際民主主義」と「民主主義の国際的擁護」をあげているが[28]、このような視角は、国際法学と憲法学との議論を交差させうる枠組みを提供しているように思われる。さらに、同書における「民主化支援」にかんする考察[29]は、つぎに指摘する法整備支援ともかかわる途上国をめぐる現代的な法状況の解明にとっても重要である。

第三には、法整備支援論とアジア立憲主義研究という論点である。アジア法整備支援は、かつてのアメリカ合衆国における「法と開発運動（研究）」で問われた諸問題と同様の論点を抱え込んでいるが、現在の「新しい法と開発運動（研究）」でも、「良い統治」論にかかわってコミュニタリアン、リバタリアン、リベラリズムをめぐる諸問題が浮上している。アメリカ合衆国を題材に論じた阪口正二郎『立憲主義と民主主義』[30]は、「憲法の輸出に熱心なアメリカは、今回の旧・東側における体制転換にともなう憲法典の制定に際しても、第三者として傍観していたわけではなく、いつもと同様に法律家を『コンサルタント』として派遣するなどして積極的に関わってきた[31]」と述べるが、民主主義と立憲主義の関連を問いかける研究が、アジア諸国への法整備支援論との関連でもいっそう求められている。また、小森田秋夫編『市場経済化の法社会学』[32]が述べるように、「市場経済化についての法学的研究が、法整備支援という場面で必要とされている実用法学的アプローチとならんで、あるいはそれにも増して、法社会学的なアプローチを必要としている」し、とくに「市場経済化を経験しつつある諸国に共通したものと国ごとに異なる個性的なもの（そしてその個性の生じる理由）を識別すること[33]」に留意しなければならない。

立憲主義憲法学とアジアをめぐる課題は、きわめて多く、また困難も抱えているが、その課題を克服することなしに日本の立憲主義憲法学の発展もありえないことだけは明らかである[34]。

2　法整備支援をめぐる実際上、学問上の新しい課題

(1) 法整備支援と人権・民主主義・平和構築をめぐる新しい課題

大学が行う法整備支援のなかには、支援対象国からの研修生受け入れ事業というジャンルがある。研修生受け入れ事業には、一国にたいして行うもの、多数国にたいして行うものなど各種あり、司法の分野でのＪＩＣＡ中央アジア研修などは、ウズベキスタン、カザフスタン、キルギス、タジキスタンなど多数国の司法関連職員にたいして行っている。

さて、大学がこの間行ってきた研修の中で、イランへの研修は、きわめてユニークなものといえるであろう。その特徴は、第一に、このプログラムが、日本政府とイラン政府との「人権対話」の一環として開始されたこと、第二に、研修対象国のイランが核査察など国際社会の中で注目されている国家である、という点にある。

このイラン・イスラーム共和国への「法制度整備」コースというＪＩＣＡの国別研修は、二〇〇四年度から二〇〇八年度にかけて行われ、年度ごとに、刑事司法、裁判外紛争処理、公務員の汚職防止などをテーマに、五年間にわたり、名古屋大学において、法政国際教育協力研究センター（ＣＡＬＥ）が担当して行ってきた。

第一回目は、「司法とは何か」というテーマのもとで、日本における司法概念とその歴史的変遷、日本と欧米の司法制度の現状と課題などを項目に、研修を行った。第二回目は、「日本における裁判外紛争処理（ＡＤＲ）手続」をテーマとして、日本の民事裁判制度、裁判所、行政委員会、仲裁機関によるＡＤＲ、にかんする研修を行った。第三回目は、「日本における犯罪防止対策」をテーマとし、少年犯罪、麻薬犯罪の防止対策の現状と課

題、地域社会による犯罪防止活動などについて研修を行った。第四回目は、「公務員の汚職対策」をテーマとして、アジア諸国、とくにタイとインドネシアにおける汚職防止対策の現状、日本における公務員の汚職防止対策等について研修を行った。第五回目は、「日本における訴訟促進策」をテーマとして、日本の司法制度、裁判実務の紹介、民事訴訟、刑事訴訟の促進策についての研修を行った。

これら五年間にわたる研修では、上記のテーマにもとづく講義形式の研修だけではなく、日本の裁判所、法務省、検察庁、弁護士会、刑務所、少年院、警察、地方公共団体、ＮＧＯへの訪問など、日本の関連機関の協力を得て実地見学も意識的に加えて行ってきた。

この研修にたいし、イラン側が同研修の継続を希望し、二〇〇九年度から三年間にわたり引きつづき実施されることとなった。二〇〇九年度の研修テーマは、「司法関係者（裁判官、行政官）に対する研修・育成システムならびに評価方法」となり、また、二〇一〇年度は、「サイバー犯罪」、二〇一一年度は、「行政救済」がテーマとなっている。

二〇〇九年八月、上記のＪＩＣＡ研修計画立案調査のため、著者はイラン・テヘランに行き、現地の司法府をはじめとする多くの機関を訪れた。その結果、イラン司法府側は、本プロジェクトのこれまでの成果を高く評価し、継続を強く望んでいることがわかった。そして、この訪問で明らかになったことがらは、以下のとおりである。

第一に、イラン司法府法科大学、テヘラン大学法・政治学部は、日本の大学との学術交流、とりわけ人的交流、留学生派遣を求めている。とくにテヘラン大学の法学教授の多くは、イギリスのロンドン大学、リヴァプール大学などで博士学位を取得し、それらの大学でも教鞭をとった経歴を有しており、欧米の近代的な法制度を熟知した人びとであった。第二に、テヘランのＮＧＯ団体「ドメスチック・バイオレンス（ＤＶ）被害者救済機関」は、国連とも協力し、人権伸張のための諸活動を展開しており、とくに、「司法と女性」という観点からの交流を希望していた。第三に、テヘランの開放刑務所では、受刑者の処遇改善にむけた、刑務官の日本による研修への要望が提起された。

とりわけ、上記の後二者は、日本とイランが継続的に実施している「人権対話」のテーマと合致しており、その具体化が求められている。一般に、日本の外交において、「人権」、「民主主義」分野の支援は、これまであまり取り組まれてこなかった。しかし、法整備支援戦略の構築という観点からは、この分野への支援の検討は、不可避であるように思われる。

ところで、二〇〇九年一一月、日本政府はアフガニスタンへの支援内容として、職業訓練支援、警察支援、教育支援をはじめとする民生分野支援の方針を提起した。アフガニスタンは、いま、「平和構築」が課題となっている。「平和構築（Peacebuilding）」とは、国連の定義では、「紛争後の地域において、国家の再建を通じ、紛争の再発を防ぎ、平和を定着化させる活動[35]」のことであり、「冷戦の終結」の後に本格的に始まることとなった[36]。この点では、法整備支援（Legal Assistance）も同様に冷戦の終結後に本格化したことと軌を一にしている。「平和構築」と「法整備支援」とは、したがって、きわめて密接な関連をもち、ともにこの二〇年間の歴史をもつ現象である[37]。そして、カンボジアは、「平和構築」にむけて一九九三年に国連主導のもとで憲法を制定し、その後、外国援助機関、国際援助機関による本格的な「法整備支援」をうけてきた。日本によるカンボジアの民法、民事訴訟法起草支援は、つとに有名である。

他方、アフガニスタンにたいするこれまでの日本の法学研究者の関与としては、のちにみるように二〇〇三年に棟居快行教授らの、アフガニスタン憲法起草支援活動が存在した。アフガニスタンは、上記のイランと並んで、日本の法整備支援にとって新しい対象地域として浮上してきている国々である。近年、イタリア政府は、アフガニスタン復興のための国際的な役割分担にもとづき、法整備支援プログラムを作成し、アフガニスタンでの法曹三者を養成するための司法研修所の設立支援、留学生受け入れを含む法学教育支援、弁護士会支援、女性法律家支援、女性への暴力取締法制定支援、などを開始した。いずれにしても、これまで日本の法整備支援が対象地域としてこなかった中東、西アジア地域にたいする法整備支援、とりわけ法学教育支援をどのように行うかという論点が提起されている。

（2）法整備支援と比較法学

かつて、アフガニスタンの憲法支援に取り組んだ棟居快行教授らによる「アフガン憲法の旅──『憲法支援』日誌」[38]（以下、棟居「日誌」と記す）は、法整備支援をめぐる実際上および理論上の論点を浮き彫りにしている。とくに、著者が、アフガニスタンの隣国イランに行き、イスラーム法学者に会い、また、女性の権利にかんするNGO等にも訪れる機会を得た視点から、棟居「日誌」を再読すると、アフガニスタンとイランの類似点を数多く発見することができた。棟居「日誌」においては、アフガニスタンの人権、民主主義等にかんする現地側との憲法起草をめぐるやりとりも興味深いが、日本の比較法学にかんする記述が、理論問題としては示唆を与えてくれている。

棟居は、「学者をはじめとして、日本人は西欧モデルに追いつき追い越せの強迫観念で仕事をしてきた。しかし、実際には必ずしもそううまく西欧化には成功してこなかった。……このような消化不良〔「未消化の西欧」ということ――引用者）も含めた、『日本の近代化の顛末記』が、アフガニスタンに限らずアジアの途上国の人々には有益なのではないか」という提言を行い、「比較法というとき、完成された制度間の比較や、理念相互の比較、さらには理念によって現実を叩くことになりがちだが、そうした学問的営為に際して除去されてしまう不純物、未消化物こそが、むしろ日本がアジアに発信することができる財産ではないのか」と述べる。そして、「西欧の理念や現実と日本社会との比較でなく、理念化された西欧というモデルを試薬として日本とアジア諸国を比較すること」[39]を提起した。

他方、日本のウズベキスタン法整備支援専門家としてＪＩＣＡから現地へ派遣された、市橋克哉教授と樹神成教授は、行政手続法起草支援を多年にわたり続けているが、その経験をふまえて、比較法研究方法論として、つぎのような問題を提出している。

樹神は、「法整備支援をとおした比較法」というテーマを論じ、「被支援国の文脈に合わせた法整備支援を行うための比較法」が現在必要とされている、とする。そして、これまでの、「制度を移入し、解釈の参考とするための欧米先進国の法の研究、つまり受信型外国法研究の集合……からの脱皮こそが日本の比較法に求められている」と述べる。また、ウズベキスタンへの行政手続法起草支援に取り組んだアメリカ（ＵＳＡＩＤ）、ドイツ（ＧＴＺ）、および日本（ＪＩＣＡ）の現地での経験を比較したうえで、「支援各国の行政法が異なるので支援の力点が異なる」ことに着目し、「法整備支援という発信をとおして、欧米先進国と被支援国の行政法とを複眼で日本の行政法と比較し、日本の行政法を再定位するとともに、欧米先進国の行政法の変容をとらえることで、日本の行政法および比較法をこれからの世界の法のあり方をめぐる議論に貢献する発信型の法とすべきである」（樹神成「比較法学会（二〇一〇年度）への企画趣旨（案）」より紹介）という重要な問題提起を行っている。

そして二〇一〇年六月の比較法学会において行われた樹神教授、市橋教授らの報告をふまえ、その後に発表された、樹神「行政法整備支援の経験からみた比較法の課題[40]」および市橋「行政法整備支援の『メタ理論』と比較行政法への示唆[41]」は、法整備支援と比較法にかんする多くの理論的課題を提起している。

樹神論文は、「USAID（アメリカ）およびGTZ（ドイツ）も、ウズベキスタン行政手続法整備支援に、取り組んでいた。行政法整備支援の手法および内容について日米独比較の機会をもたらした。この比較は、欧米先進国の『より良い』法を教師として日本法の問題を解決するために米独から『学ぶ』という比較（受信型比較法）ではなく、法整備支援という共通の舞台あるいは基準から支援国の法をお互いに『比べる』という比較（発信型比較法）であった[42]」として、そして、行政法支援の経験をとおして、「支援国の影響力競争としての法整備支援ではなく、支援国と支援対象国の法整備支援参加者のあいだでの原則の共有としての法整備支援の可能性を考えるようになった[43]」という。さらに、樹神論文は、学会報告者グループの関心のあり方を紹介し、「法整備支援を取り巻くより大きな法変動、グローバル化（グローバル行政法）にも注目」し、「『法のグローバル化（Globalization of Law）』（グローバル化のもとでの各国法を超える『法の調和』や『原則の共有』、また国家間関係または主権国家における法の強制モデルだけではとらえきれない『グローバルな法空間』の特質の分析）、『グローバル化のもとでの法（Law under Globalization）』（グローバル化のもとでの各国の国内法の変化や外国法の影響のあり方）への関心[44]」が浮上してきたことを指摘した。

また、樹神論文は、「このような法整備支援の経験は、比較法の方法と理論の豊富化が必要なことを示している。検討されるべきは、法文化論を超えて、法変動を説明できる法理論または比較法の方法論であろう[45]」というように、法整備支援からみた比較法学の検討を行った。さらに樹神論文は、比較法学と「法の移植」論にふれ、

「『法の移植』の検討を新たな視角から進めるためには、これまで（暗黙に）前提とされてきた文化現象または文化変容という視角からの『法の移植』の理解をより多面化し、豊富化するとともに、政治現象として『法の移植』を見ていく必要があるのではなかろうか[46]」という、きわめて重要な問題提起を行った。

他方、市橋論文は、従来の比較制度論（制度学派、ゲーム理論など）の検討を行ったのちに、それらをふまえて、「比較行政法への示唆」を提示している。

市橋は、「ＪＩＣＡプロジェクトの経験、行政法の『メタ理論』のアプローチ、および、グローバル行政法の生成という現象を踏まえると、比較行政法にとって、どのような行政法がみえてくるだろうか。それは、インタラクティブであり、発信型であり、かつ、複眼型でもある新しい比較行政法ではないかと考える[47]」とし、「これまでの日本の比較行政法は、もっぱら先進欧米諸国において生成・進化・変化した行政法を受信する『ワン・ウエイの比較行政法』であった。受信することで、それらと自らとの間の距離を測ったり、発展のあり方を測ったりしてきた。このアプローチによって、日本の比較行政法は、自らの位置や『発展段階』を確定してきたのである。そして、先進欧米諸国の行政法は、日本の行政法にとって、将来の改革へむけての『模範』でもあった。しかし、こうした比較行政法のアプローチは、今世紀、ますます国境を超えて『行政法情報』をめぐるコミュニケーションが拡大し濃密となったことを背景にして展開する行政法整備支援の経験、行政法の『メタ理論』のアプローチ、そして、グローバル行政法の生成という現象に注目する視角からは、見直しを迫られているといわざるをえない[48]」と、問題を提起している。そして、市橋論文は、「比較行政法は、ワン・ウエイの受信型からインタラクティブな発信型へと進化することになるだろう。そして、これまで『先進』とされた欧米諸国だけをみてきた単眼型から……行政法が生成・進化・変化の『プロセス』にあるウズベキスタン等市場経済移行国や、中国、ロシア等新興国にも視野を広げた『複眼型の比較行政法』へと進化する『パラダイム転換』が生じる可能性[49]」を示唆している。

樹神、市橋両教授によるウズベキスタンでの行政手続法支援のなによりも実体験にもとづく比較行政法の新しい「パラダイム転換」への提言は、日本の法整備支援理論にとっても、現在の一つの理論的到達点である、といえよう。「民商事法支援」だけではなく、「行政法支援」も、日本の法整備支援の一領域として十分に可能であることを、彼らの経験は示すとともに、この二つの論文は、実際の支援の経験を理論化したという意味において、日本の比較法研究のダイナミックな転換を求める提言として位置づけられるものである。

このように、法整備支援の経験は、日本の研究者に、比較法学上の新しい視点と課題を提示するに至っている。すなわち、日本法を欧米諸国法との関係だけから考察するのではなく、日本法をアジア諸国法という複数のファクターを介して欧米諸国法との距離・関係等を測定するという手法、さらには、そのような作業をつうじて、日本法のみならず欧米諸国法それ自体をも「再定位」するという手法にもとづく比較法学の展開である。

法整備支援の実際の展開は、じつは、日本法そのものの現状をどのように考えるか、という論点を不可避的に提起している。法整備支援は、一方では、援助・被援助という関係性をもつ「国際協力」をとおして、日本国憲法の原則である平和主義、国際協調主義、基本的人権尊重主義といわれているものは何であるのかを、より具体的に考えることと深くかかわっており、他方では、世界の各国に共通する法原理とは何か、そして、それを明らかにした上でその法原理を日本自体にも採用するよう求めることに寄与している。

おわりに
――アジア諸国法研究のフロンティアとしての法整備支援

(1) 新世紀アジアの「法の精神」

二〇世紀日本の法学研究には、アジア諸地域を対象とする研究の必要性の自覚が欠如しており、そのため、アジア諸国法の研究は、ごく限定された専門家により行われてきたにすぎない。そして、これまで日本のアジア諸国法の研究は、長い学問的伝統をもつ中国法研究など一部を除けば、日本の法学部にとって疎遠なものであった。第二次世界大戦前および戦時中に「国策」によって進められた「仏印法」研究、「蘭印法」研究などは、第二次世界大戦後にまったく継承されなかったばかりか封印された存在ですらあった(序章参照)。

一九八〇年代末から九〇年代初頭にかけて、東欧社会主義体制の崩壊とソ連邦の解体および冷戦の終結は、アジア諸国の多くに「体制移行」という新しい課題をつきつけた。しかし、ベトナム、ラオス、カンボジアなどのインドシナ諸国、ウズベキスタン、キルギス、カザフスタンなどの中央アジア諸国、モンゴル、中国など、これらアジアの体制移行諸国は、政治的にも法的にもいまだ不安定であり、多くの場合、開発独裁的な政治体制を採用することを余儀なくさせられている。

しかもこれらの諸国は、市場経済化とそれに伴う経済のグローバル化の進行のもとで、例えばWTO（世界貿易機関）への加入の条件として、法の領域での統合すなわちハーモナイゼーションを否応なく求められている。他方では、インドシナ諸国のASEAN加盟やメコン川開発にみられるように、アジアにおけるリージョナリズムの進行もみられる。

このようにアジア諸国をめぐる新しい動向が急展開をみせている情勢のもとで、体制移行国を中心としたアジア諸国における法と政治の安定システムをどのように構築していくかという課題の解明は、同じアジアに位置する日本および韓国などにとっても重要な関心事である。これらの地域における法の領域でのハーモナイゼーションとリージョナリズムの進行にかかわって、現代日本法がどのような役割を果たしうるのか、いいかえれば、従来は輸入型であった日本法から情報発信型としての日本法への転換がいかにして可能であるのかが、日本の法学に問われている。

ところで、モンテスキュー『法の精神』（一七四八年）は、世界で初めての本格的な「比較法」および「比較政治体制」にかんする書物であり、「法律が政体の構造、習俗、風土、宗教、商業などに対してもつべき関係」[1]を明らかにしたものである。モンテスキュー『法の精神』、ヘーゲル『歴史哲学』、マルクスの「アジア的生産様式」論など、ヨーロッパの知の巨人たちが、一貫して「遅れた」、「停滞した」、「野蛮な」と性格づけてきた「アジア」が二一世紀にどのような法を形成していくのか、このことを本格的に観察し研究することができる現場に私たちは居合わせている。

(2) アジアが法学に問いかけているもの

一九九三年の人権にかんするウィーン会議以降、「アジア的価値論」、「アジア的民主主義論」、「アジア的人権論」など西欧とは異なりアジアにはアジアの流儀があるという主張がさかんに行われてきた。しかし、二一世紀のいま、アジアと西欧の二項対立図式によって世界を理解しようとする方法はあまり説得力をもちえなくなってきている。その理由は、第一には、「アジア」自体が「一つ」であるわけではなく、法文化的にもきわめて「多様」な世界から成り立っているからであり、第二には、否応なく押し寄せるグローバル化とそのもとでの法の統一またはハーモナイゼーションの進行は、急速にアジア諸国を包み込み、アジア諸国の法をめぐる新たな像の形成を求めているからである(第6章参照)。

そのような法の世界の新たな像を描くためには、アジア諸国法研究の現状を前提にすれば、つぎのような研究を必要としている。第一には、アジア諸国とくにアジア体制移行諸国が市場経済化を求めている現状から、これら諸国における「近代法」システム全体の形成にかかわる研究であり、この領域ではたんに民商法だけではなく憲法、行政法など公法分野、ガバナンス論などの領域からの考察が必要である。第二に、アジアの開発独裁体制の帰趨とかかわって新世紀アジア、あるいはグローバル化の中のアジア体制移行諸国との関連から、WTOをふくむ国際経済法、またアジア諸国の人権問題の将来を展望したうえでの国際人権法の研究である。第三に、中国に典型的にあらわれている国有企業の再編と私営企業の事業展開を、民商事法のありようと市場経済化の過程から考察する。第四に、アジア諸国およびアジア社会に存在するといわれている「共同体」、「伝統法」の歴史的性格を解明し、法文化、法意識の研究を行う[2]。第五に、アジアにおける法のハーモナイゼーションとリージョナリズムをめぐる比較法的考察であり、この課題は、二〇〇四年五月、新たにEUに加盟したポーランド、ハンガリーなど中東欧諸国との比較研究を必要とする。

これら一連の諸研究を通じてアジア諸国の法にかんする新しい動向がくっきりと浮かび上がってくるであろう。アジア地域の現状は、開発と人権、立憲主義と民主主義、多民族国家における少数民族の権利、女性の地位と権利、環境、さらに体制移行とのかかわりでは、市場経済化のもとでの土地所有、知的所有権などをめぐる諸問題の解明を提起している。したがって、アジア地域は、現代世界のなかでグローバルに生起している法的諸問題を論ずるための格好の議論空間である（終章参照）。

(3) アジアと「伝統法」

ウズベキスタンのカリーモフ大統領は、二〇〇三年を、「〝マハリャー〟の年」とする決定を行った。「マハリャー」とは、ウズベキスタンに存在する住民の自治組織であり、かつ町村規模の基礎自治体である。しかし、マハリャーは日本のその種の団体とは異なり、きわめて独特な役割を担ってきた。例えば、離婚、遺産相続など家事紛争、住宅建築にともなう近隣紛争をはじめとして日常の市民生活にかかわる紛争解決にあたっている。

ところで、ウズベキスタンにおける「伝統法」をめぐる問題は複雑であり、第一には、それがイスラーム社会であるということからイスラーム法の存在、第二に、マハリャーにみられるようにこの社会に伝統的な固有の慣習法の存在、第三に、ソ連統治時代に形成された社会主義法の遺制、というものが入り組んで生きている。重要なことは、「伝統法」とは過去の存在ではなく、現に生きた法の体系をなしているということである。もちろん、上記の三つの「伝統法」は、相互に密接に関連しながら現実の法秩序を形成しているが、いずれにしても国家制定法を下支えし、ときにはそれに抵抗する膨大な伝統法の存在をぬきにウズベキスタン法の実際を考察することは困難である[3]。

ベトナムでは、一九八九年頃から、従来は封建的であるとして一九四五年の革命以来否定されてきた郷約が各村で復活し、新しい郷約として各地で制定されるという現象があらわれてきた。そして、一見奇妙にも、郷約の復活と軌を一にして「法治国家」というスローガンが提起された。郷約とは、中国に起源をもちそれが儒教文化圏であるベトナム、朝鮮半島にも伝播したものであり、冠婚葬祭、村での犯罪の処罰等にかんする成文化された規範である。基本的に農村国家であるベトナムでは、農村の生活全般に大きな影響力をもつ郷約の復活をめぐって、郷約は農村における法の普及に大きな役割をはたしているという主張とともに、郷約は法治国家の理念に反するという主張も存在する。

ウズベキスタン、ベトナムの事例は、指令的中央集権的な経済体制から市場経済化をめざし法治国家建設を掲げる両国が、国家制定法だけではなく「法らしくみえるもの」（寺田浩明・京都大学教授の用語）すべてを動員しつつ国造りをしていこうとする様子を示している。

これらの国々は、古い制度を活用して新しい現象に対応しようとしているが、マハリャーや郷約は古い起源をもつがゆえに、現代的な法の発展を反映していない。したがって、その法制度のもとでは、例えば、人権尊重、法の支配の確立などを主要な目的とはしていないという問題点を抱えている（第5章参照）。

（4）法整備支援事業と法整備支援学

このような法状況にあるアジア諸国にたいして、日本をはじめとする諸国および国際援助機関は、法整備支援を行っている。法整備支援とは、日本においては法という領域での「知的支援」として位置づけられており、日本の各省庁がアジア諸国にたいする法整備支援を行っている。法務省は、法整備支援に対応する専門機関である「法務省法務総合研究所国際協力部」を二〇〇一年に設置し、ベトナム、カンボジア、ラオス、モンゴル、ウズベキスタン、インドネシアなどへの法整備支援に取り組んでいる。

ところで、日本がアジア諸国への法整備支援に本格的に着手したのは、一九九六年一二月のベトナムにたいする支援以降のことであり、したがって、法整備支援は一五年程度の経験しかもたない新しい事業であるといえる。欧米の援助機関、例えばスウェーデンの援助機関（Ｓｉｄａ）は、すでに一九九〇年代初頭以降ベトナムなどへの法整備支援に取り組んできた歴史をもっている。

一方、韓国の援助機関であるＫＯＩＣＡ（コイカ、韓国国際協力事業団）は、二〇〇二年から、アフガニスタンへの復興支援をきっかけとして、とくにアジアの体制移行国への法整備支援に乗り出してきた(4)。また、韓国では、二〇〇四年六月、ソウル大学の権五乗教授を中心に「アジア法研究所」が新たに創設され、本格的なアジア諸国法研究が開始された（第2章参照）。

しかし、日本にとっては一〇数年の歴史をもつ法整備支援ではあるが、それは多くの日本の法曹、研究者そして援助機関の人びとの懸命の努力によって実施されてきた。法務省の特別顧問として法整備支援の陣頭指揮にあたってきた三ヶ月章・東京大学名誉教授、カンボジアの民法、民事訴訟法の起草に従事した森嶌昭夫・名古屋大学名誉教授、竹下守夫・駿河台大学総長、ベトナム法整備支援初代長期専門家として派遣され、その仕事に青春をかけた武藤司郎弁護士、また、ウズベキスタンの行政手続法起草支援のために尽力した市橋克哉・名古屋大学教授をはじめ多くの人びとの奮闘があった。

民間のレベルでは、カンボジアへの日本の刑法、民法教科書などの現地語への翻訳・寄贈をとおして法整備支援に取り組んだ桜木和代弁護士、あるいはエチオピアから独立したエリトリアへの法整備支援のために法学部学生のときに単身赴き活躍した土井香苗弁護士らの活躍など、日本の法整備支援は、幾多のドラマを形づくってきた（第1章参照）。

また、名古屋市消防局（当時）の緑川久雄氏は、インド洋を越えたアフリカ大陸の隣に横たわるマダガスカルにたいし、JICA（国際協力事業団、現国際協力機構）の専門家として消防・防災制度の構築にかかわる支援を行い、首都のアンタナナリボをはじめアンチラベ、アンカソベなどの地域で梯子車の使い方、消防団の組織化、さらには環境保全を指導してきた。しかし、緑川氏は、消防・防災制度を本格的に確立するためには消防法、環境法、地方自治などの法制度整備支援が必要であると判断し、このテーマでのセミナーを実施してきた。これなどは、消防・防災の実際の技術指導とともに法整備支援を組み合わせた新しい形の支援といえよう[5]。

現在、日本のODA（政府開発援助）のあり方が問われているが、法整備支援という援助のあり方についても、例えば、どのような国にどのくらいの期間援助するのか、どのような法分野にたいして行うのか、ガバナンス分野の支援をいかに行うのか、また法整備支援の評価はどのように可能か、そして全体として法整備支援の理念、戦略はいかにあるべきか、という論点について、法務省法務総合研究所、JICAを中心に「法整備支援連絡会」が毎年定期的に開催され、率直で真摯な議論が行われてきた。

そして、二〇〇三年八月に改定された新しい「ODA大綱」は、ODAの「戦略性、効率性」を謳うとともに、その「基本方針」の最初の項目で、「法・制度構築」の「整備」への協力を明示し、「法整備支援」を日本のODAにおける重要課題として提起した。

また、法整備支援という新しい法学の課題に対応するため、文部省は二〇〇一年一〇月より五年間、科学研究費補助金特定領域研究「アジア法整備支援——体制移行国に対する法整備支援のパラダイム構築」プロジェクト（領域代表者：鮎京）を行った。これは、名古屋大学、大阪大学、早稲田大学の学術連携のもとに実施された（第3章参照）。

この「アジア法整備支援」研究プロジェクトは、現に今日進行しつつある、日本政府による法整備支援事業を一つの新しい現象としてとらえ、それを分析するという課題を追究してきた。しかし、「アジア法整備支援」というテーマ自体がきわめて新しくまた実際的な性格をもっている関係から、法整備支援研究は、法整備支援事業を実際に行うことによってはじめて認識できることが数多く存在するという性格をもっており、そのため、本研究プロジェクトでは、法整備支援研究と法整備支援事業を可能なかぎり結びつけながら法整備支援学を構築するという手法をとってきた。じつは、この点にこそ、本研究プロジェクトの革新性が存在するともいえよう。すなわち、研究主体は、法整備支援事業に直接関与することによってきわめて多くの発見と課題意識を獲得することができた。

本研究プロジェクトでは、「アジア法整備支援」という現象を、「体制転換と『法の移植』」、「法整備の包括的枠組み」、「法整備支援の手法と評価に関する理論研究」というそれぞれの観点から解明するというアプローチを採用したが、これらの研究において、上記の三つの計画研究はきわめて密接に関連していることが、あらためて明らかとなった。すなわち、中東欧諸国およびソ連邦の社会主義体制の崩壊以降のアジア体制移行諸国では、もちろん各国においてその体制転換の経緯ならびに法学教育水準および法文化のあり方などによって、法整備の実際の編成過程は多様であるが、それにもかかわらず、各国の体制移行の過程は、全体として、社会主義体制のもとで形成されてきた従来の法整備を貫く原理——行政的中央集権的な法システム——から市場経済化に適合的な法システムへの転換と特徴づけることが可能である。

　したがって、法整備を貫く法原理の転換は、法曹養成、法学教育、司法制度などあらゆる分野にわたる改革の課題をアジア体制移行諸国に求めるに至った。また、これらの法原理の転換は、主としてグローバル化のもとでの諸ファクター――例えばWTOへの加盟など――にその主要な動機づけをもっており、その意味では「外圧」から起こっている法整備という特徴を顕著に有している。この間、本研究プロジェクトが行ってきた、ベトナム、カンボジアなどにたいする調査・研究は、これらの「外圧」に伴って不可避的に国内法を整備していこうという状況を確認することができた。

　さらに、アジア体制移行諸国が、各国とも「法治国家」建設というスローガンを共通に掲げているが、しかし、「法治国家」をめぐる実態は、各国によりさまざまに異なり、これは、法令・判例情報の公開水準という点にも明瞭にあらわれ、国によっては公開がいまだに不十分であるという問題点が明らかとなった。

　名古屋大学大学院法学研究科は、一九九〇年代初頭より「アジア太平洋地域研究プロジェクト」を発足させ、体制移行諸国を含むアジアの法と政治の研究実績を積み重ね、一九九八年以降はアジア法整備支援事業を進め、その後、法整備支援研究および教育にかんするナショナル・センターである「法政国際教育協力研究センター（CALE）」を設立してこの事業に取り組んできた。

　名古屋大学の一連の研究においては、インドシナ諸国、中央アジア諸国、モンゴル、中国などアジア体制移行諸国の法令・判例情報の管理・自動翻訳システムおよび日本法情報発信システムの開発を行いその研究成果を生み出しつつあり、また、米国のウィスコンシン大学、ワシントン大学、スウェーデンのルンド大学など、「法と開発研究」、法整備支援に実務経験および学術研究の蓄積を有する諸大学と名古屋大学との学術連携を推進してきた。したがって、名古屋大学は、これらの成果にもとづき、市場経済化、民主主義、人権、法の支配の確立に資する「法整備支援学」の創造をめざしてきた。また、このような新しい学問を作り上げるために、日本国内では、法務省法務総合研究所、国際協力機構（ＪＩＣＡ）、最高裁判所、日本弁護士連合会、日本司法書士会連合会など、法整備支援に実際に取り組んでいる諸機関、このテーマに関心をもつ諸学会、国際的には、世界銀行、アジア開発銀行、国連開発計画などの国際援助機関、ならびに各国援助機関、さらには被援助国の司法省、最高裁判所、最高検察庁、法科大学などの協力体制を築き上げてきた。

ところで、アジア諸国にたいする法整備支援の経験は、日本法および日本法学の外国への情報発信が客観的な時代の要請となっていることを確認する歴史でもあった。法整備支援をするということは、同時に、私たちがどのような法をもち、しかも発信するにふさわしい法であるかについて問いかけられることを意味した。近年、法整備支援事業の一環として、ベトナム、ラオス、カンボジア、モンゴル、ウズベキスタンなどアジア体制移行国の現職の裁判官、検察官、司法省職員、法科大学教員などの法曹が日本の大学院で数多く勉強しているが、現状では日本法についての英語の文献、資料はきわめて限られたものしか存在しない。また、アジア諸国の法曹にたいし日本がどのような情報を発信していくかを考えた場合、その情報発信は、それぞれのアジア諸国の法を理解したうえのものでなければならず、けっして一方的なものであってはならない。明治維新以降、欧米の法を輸入し受容することにもっぱら努めてきた日本の法学が、情報発信型の日本法学へと転換していくためには、日本がアジア諸国の法整備の状況をより深く本格的に知ることが必要である（第４章参照）。

（5）アジア諸国法研究のフロンティア

日本におけるアジア諸国法研究のなかで、中国法研究、とくに中国法制史研究は仁井田陞『中国法制史研究』全四巻[6]、滋賀秀三『中国家族法の原理』[7]など多くの蓄積があり、その業績には圧倒される。ここには、律令制導入にみられるように中国と日本の関係の強さはもとよりのこと、日本の中国学の脈々と流れる伝統の力を感じさせられる。しかし、アジア諸国法の研究はいうまでもなく中国法だけであってはならない。かつて仁井田が「唐を中心として見たる東亜の法律」[8]で課題を明らかにしたように、中国周辺諸国法およびその他のアジア諸国法の研究は中国法研究と並んで重要である。中国の南部に広がるベトナム、ラオス、カンボジアなどインドシナ諸国の法、マレー半島からインドネシアへと至る国々の法、ゴビ砂漠の向こうに広がる草原の国モンゴルの法、新疆ウイグル自治区から天山山脈の向こう側に広がるキルギス、カザフスタン、ウズベキスタンなど中央アジア諸国の法、さらにアフガニスタンなど西アジアを経てイランなど中東へとつづく国々の法、インド、ネパール、スリランカなど南アジアの国々の法など、アジア地図をみてみればわかるように、中国以外のアジア諸国にも広大な大地が存在する。

日本では、二〇〇四年四月、「法科大学院」が設立された。司法制度改革審議会意見書（二〇〇一年六月一二日）は、「第一　今般の司法制度改革の基本理念と方向」の「第二　二一世紀のわが国社会において司法に期待される役割」のなかで「法曹の役割」にふれ、「二一世紀における国際社会において、……国際社会に対する貢献として、アジア等の発展途上国に対する法整備支援を引き続き推進していくことも求められよう」と述べ、また、「国民の期待に応える司法制度」の「第三　国際化への対応」において「発展途上国に対する法整備支援を推進すべきである」と述べた。

二一世紀の法曹に期待される能力とはなにか。その一つとして確実にいえることは、日本法とともに欧米の法に精通した知識をもち、かつアジア諸国の法にも詳しく、国際的な感覚（センス）をもつ能力である。国際的な感覚をもった法曹とは、たんに英文の契約書が書けるというだけではなく、法曹として国境を越えて少数者、弱者の声に耳を傾け、必要とあらば他人のために救いの手を差し伸べることができ、法文化の違いを深く理解して紛争の解決にあたることのできる人材のことである。

アジアはなによりも、一つではなく、多様な地域からなる。同時に、その多くはいまだ貧しく政治的安定も不十分な地域である。これらの地を訪れること、そこで新しい発見をすること、そしてその体験から日本と世界を考えていくこと——これらのことが、法学を志す若い世代に求められている。

法という分野での開発援助は、第二次世界大戦後の日本においてはほとんど経験がなかったものである。すなわち、法の分野は、これまで開発援助の対象とはなってこなかった。しかし、途上国、とりわけ中南米、アフリカ諸国にたいする法整備支援は、すでに一九六〇年代から七〇年代にかけてアメリカ合衆国の研究者により「法と開発研究」という形で行われてきた。これは、「法と開発研究」の提唱者自身が「失敗」であったと総括したが、その後、一九九〇年代以降、世界各国および国際援助機関が、法整備支援に本格的に取り組み、日本も、この事業に参加してきた。日本における法整備支援学の創造は、法の移植論、法の継受論への新しいアプローチにかかわって、日本の法学が明治期以降問いつづけてきた「法の進化」とは何かという問題を解明し、アジア諸国の法改革の動向を学術的に理解することに寄与する。また、アジア諸国にたいする法整備支援のこの一〇数年間の経験は、現在のアジア諸国の司法省をはじめとする諸機関から大きな共感をもって受け止められている。したがって、たんに立法支援だけではなく、法の分野にかかわる「人づくり」支援をも含む国際協力を行うことが、アジア諸国とのパートナーシップを構築する上で重要である。

注

序章

(1) 木下毅『比較法文化論』有斐閣、一九九九年。
(2) 同上、三頁。
(3) 同上、五一頁。
(4) 同上、五二頁。
(5) 同上、五二頁。
(6) 同上、五〇頁。
(7) 同上、五〇頁。
(8) 滝沢正『比較法』三省堂、二〇〇九年。
(9) 同上、二頁。
(10) 同上、三八頁。
(11) 同上、六六頁。
(12) 同上、五一頁。
(13) 同上、五二頁。
(14) 同上、五二頁。
(15) 同上、五三頁。
(16) 五十嵐清『比較法ハンドブック』勁草書房、二〇一〇年。
(17) 同上、一頁。
(18) 同上、一五頁。
(19) 同上、一五頁。

(20) 同上、一四九頁。
(21) 同上、二四六―二六〇頁。
(22) 広渡清吾『比較法社会論研究』日本評論社、二〇〇九年。
(23) 同上、六頁。
(24) 同上、九頁。
(25) 同上、二〇頁。
(26) 同上、二三頁。
(27) 同上、一一二―一一三頁。
(28) 藤田勇『社会主義社会論』東京大学出版会、一九八〇年、二三三頁、同「『生成期社会主義』論の論理構造」『前衛』四九五号、一九八三年、一九五―一九六頁。
(29) 稲子恒夫『人権宣言集』岩波文庫、一九五七年。
(30) 同上、三四四頁。
(31) 稲子恒夫・鮎京正訓『ベトナム法の研究』日本評論社、一九八九年、を参照のこと。
(32) これらの点にかんして、例えば、朴鑛棟「日韓の法分野別法整備支援事業の現状と問題点」(CALE Discussion Paper No. 2)、CALE、二〇〇九年。
(33) 矢吹公敏「日本弁護士連合会と国際司法支援活動」『ジュリスト』一三五八号、二〇〇八年。
(34) 滝沢正前掲『比較法』。
(35) 同上、一六頁。

第1章

(1) 中山研一「カンボジアにおける法学教育の支援」『法学セミナー』一九九九年一〇月号。
(2) 佐藤安信「連載・カンボジア便り」『法学セミナー』一九九二年一二月号、一九九三年一月号、一九九三年三月号―一九九三年一一月号。
(3)『途上国に対する法制度整備支援』国際協力事業団国際協力総合研修所、一九九九年、を参照のこと。また、『法制度整備支援に関する基礎研究』国際協力事業団国際協力総合研修所、一九九八年、も参照のこと。

(4) 土井香苗「連載・エリトリア立法体験記」『法学セミナー』一九九七年一一月号—一九九八年九月号。
(5) 土井香苗『〝ようこそ〟と言える日本人へ』岩波書店、二〇〇五年、二頁。
(6) 同上、一三頁。
(7) 同上、一五頁。
(8) 同上、一六頁。
(9) 同上、一九頁。
(10)『国際シンポジウム——アジアにおける社会変動と法整備』名古屋大学法学部アジア・太平洋地域法政研究プロジェクト、一九九八年、を参照のこと。
(11) 星野英一『民法のすすめ』岩波新書、一九九八年、四五頁以下、を参照のこと。
(12)『法整備支援について』法務省法務総合研究所、一九九九年、を参照のこと。
(13) 土井香苗前掲『法学セミナー』一九九八年三月号、一七頁。
(14) 外務省経済協力局編『我が国の政府開発援助——ＯＤＡ白書（一九九七年度版）』上巻、財団法人国際協力推進協会、一〇七頁。
(15)『ＯＤＡ白書（一九九九年度版）』上巻、九一頁。
(16)『ＯＤＡ白書（一九九八年度版）』上巻、四〇頁。また、「ＯＤＡ大綱」につき、『ＯＤＡ白書（一九九九年度版）』概要版、七五—七七頁、を参照のこと。
(17) 鮎京正訓・市橋克哉・樹神成『ウズベキスタン法整備支援調査報告書』（部内資料）、二〇〇〇年、を参照のこと。
(18) 以上につき、二〇〇〇年一月一二日の法務省法務総合研究所主催「第一回法整備支援連絡会」における国際協力事業団アジア第一部インドシナ課の報告にもとづく。
(19) 鮎京正訓『ベトナム憲法史』日本評論社、一九九三年、を参照のこと。
(20) この点につき、白石昌也・竹内郁雄編『ベトナム共産党第八回大会とドイモイの現段階』アジア経済研究所、一九九七年、を参照のこと。
(21) 仁井田陞『補訂 中国法制史研究——奴隷農奴法、家族村落法』東京大学出版会、一九六二年、五二七頁以下（「黎氏安南の財産相続法と中国法」）、および古田元夫『ベトナムの現在』講談社現代新書、一九九六年、を参照のこと。
(22) 潘佩珠（長岡新次郎・川本邦衛訳）『ヴェトナム亡国史』平凡社、一九六六年、一八二頁。

(23) 福井勇二郎「婚姻に関する安南人の慣行」『法学協会雑誌』六四巻九・一〇号、一九四六年、五六九頁。
(24) 三ヶ月章「日本国の近代化(一八六八年)以後の法制度構築の歴史」『ＩＣＣＬＣ』一〇号、財団法人国際民商事法センター、二〇〇〇年、二〇頁。
(25) 以上の内容は、一九九九年一月のベトナムにおける立法・司法機関でのヒアリング時の情報にもとづく。
(26) これら、第一次および第二次報告書の詳細な紹介は、鮎京正訓「ベトナムの立法および司法における法の解釈と適用」『ベトナムの政策決定過程』日本国際問題研究所、一九九八年、を参照のこと。
(27) Per Sevastik ed., *Legal Assistance to Developing Countries : Swedish Perspectives on the Rule of Law*, Kluwer Law International, 1997.
(28) *Ibid.*, p. 18.
(29) *Ibid.*, p. 39.
(30) *Ibid.*, p. 60.
(31) *Ibid.*, pp. 65–66.
(32) Carol V. Rose, "The 'New' Law and Development Movement in the Post-Cold War Era : A Vietnam Case Study", *Law & Society Review*, vol. 32, no. 1, 1998. ローズ論文の巻末の文献一覧はきわめて有益である。なお、「法と開発運動」につき、安田信之『アジアの法と社会』三省堂、一九八七年、三四—四五頁、を参照のこと。
(33) Ibid., pp. 126–127.
(34) Ibid., p. 128.
(35) Ibid., pp. 128–130.
(36) Ibid., p. 131.
(37) Ibid., pp. 133–134.
(38) 清水誠「法律時評」『法律時報』七〇巻一〇号、一九九八年、二—三頁。
(39) 久保田穣「政治課題化した司法制度改革——自民党司法制度改革提言の意味するもの」『法と民主主義』三三五号、一九九九年、九—一〇頁。
(40) 森嶌昭夫「ベトナムにおける法整備とわが国法律家の役割」『自由と正義』一九九六年七月号、二二頁。
(41) 原優「アジアへの立法支援——実務の立場から」『ジュリスト』一一二六号、一九九八年、二七〇—二七一頁。
(42) 三ヶ月章前掲、一八頁。また、「日本と西欧法の出合い」につき、三ヶ月章『法学入門』弘文堂、一九八二年、を参照のこと。

(43) 大久保泰甫「民法典編纂史のパラダイム転換と今後の課題――法制史学徒の立場から」『法律時報』七〇巻九号、一九九八年、九頁。

(44) この点につき、石田眞「末弘法学の軌跡と特質」『法律時報』七〇巻一二号、一九九八年、一六―一七頁、を参照のこと。また、アジア法整備支援につき、戒能通厚「末弘法学の現代的課題」『法律時報』同上、一二頁、を参照のこと。大村敦志『法典・教育・民法学』有斐閣、一九九九年、三一一頁以下は、法における「地域的なるもの」と「普遍的なるもの」に言及している。

(45) 古田元夫「開発援助と民主主義」『岩波講座　開発と文化』六巻、岩波書店、一九九八年、一五九―一六一頁。

(46) 同上、一六三頁。

(47) JICAのプロジェクトでは、この調査をベトナム司法省法学研究所が担当した。なお、著者は、ベトナムの司法機関をはじめ国家諸機関が日本の法整備支援をどのように受けとめているかについてのヒアリング調査を一九九九年一月に行ったが、カウンター・パートであるベトナム司法省とその他の機関の間には日本の法整備支援について、対象とする法分野等について若干の意見の違いが存在していた。

(48) 佐藤寛編『援助研究入門――援助現象への学際的アプローチ』アジア経済研究所、一九九六年、六頁。

(49) 同上、まえがき。

(50) 同上、一〇頁。

(51) 下山恭民・中川淳司・齋藤淳『ODA大綱の政治経済学』有斐閣、一九九九年。

(52) 同上、一二六頁。

(53) 同上、一三七―一三八頁。

(54) 同上、一三八頁。

(55) 同上、一二六頁。

(56)『ジュリスト』一一七一号、二〇〇〇年。

(57) 同上。

(58) 同上、一五六―一五五頁（巻末）。

(59)『ジュリスト』一一七〇号、二〇〇〇年、一八六頁。

(60) 同上、一〇四頁。

(61) 日弁連での議論につき、矢吹公敏「国際司法支援と弁護士会――カンボディア司法支援研修を例として」『自由と正義』一九九六年一二月号、同「国際司法支援と弁護士」『自由と正義』一九九九年一〇月号、上柳敏郎「国際社会における人権と日本の弁護士」『自由と正義』一九九九年一〇月号、などを参照のこと。

(62) 今関源成「法曹三者の意見聴取と『論点整理』」『法律時報』七二巻二号、二〇〇〇年、四八頁。

(63) この点につき、安田信之「知的協力としての法制度の移転――制度知としての法の移植」『国際開発研究』八巻二号、一九九九年、一二頁、を参照のこと。

(64) 矢吹公敏・桜木和代・山田洋一「国際的司法支援の様々なかたち――カンボディアで汗を流した弁護士たち」『自由と正義』一九九九年八月号、一八頁。

(65) 鮎京正訓「アジアの開発と人権――ベトナムの場合」『法の科学』二七号、日本評論社、一九九八年、同「ベトナムの『人権』をめぐる用語について」作本直行編『アジア諸国の民主化と法』アジア経済研究所、一九九八年、を参照のこと。また、ベトナムにおける自由権をめぐる状況の一端につき、加藤栄『ベトナムにおける「創作の自由」――党、法、および社会』名古屋大学大学院国際開発研究科ディスカッションペーパー、七六号、一九九九年、を参照のこと。

(66) この点につき、「人権」の意義を強調しつつも、同時に「文化」、「文明」の意義を重視し、「文際的人権観」を唱える大沼保昭『人権、国家、文明――普遍主義的人権観から文際的人権観へ』筑摩書房、一九九八年、を参照のこと。この議論にたいし、川本隆史「人間の権利の再定義――三つの道具を使いこなして」『新・哲学講義別巻――哲学に何ができるか』岩波書店、一九九九年は、「だが途上国の人びとをも納得させる文際的正当性をそなえた人権の新構想に関しては、自由権中心主義を乗り越えて、経済的・社会的・文化的権利も包摂するという方向性が示唆されるにとどまっており、複数の権利の優先順位や相互の（不可分な？）関係を解明する地点まですすんでいない。さらに文際的アプローチの単位とされる『文明』という集合的概念が、人権の分析にどれほどの切れ味を発揮できるかは疑問である」（一六五頁）と述べる。

(67) 樋口陽一『憲法と国家――同時代を問う』岩波新書、一九九九年、六〇頁。

(68) 同上、四三頁。

(69) 同上、四六頁。

(70) この点につき、鮎京正訓「ブックレビュー 今井弘道・森際康友・井上達夫編『変容するアジアの法と哲学』」『法律時報』七一巻八号、一九九九年、を参照のこと。また、同書（『変容するアジアの法と哲学』有斐閣、一九九九年）所収の、森際康友「アジアの法と日本の法哲学」は、「アジアにおける法発展のための活動に日本の法哲学者が何故に関わるのか」（三三五頁）を論じている。

（71）中山研一前掲、一一一―一一二頁。

第2章

（1）以上、スウェーデンの動向につき、砂原美佳氏から教示を受けた。
（2）以上、フランスの動向につき、傘谷祐之氏から教示を受けた。
（3）建石真公子監修『フランスによるインドシナ諸国に対する法整備支援』名古屋大学大学院法学研究科・ＣＡＬＥ、二〇〇八年。
（4）同上、三頁。
（5）同上、三頁。
（6）同上、四頁。
（7）同上、六頁。
（8）同上、七頁。
（9）同上、四六頁。
（10）同上、四六頁。
（11）同上、六二頁。
（12）同上、七〇頁。
（13）松尾弘『良い統治と法の支配――開発法学の挑戦』日本評論社、二〇〇九年、八八―九二頁。
（14）白藤博行「市場経済移行国に対する行政法改革支援――ドイツの場合」（二〇〇八年度名古屋大学「法整備支援戦略の研究」全体会議、第一部「行政法改革支援と新しい比較行政法学」、二〇〇八年一二月一三日での報告）。
（15）楜澤能生「土地法における普遍性とコンテクスト」（国際シンポジウム「法整備支援をめぐる日本・ドイツの対話」、二〇〇六年一〇月二六日、名古屋大学での報告）。
（16）以上、ドイツの動向につき、中村真咲氏から教示を受けた。
（17）Per Sevastik ed., *Legal Assistance to Developing Countries*, Kluwer Law International, 1997.
（18）*Ibid.*, p. 25.
（19）*Ibid.*, p. 25.
（20）*Ibid.*, p. 35.

（21）*Ibid*., p. 37.
（22）*Ibid*., p. 60.
（23）*Ibid*., p. 7.
（24）*Ibid*., p. 8.
（25）*Ibid*., p. 9.
（26）*Ibid*., p. 10.
（27）*Ibid*., p. 61.
（28）『ICD NEWS』四三号、二〇一〇年、八一―九六頁、を参照のこと。
（29）朴鑛棟『日韓の法学分野別法整備支援事業の現状と問題点』ＣＡＬＥ、二〇〇九年。
（30）同上、一九―二〇頁。
（31）同上、二四頁。
（32）上原敏夫他「座談会・法整備支援の現状と課題――カンボディア民事訴訟法起草支援に携わって」『ジュリスト』一二四三号、二〇〇三年、は、きわめて多くの情報をもたらしてくれている。

第3章

（1）小森田秋夫編『市場経済化の法社会学』有信堂、二〇〇一年、はしがき一頁。
（2）木田純一『社会主義法概論』法律文化社、一九七一年。
（3）高木八尺・末延三次・宮沢俊義編『人権宣言集』岩波文庫、一九五七年、二七六頁以下（稲子恒夫訳）。
（4）同上、二八八頁。
（5）藤田勇・畑中和夫・中山研一・直川誠蔵『ソビエト法概論』有斐閣、一九八三年、六頁。
（6）同上、四二頁。
（7）中国憲法の翻訳については、高橋和之編『〔新版〕世界憲法集』（高見澤磨、岩波文庫、二〇〇七年）に依拠した。
（8）なお、ベトナム、ラオス、カンボジア、モンゴルの憲法につき、萩野芳夫・畑博行・畑中和夫編『アジア憲法集〔第2版〕』（明石書店、二〇〇七年）の、各翻訳を参照した。ベトナム憲法については、若干、訳語を変更した。
（9）この点につき、古田元夫『ベトナムの世界史――中華世界から東南アジア世界へ』東京大学出版会、一九九五年、同『ベトナムの現在』講談社現代新書、一九九六年、などを参照のこと。
(10) 安田信之「『開発法学』事始」『アジ研ワールド・トレンド』一四三号、二〇〇八年。
(11) 三ヶ月章『一法学徒の歩み』、『司法評論Ⅰ 論説・対談』、『司法評論Ⅱ 講演』、『司法評論Ⅲ 法整備協力支援』すべて有斐閣、二〇〇五年。
(12) 三ヶ月章『法学入門』弘文堂、一九八二年。
(13) 三ヶ月章前掲『司法評論Ⅲ』五五―五七頁。
(14) 同上、五八頁。
(15) 同上、五九頁。
(16) 三ヶ月章前掲『法学入門』三三―三五頁。
(17) 同上、五九頁。
(18) 森嶌昭夫「ベトナムにおける法整備とわが国法律家の役割」『自由と正義』一九九六年七月号、一八頁以下、参照。
(19) この点につき、森嶌昭夫「法整備支援の理念とその課題」『法律のひろば』二〇〇一年一〇月号、一四頁以下、参照。
(20) 同上、一六頁。
(21) 同上、一六頁。
(22) 鮎京正訓「学界展望」『アジア経済』四六巻四号、二〇〇五年、を参照。
(23) この点につき、古田元夫「開発援助と民主主義」『岩波講座 開発と文化』六巻、岩波書店、一九九八年、を参照のこと。
(24) この点につき、「資料 ベトナム共産党政治局決議――二〇一〇年までのベトナム法律システムの構築と整備のための戦略及び二〇二〇年までの方針について」『ICD NEWS』二八号、法務省法務総合研究所国際協力部、二〇〇六年、を参照のこと。
(25) 以上につき、『ICD NEWS』二八号、二〇〇六年、を参照。訳語は原文資料にもとづき若干変更した。
(26) 安田信之『開発法学――アジア・ポスト開発国家の法システム』名古屋大学出版会、二〇〇五年、五頁。
(27) 松尾弘『良い統治と法の支配――開発法学の挑戦』日本評論社、二〇〇九年、一―四頁。
(28) 同上、五頁。
(29) 同上、六頁。
(30) 同上、七頁。
(31) 同上、七―八頁。

(32)「安田信之教授退職記念号」『国際開発研究フォーラム』三四号、名古屋大学大学院国際開発研究科、二〇〇七年、二一頁。
(33)同上、三六頁。
(34)同上、三六頁。
(35)同上、三七頁。
(36)同上、三九頁。
(37)同上、一七二頁。
(38)同上、一八一頁。
(39)同上、一八一頁。
(40)高橋和志・山形辰史編著『国際協力ってなんだろう——現場に生きる開発経済学』岩波書店、二〇一〇年。
(41)同上、六〇頁。
(42)同上、六三頁。
(43)同上、六四頁。
(44)この用語の意味については、川畑博昭「ラテンアメリカにおける『法と開発』研究／運動——序論的考察」『社会体制と法』五号、二〇〇四年、を参照のこと。
(45)文部科学省科学研究費補助金特定領域研究「アジア法整備支援」プロジェクト・日本学術会議比較法学研究連絡委員会・民事法学研究連絡委員会共催、比較法学会後援、二〇〇四年五月二六日、東京にて開催。
(46)この国際シンポジウムと同様のテーマにかんする詳細な研究として、山田美和「『法整備支援』の論理についての一考察——世界銀行と日本政府開発援助」作本直行編『アジアの経済社会開発と法』アジア経済研究所、二〇〇二年、がある。
(47)前掲『国際開発研究フォーラム』三四号、四八頁。
(48)河野俊行「はじめに」『ジュリスト』一三九四号、二〇一〇年、六頁。
(49)同上。
(50)葛西康徳「法の透明化プロジェクトへの比較法、法制史からのお返し」『ジュリスト』一三九四号、二〇一〇年、三一—三三頁。
(51)同上、三一—三二頁。
(52)松浦好治「日本法令・判例の翻訳と日本法の透明化」『ジュリスト』一三九四号、二〇一〇年、二六頁。
(53)同上、二八頁。

(54) 大屋雄裕「透明化と事前統制／事後評価」『ジュリスト』一三九四号、二〇一〇年、四二頁。
(55) 穂積陳重『法窓夜話』岩波文庫、一九八〇年。
(56) 同上、四一一頁。
(57) 同上、四一一頁。
(58) 徳田博人「行政法判例にみる司法制度改革の位相――行政法判例の『ガラパゴス化現象』？」『法律時報』八二巻八号、二〇一〇年、を参照のこと。
(59) 穂積陳重前掲、四〇三頁。なお、これらの諸点にかんして、石部雅亮「穂積陳重と比較法学」滝沢正編『比較法学の課題と展望』信山社、二〇〇二年、は卓越した内容をもつ。
(60) 大久保泰甫『日本近代法の父　ボワソナアド』岩波新書、一九七七年。
(61) 同上、五頁。
(62) 同上、五頁。
(63) 同上、一八五頁。
(64) 同上、一九四頁。
(65) 同上、五二頁。
(66) 同上。
(67) 三ヶ月章前掲『法学入門』。
(68) 三ヶ月章前掲『司法評論Ⅰ』「日越元法務大臣・対談『明日の司法の担い手を求めて』」。
(69) 同上、二二一―二二二頁。
(70) 同上、二二三頁。
(71) 同上、二四六頁。
(72) これらリヨンと日本の関係の点につき、大久保泰甫教授より教示を得た。もちろん、文責は著者にある。
(73) 奥田沙織「特集 留学生とアジア法整備支援」『CALE NEWS』三号、二〇〇一年、五頁。
(74) 同上、一〇頁。
(75)『ICD NEWS』四一号、二〇〇九年、に特集が組まれている。
(76) 三ヶ月章前掲『司法評論Ⅲ』二五頁。

(77)『CALE NEWS』一八号、二〇〇五年。
(78) 詳細につき、中村真咲「国際会議出席報告『二一世紀における法と社会――転換、抵抗、将来』」『CALE NEWS』二五号、二〇〇八年、一六頁。
(79) この点につき、鮎京正訓編『アジア法ガイドブック』名古屋大学出版会、二〇〇九年、を参照のこと。
(80) この点につき、松尾弘『良い統治と法の支配――開発法学の挑戦』日本評論社、二〇〇九年、を参照のこと。
(81) 久保田祐佳・久保田明人・伊藤朝日太郎・本田千尋・菅原仁人編『法律家と国際協力の世界』(CALE BOOKLET No. 3)、CALE、二〇〇九年。

第4章
(1) 森嶌昭夫「ベトナムに対するわが国の法整備支援」『書斎の窓』四六四号、一九九七年、などを参照のこと。
(2) 旧ODA大綱につき、外務省ホームページを参照のこと。
(3) 石川滋・原洋之介編『ヴィエトナムの市場経済化』東洋経済新報社、一九九七年、を参照のこと。
(4) 武藤司郎『ベトナム司法省駐在体験記』信山社、二〇〇二年、榊原信次『ベトナム法整備支援体験記　ハノイで暮らした一年間』信山社、二〇〇六年、を参照のこと。
(5) 新ODA大綱につき、外務省ホームページを参照のこと。
(6)『ICD NEWS』九号、二〇〇三年、二五頁。
(7) 同上、三一頁。
(8) 同上、三三頁。
(9) 例えば、法務省法務総合研究所『法整備支援について』パンフレット、一九九九年と、同『法整備支援――顔の見える国際協力』パンフレット、二〇〇六年、を参照のこと。
(10) この点につき、香川孝三・金子由芳編『法整備支援論』ミネルヴァ書房、二〇〇七年、第五章第二節「憲法分野の支援可能性」(四本健二) を参照のこと。
(11) この文書につき、外務省ホームページを参照のこと。
(12) 鮎京正訓編『アジア法ガイドブック』名古屋大学出版会、二〇〇九年、を参照のこと。

第5章

（1）この論点につき、William J. Duiker, *Vietnam : Nation in Revolution*, Boulder & Colorado, 1983, を参照のこと。また、Lawrence W. Beer ed., *Constitional Systems in Late Twentieth Century Asia*, University of Washington Press, 1992, p. 357（Duiker 執筆部分）は、「東南アジアのほとんどの社会と同様に、ベトナムは、西欧においてブルジョア・デモクラシーの興隆へと導いた個人主義と権力分立の伝統を欠く」と述べ、「それゆえ、ベトナムが西欧的モデルにもとづく、より多元主義的なシステムへと根本的に発展していくと考えることは早計であろう」と結論づけている。

（2）この点につき、猪口孝「人権と民主主義」猪口孝他編『冷戦後の日米関係』NTT出版、一九九七年、を参照のこと。

（3）白石昌也「刷新路線のゆくえ」佐藤経明・矢吹晋・白石昌也・丹藤佳紀『変貌するアジアの社会主義国家』三田出版会、一九九五年、中野亜里「ベトナムの対外関係と人権問題」『法学研究』六八巻一一号、一九九五年、同「ヴェトナムの［全方位外交］と人権論の発展」『アジア研究』四二巻一号、一九九六年、を参照のこと。

（4）この点につき、岩崎育夫編『アジアと民主主義――政治権力者の思想と行動』アジア経済研究所、一九九七年、および、渡邊昭夫編『アジアの人権――国際政治の視点から』日本国際問題研究所、一九九七年、を参照のこと。

（5）以上につき、田畑茂二郎「人権問題の国際化とその提起するもの」田畑茂二郎編『二一世紀 世界の人権』明石書店、一九九七年、を参照。

（6）本章においては、ベトナム憲法集として以下のものを用いた。なお、本文中の各国語の対応について、基本的に、以下のものから採っている。*Hien Phap Viet Nam* (Nam 1946, 1959, 1980 va 1992), Nha xuat ban chinh tri quoc gia, Ha Noi, 1995 ; *Les Constitutions du Vietnam* (1946–1959–1980–1992), Editions The Gioi, Ha Noi, 1995 ; *The Constitutions of Vietnam* (1946–1959–1980–1992) The Gioi Publishers, Ha Noi, 1995. また、ベトナム憲法史につき、鮎京正訓『ベトナム憲法史』日本評論社、一九九三年、鮎京正訓「第三世界――近代立憲主義とラオス、ベトナム、カンボジアの憲法像」樋口陽一編『講座憲法学』別巻、日本評論社、一九九五年、を参照のこと。

（7）「独立宣言」についての研究として、以下のものを参照のこと。Bo Tu Phap / Vien Nghien Cuu Khoa Hoc Phap Ly, Tuyen Ngon Doc Lap nam 1945 cua Chu Tich Ho Chi Minh, Nha xuat ban chinh tri quoc gia, Ha Noi, 1996.（司法省法学研究所『ホーチミン主席の一九四五年の独立宣言』）。

（8）『マルクス・エンゲルス全集』一巻、大月書店、四〇二頁。

（9）Benjamin R. Beede, “Democratic Republic of Viet-Nam”, Albert P. Blaustein & Gisbert H. Flanz eds., *Constitutions of the Countries of the*

World, Oceana Publications, Inc., New York, 1971, chronology, p. 2.

（10）Douglas Pike, *History of Vietnamese Communism, 1925–1976*, Hoover Institution Press, Stanford, 1978, p. 93.

（11）Pham Thanh Vinh, Cach mang thang tam va qua trinh hinh thanh, phat trien cua khai niem quyen dan toc co ban, Nha nuoc va phap luat, Tap IV, Ha Noi, 1971, tr. 65–67.

（12）古田元夫「ヴェトナムにおける『集団主人公システム』概念の形成と発展」『共産主義と国際政治』一四号、一九七九年、七五頁。

（13）Gisbert H. Flanz & Karen Shaw Kerpen, "Socialist Republic of Viet-Nam," Albert P. Blaustein & Gisbert H. Flanz eds., *Constitutions of the Countries of the World*, Oceana Publications, Inc., 1981, p. 4.

（14）ベトナムの憲法制度全般につき、鮎京正訓「ベトナムの憲法制度」作本直行編『アジア諸国の憲法制度』アジア経済研究所、一九九七年、を参照のこと。

（15）白石昌也「ベトナム共産党第八回大会の開催とその概要」白石昌也・竹内郁雄編『ベトナム共産党第八回大会とドイモイの現段階』アジア経済研究所、一九九七年、を参照。

（16）Trung tam khoa hoc xa hoi va nhan van quoc gia / Vien nghien cuu nha nuoc va phap luat, *Binh luan khoa hoc Hien* phap *nuoc cong hoa xa hoi chu nghia Viet nam nam 1992*, Nha xuat ban khoa hoc xa hoi, Ha Noi, 1995.（社会・人文科学ナショナルセンター／国家と法研究所『一九九二年ベトナム社会主義共和国憲法コンメンタール』）。

（17）*Ibid*., p. 226.

（18）*Ibid*., p. 267.

（19）Chu Hong Thanh (chu bien), *Tim hieu van de Nhan Quyen trong the gioi hien dai*, Nha xuat ban lao dong, Ha Noi, 1996.（『現代世界における人権問題概説』）。

（20）*Ibid*., p. 4.

（21）*Ibid*., p. 19.

（22）*Tinh hinh nhan quyen o Trung quoc*, Nha xuat ban chinh tri quoc gia, Ha Noi, 1994.（『中国における人権状況』）。

（23）タイン・ティン（中川明子訳）『ベトナム革命の内幕』めこん、一九九七年。なお、以下も参照のこと。Bui Tin, *Following Ho Chi Minh : The Memoirs of a North Vietnamese Colonel*, Hurst & Company, 1995.

（24）同上『ベトナム革命の内幕』三四九頁以下、参照。

（25）Chu Hong Thanh, *op. cit.*, p. 176.

（26）*Ibid.*

（27）Dang Cong San Viet Nam, *Van Kien dai hoi dai bieu toan quoc lan thu VIII*, Nha xuat ban chinh tri quoc gia, Ha Noi, 1996, pp. 44-45.（ベトナム共産党『第八回全国代表大会文献』）。

（28）その他の人権関連文献として、以下のものがある。Hoc vien chinh tri guoc gia Ho Chi Minh / Trung tam Thong tin-tu lieu, *Nhan Quyen-quan niem va thuc tien*, Ha Noi, 1996.（ホーチミン国家政治学院『人権——観念と実際』）。Hoang Van Hao=Chu Hong Thanh (chu bien), *Mot so van de ve Quyen kinh te-xa hoi*, Nha xuat ban lao dong, Ha Noi, 1996.（ホアン・ヴァン・ハオ／チュー・ホン・タィン編『経済的社会的権利に関する若干の諸問題』）。

（29）末川博編『全訂法学辞典』日本評論社、一九七一年。

（30）樋口陽一『一語の辞典　人権』三省堂、一九九六年、一五頁。

（31）Duiker, *Vietnam : Nation in Revolution, op. cit.*, p. 96.

（32）この点につき、以下のものを参照。*Chuyen de ve Huong Uoc*, Bo tu Phap / Vien nghien cuu khoa hoc phap ly, Ha Noi, 1996.（司法省法学研究所『郷約シンポジウム特集』）。なお、「郷約」につき、古田元夫「現代ベトナムにおける国家と社会の一断面——郷約（村の掟）復活論をめぐって」衛藤瀋吉先生古稀記念論文集編集委員会編『二〇世紀アジアの国際関係　III』原書房、一九九五年、を参照のこと。

（33）片山裕・大西裕編『アジアの政治経済・入門〔新版〕』有斐閣ブックス、二〇一〇年。

（34）司法省法学研究所『法学事典』百科辞典出版社、二〇〇六年。Bo Tu Phap Vien Khoa Hoc Phap Ly, *Tu Dien Luat Hoc*, Nha Suat Ban Tu Dien Bach Khoa=Nha Xuat Ban Tu Phap, 2006.

（35）水林彪「西欧法の普遍性と特殊性——比較法史学的考察」『比較法研究』六五号、有斐閣、二〇〇四年、一一頁。

（36）水林報告ペーパーより。

（37）同上、傍点は原文。

（38）この点につき、以下の文献を参照のこと。鮎京正訓「アジアの法律整備支援体制」猪口孝編著『アジア学術共同体　構想と構築』ＮＴＴ出版、二〇〇五年、所収、鮎京正訓「学界展望：国際シンポジウム　開発における法の役割」『アジア経済』二〇〇五年四月号。

（39）前掲、水林報告ペーパー。

(40) 梅棹忠夫『文明の生態史観』中公文庫、一九九八年。初出、一九五七年。
(41) 同上、一〇七―一〇八頁。
(42) 同上、一〇八頁。
(43) 同上、一一三頁。
(44) 同上、一〇四頁。
(45) 同上、一〇六頁。
(46) 同上、一一五頁以下。
(47) 同上、一一四頁。
(48) 同上、一二一頁。
(49) 木下毅『比較法文化論』有斐閣、一九九九年。
(50) 同上、五頁。
(51) 同上、五二頁。
(52) 仁井田陞「唐を中心として見たる東亜の法律」『東亜研究講座』七一輯、一九三六年。
(53) 石井米雄監修／桜井由躬雄・桃木至朗編『ベトナムの事典』同朋舎、一九九九年、一三六頁。
(54) ヴ・ヴアン・イエン（中込武雄・大橋宣二訳）『仏印に於ける公田制度の研究』(Vu van Hien, *La Propriété Communale au Tonkin*, 1940) 栗田書店、一九四四年、三―四頁。
(55) 同上、五頁。
(56) 同上、六頁。
(57) 同上、六―七頁。
(58) 同上、一〇―一一頁。
(59) 菊池一雅『ベトナムの農民』古今書院、一九六六年、七二頁。
(60) 同上、七四頁。
(61) 高見澤磨「『近代経験』と体制転換について」『社会体制と法』二号、二〇〇一年、五四頁。
(62) 潘佩珠（長岡新次郎・川本邦衛編）『ヴェトナム亡国史他』平凡社、一九六六年、一八二頁。
(63) ホー・チ・ミン「フランス植民地主義を告発する」アジア・アフリカ研究所編『資料ベトナム解放史』第一巻、労働旬報社、一九七〇年、一四二頁。
(64) この点につき、三ヶ月章「日本国の近代化（一八六八年）以後の法制度構築の歴史」ＩＣＣＬＣ、一〇号。財団法人国際民商事法センター、二〇〇〇年、を参照のこと。
(65) 今井昭夫「植民地期ベトナムにおける立憲論と一九四六年憲法」東京外国語大学『東南アジア学』第六巻、二〇〇〇年。
(66) 同上、一五八頁。
(67) これらの点につき、鮎京正訓前掲『ベトナム憲法史』八九頁以下、を参照のこと。
(68) 梅棹忠夫前掲、一一八頁。

第6章

(1) この点につき、鮎京正訓「第三世界の憲法」清水睦編著別冊法学セミナー『法学ガイド 憲法Ｉ』一九八九年、を参照のこと。
(2) この点につき、鮎京正訓「現代のいわゆる『発展途上国』の自由・平等・権利問題と社会主義の道」『講座 革命と法 第二巻』日本評論社、一九八九年、を参照のこと。
(3) この点につき、「旧社会主義諸国における『西欧法』原理の導入」を特集した、『比較法研究』五五号、一九九三年、を参照のこと。
(4) その概要につき、『自由と正義』四四巻一一号、一九九三年、の特集を参照のこと。
(5) カンボジア一九九三年憲法の翻訳として、四本健二訳が『法学セミナー』四七六号、一九九四年、に掲載されている。
(6) 奥平康弘「アジア憲法シンポジウム」『ジュリスト』九五一号、一九九〇年、一一六頁を参考のこと。
(7) 辻村みよ子・金城清子『女性の権利の歴史』岩波書店、一九九二年、を参照のこと。
(8) 刑部荘「sujet といふ身分について」『国家学会雑誌』五七巻八号、一九四三年、を参照のこと。
(9) 鮎京正訓「『インドシナ』からみた『主権・自決権・人権』」『憲法問題』四号、一九九三年、を参照のこと。
(10) ラオス一九九一年憲法につき、非公式英訳パンフレット（英文、一九九一年、ビエンチャン）を参照した。また、安田信之「ラオス法の現況」『法学セミナー』四四八号、一九九二年、を参照のこと。
(11) ベトナム一九九二年憲法およびその改正諸草案につき、鮎京正訓『ベトナム憲法史』日本評論社、一九九三年、一三一頁以下を参照のこと。
(12) 鮎京正訓・高世仁訳・解説「ベトナム社会主義共和国憲法」『法律時報』五三巻六号、七号、一九八一年、を参照のこと。

(13) 鮎京正訓前掲『ベトナム憲法史』一五八頁参照。
(14) 鮎京正訓「ベトナムにおける『法治国家』概念について」『法政論集』一四九号、一九九三年、を参照のこと。
(15) 同右、四七一頁以下、を参照のこと。
(16) カンボジアの諸憲法につき、浦野起央・西修編『資料体系アジア・アフリカ国際関係政治社会史 憲法資料アジアI』パピルス出版、一九八〇年、およびPeasley, *Constitutions of Nations*, 3rd ed., vol. II, Nijhoff, Hague 1966 ; Albert P. Blaustein, Gisbert H. Franz eds., *Constitutions of the Countries of the World*, Oceana Publications, Inc., 1989を参照した。
(17) 以下の英文パンフレットを参照のこと。*The Constitution of the Kingdom of Cambodia*, 1993, Phnom Penh.
(18) 鮎京正訓「世界の憲法事情 カンボジア」『法学セミナー』四七六号、一九九四年、を参照のこと。また、鮎京正訓・四本健二「現代カンボジアの法と人権について」『法政論集』一五七号、一九九四年、を参照のこと。
(19) この点を特集した、奥平康弘前掲「アジア憲法シンポジウム」を参照のこと。
(20) この点につき、石田眞「戦前日本における『アジア法』研究の一断面——華北農村慣行調査を中心として」『法政論集』一三二号、一九九〇年、を参照のこと。
(21) 中村哲「植民地法」『講座 日本近代法発達史 第五巻』勁草書房、一九五八年。
(22) 江橋崇「植民地における憲法の適用——明治立憲体制の一側面」『法学志林』八二巻三・四号、一九八五年。
(23) 深瀬忠一「フランス第五共和制憲法の成立とその基本構造」『ジュリスト』一九四号、一九六〇年、を参照のこと。
(24) 東亜研究所（宮沢俊義執筆）『仏印の統治体制』東亜研究所、一九四四年、を参照のこと。
(25) 福井勇二郎「婚姻に関する安南人の慣行」『法学協会雑誌』六四巻九・一〇号、一九四六年。
(26) 黒田了一『比較憲法論序説』有斐閣、一九六四年。
(27) 岡倉古志郎・長谷川正安編『民族の基本的権利』法律文化社、一九七三年。
(28) 影山日出彌「比較憲法史序説——方法と課題」『科学と思想』四号、一九七二年。
(29) 吉田善明『現代比較憲法要論（上）』敬文堂、一九七〇年。
(30) 小林直樹「戦後日本の主権論——一つの総合的検討の試み」『国家学会雑誌』一〇四巻九号、一一号、一九九一、一九九二年。
(31) 同上、一一号、四九頁以下を参照のこと。また、影山日出彌『憲法の基礎理論』勁草書房、一九七五年、を参照のこと。
(32) この点につき、アブデルファタ・アモール（岡田信弘訳）「アラブ諸国と立憲主義」『法律時報』六二巻一〇号、一九九〇年、を参照のこと。

(33) 千葉正士編著『スリランカの多元的法体制――西欧法の移植と固有法の対決』成文堂、一九八八年、および、その書評として鮎京正訓『法社会学』四一号、一九八九年、を参照のこと。
(34) ローレンス・W・ビーア編（佐藤功監訳）『アジアの憲法制度』学陽書房、一九八一年。
(35) Lawrence W. Beer ed., *Constitutional Systems in Late Twentieth Century Asia*, University of Washington Press, Seattle & London 1992.
(36) *Ibid.*, p. 4.
(37) *Ibid.*, p. 5.
(38) *Ibid.*, p. 5.
(39) *Ibid.*, p. 7.
(40) *Ibid.*, p. 8.
(41) *Ibid.*, p. 18.
(42) *Ibid.*, p. 19.
(43) *Ibid.*, p. 21.
(44) *Ibid.*, p. 357.
(45) *Ibid.*, p. 357.
(46) *Ibid.*, p. 357.
(47) *Ibid.*, p. 357.
(48) William J. Duiker, *Vietnam : Nation in Revolution*, Boulder & Colorado, 1983, p. 96.
(49) この点につき、鮎京正訓「ベトナム法理論の転換過程における一九九二年憲法」五島文雄・竹内郁雄編『社会主義ベトナムとドイモイ』アジア経済研究所、一九九四年、を参照のこと。
(50) 小倉貞男「ヴェトナムの挑戦」『世界』五九三号、一九九四年、一四九頁。
(51) 三尾忠志「新しい転機を迎えたインドシナ」三尾忠志編『ポスト冷戦のインドシナ』日本国際問題研究所、一九九三年、一五一―一七頁。
(52) 同上、一六―一七頁。
(53) *Nhan Dan*, 30–7–1991.
(54) Vien Nha Nuoc va Phap Luat, *Tim hieu ve Nha nuoc phap quyen*, Nha Xuat Ban Phap Ly 1992, tr. 46–47.

(55) Carlyle A. Thayer, David G. Marr eds., *Vietnam and the Rule of Law*, Australia National University, Canberra 1993.
(56) *Ibid*., pp. 52–55.
(57) *Ibid*., pp. 62–64.
(58) *Ibid*., p. 83.
(59) *Ibid*., p. 85.
(60) *Ibid*., p. 86.
(61) *Ibid*., p. 87.
(62) *Ibid*., p. 91.
(63) *Ibid*., p. 91.
(64) *Ibid*., p. 109.
(65) *Ibid*., p. 110.
(66) *Ibid*., p. 116.
(67) *Ibid*., p. 116.
(68) *Ibid*., p. 117.
(69) *Ibid*., p. 125.
(70) この点につき、樋口陽一『近代憲法学にとっての論理と価値——戦後憲法学を考える』日本評論社、一九九四年、一八七頁以下を参照のこと。
(71) 古田元夫「ベトナムの『刷新』と『社会主義』の堅持」『歴史評論』五二七号、一九九四年、二〇頁。また、同様の問題を扱ったものとして、古田元夫「ベトナムにおける『社会主義の道』の堅持」唯物論研究協会編『社会主義を哲学する——崩壊から見えてきたもの』大月書店、一九九二年、古田元夫「ベトナムにとっての社会主義」『国際政治』九九号、一九九二年、古田元夫「アジアにおける社会主義・歴史と現在」『神奈川大学評論』一二号、一九九二年、も参照のこと。
(72) 古田元夫前掲「ベトナムの『刷新』と『社会主義』の堅持」二一頁。
(73) 同上、二〇頁。
(74) 同上、二二頁。
(75) 同上、一二四頁。

(76) 同上、一二五頁。
(77) 同上、一二五頁。
(78) 吉沢南『個と共同性』東京大学出版会、一九八七年、一八頁。
(79) この点につき、樋口陽一『一語の辞典　人権』三省堂、一九九六年、スュードル（建石真公子訳）『ヨーロッパ人権条約』有信堂、一九九七年、などを参照のこと。また、樋口陽一『憲法と国家——同時代を問う』岩波新書、一九九九年、も参照のこと。
(80) 高見勝利編『人権論の新展開』北海道大学図書刊行会、一九九九年、所収。
(81) 同上、一七六—一七七頁。
(82) この点につき、横田耕一「『集団』の『人権』」『公法研究』六一号、一九九九年、を参照のこと。
(83) 青木保『「日本文化論」の変容——戦後日本の文化とアイデンティティー』中公文庫、一九九九年。原著一九九〇年。一五六—一五七頁。
(84) ルース・ベネディクト『菊と刀』社会思想社、一九六七年。原著一九四六年。
(85) 加藤周一「日本文化の雑種性」『思想』一九五五年六月号。
(86) 梅棹忠夫「文明の生態史観序説」『中央公論』一九五七年二月号。
(87) 加藤栄『ベトナムにおける「創作の自由」——党、法、および社会』名古屋大学大学院国際開発研究科ディスカッションペーパー、一九九九年を参照。
(88) 四本健二『カンボジア憲法論』勁草書房、一九九九年、を参照。
(89) 島田弦「インドネシアの開発主義と人権をめぐる裁判——九〇年代の判例分析」『アジア経済』四一巻二号、二〇〇〇年。
(90) 青木保・梶原景昭編『情報社会の文化——情報化とアジア・イメージ』東京大学出版会、一九九九年、四八頁（青木執筆部分）。また、とくに同書所収、中村春作論文を参照のこと。
(91) 井上達夫「リベラル・デモクラシーとアジア的オリエンタリズム」今井弘道・森際康友・井上達夫編『変容するアジアの法と哲学』有斐閣、一九九九年、二三頁。
(92) この点につき、岩崎育夫編『アジアと民主主義——政治権力者の思想と構造』アジア経済研究所、一九九七年、を参照のこと。
(93) 土屋英雄編著『中国の人権と法——歴史、現在そして展望』明石書店、一九九六年、一四七頁。また、この点との関係で、人権の普遍性と、「文化相対主義」、「発展段階論」の区別を論じた深田三徳『現代人権論——人権の普遍性と不可譲性』弘文堂、一九九九年、一三〇頁以下、を参照のこと。

(94) 西修『日本国憲法を考える』文春新書、一九九九年、一二二頁。
(95) 同上、一二二頁。
(96) 樋口陽一「批判的普遍主義の擁護——文化の多元性に対面する人権概念」『比較法研究』五九号、一九九七年、一〇頁。
(97) 同上、七八頁。
(98) この点につき、井上達夫前掲「リベラル・デモクラシーとアジア的オリエンタリズム」を参照のこと。
(99) 同上、五七頁。
(100) 上智大学社会正義研究所・国際基督教大学社会科学研究所編『国際協力と日本国憲法』現代人文社、一九九八年、一九頁。
(101) 同上、一〇頁。
(102) 同上、一〇頁。
(103) また、前掲の土屋英雄編著『中国の人権と法』の「アジア的人権」観についての整理（二七頁以下）は、著者とほぼ同様な観点からそれを扱っているので是非参照されたい。なお、著者自身のこれらの問題についてのベトナムに即しての整理は、鮎京正訓『ベトナム憲法史』日本評論社、一九九三年、の序章、同「ベトナムの憲法制度」作本直行編『アジア諸国の憲法制度』アジア経済研究所、一九九七年、同「ベトナムの『人権』をめぐる用語について」作本直行編『アジア諸国の民主化と法』アジア経済研究所、一九九八年、同「アジアの開発と人権——ベトナムの場合」『法の科学』二八号、日本評論社、一九九八年、を参照していただきたい。
(104) 小森田秋夫「シンポジウムのまとめに代えて」『比較法研究』五九号、一九九七年、七七頁。
(105) 同上、七九頁。
(106) 仁井田陞「東洋とは何か」（一九五二年）、同『東洋とは何か』東京大学出版会、一九六八年、五頁。
(107) 同上、二〇頁。
(108) 同上、二一頁。
(109) 同上、二五頁。
(110) 同上、二九頁。
(111) 同上、三〇頁。
(112) 仁井田陞「中国の法と社会と歴史」（一九六四年）、同『東洋とは何か』東京大学出版会、一九六八年、二八四頁。
(113) 川島武宜・竹内好・丸山眞男「仁井田陞博士と東洋学」一九六六年。『丸山眞男座談 七巻』岩波書店、一九九八年、八六頁。

(114) 同上、八八頁。
(115) 旗田巍『中国村落と共同体理論』岩波書店、一九七三年、三五頁。
(116) 同上、三五—三六頁。
(117) 同上、三六頁。
(118) 川島武宜・竹内好・丸山眞男前掲「仁井田陞博士と東洋学」八六頁。
(119) 『法律時報』七〇巻一二号、一九九八年。
(120) 同上、一二頁。
(121) 同上、五三頁。
(122) 同上、五六頁。
(123) 同上、三二頁。
(124) 『福島正夫著作集　七巻』勁草書房、一九九三年、二五七頁。
(125) 戸塚悦朗『日本が知らない戦争責任——国連の人権活動と日本軍「慰安婦問題」』現代人文社、一九九九年。
(126) 阿部浩己『人権の国際法——国際人権法の挑戦』現代人文社、一九九八年。
(127) 法整備支援につき、以下を参照のこと。報告書『法制度整備支援に関する基礎研究』国際協力事業団・国際協力総合研修所、一九九八年、報告書『途上国に対する法制度整備支援』国際協力事業団・国際協力総合研修所、一九九九年、『国際シンポジウム「アジアにおける社会変動と法整備」』名古屋大学法学部アジア・太平洋地域法政研究プロジェクト、一九九九年、Per Sevastik ed., *Legal Assistance to Developing Countries : Swedish Perspectives on the Rule of Law*, Kluwer Law International 1997.
(128) 大久保泰甫「民法典編纂史のパラダイム転換と今後の課題——法制史学徒の立場から」『法律時報』七〇巻九号、一九九八年、九頁。

終　章

(1) 「アジア憲法シンポジウム」『ジュリスト』九五一号、一九九〇年。
(2) これらにつき、「特集／アジアの憲法問題」『憲法問題』一一号、三省堂、二〇〇〇年、を参照のこと。また、大須賀明・稲正樹「シンポジウム『アジア・オセアニア立憲主義』の課題と展望」『アジア経済』四一巻六号、二〇〇〇年、を参照のこと。
(3) 中嶋嶺雄『東アジア比較研究』日本学術振興会、一九九二年。

（4）この点につき、鮎京正訓「『アジア的人権論』の思想と構造」『憲法問題』一一号、を参照のこと。
（5）Dao Tri Uc (chu bien), *Nhung van de co ban cua hien phap cac nuoc tren the gioi*, Nha xuat ban Su that 1992, tr. 5-6.
（6）この点につき、鮎京正訓「ベトナムの『人権』をめぐる用語について」作本直行編『アジア諸国の民主化と法』アジア経済研究所、一九九八年、を参照のこと。
（7）二〇〇一年二月一七日の名古屋大学での講演「カンボジアにたいする法整備支援」での発言。なお、これらの点につき、日本カンボジア法律家の会『第四次カンボジア調査団報告書』一九九九年、および同『第五次カンボジア調査団報告書』二〇〇〇年、を参照のこと。
（8）法整備支援につき、鮎京正訓「『法整備支援』とは何か？　それをどう考えるか？」『社会体制と法』創刊号、二〇〇〇年、を参照のこと。また、松尾弘「善良な政府と法の支配（一）―(三・完)」『横浜国際経済法学』七巻二号、八巻一号―二号、一九九九年、戒能通厚「比較法学会創立五〇周年シンポジウム――『法整備支援』と比較法学の課題」『アジア経済』四二巻一号、二〇〇一年、など参照のこと。
（9）木下毅『比較法文化論』有斐閣、一九九九年。
（10）同上、二六七―二六八頁。
（11）季衛東『現代中国の法変動』日本評論社、二〇〇一年。
（12）同上、三三〇頁。
（13）同上、三三二頁。
（14）同上、三三八―三三九頁。
（15）和辻哲郎『風土――人間学的考察』一九三五年、岩波文庫、一九七九年。
（16）同上、二〇頁。
（17）同上、一六一頁。
（18）戸坂潤「和辻博士・風土・日本」一九三七年、『戸坂潤全集　五巻』勁草書房、一九六七年。
（19）同上、一〇〇頁。
（20）同上、一〇一頁。
（21）同上、一〇一頁。
（22）同上、一〇一頁。

(23) 同上、一〇二頁。
(24) 仁井田陞「東洋とは何か」(一九五二年)、同『東洋とは何か』東京大学出版会、一九六八年、二五頁。
(25) 岡田信弘「第三世代の人権論――その提起するもの」高見勝利編『人権論の新展開』北海道大学図書刊行会、一九九九年、を参照のこと。
(26) この点につき、横田耕一「『集団』の『人権』」『公法研究』六一号、一九九九年、を参照のこと。
(27) 桐山孝信『民主主義の国際法』有斐閣、二〇〇一年。
(28) 同上、五頁以下。
(29) 同上、八三頁以下。
(30) 阪口正二郎『立憲主義と民主主義』日本評論社、二〇〇一年。
(31) 同上、五頁。
(32) 小森田秋夫編『市場経済化の法社会学』有信堂、二〇〇一年。
(33) 同上、はしがき、四―五頁。
(34) アジアにおける人権保障の動向につき、アジア・太平洋人権情報センター編『アジアの文化的価値と人権』現代人文社、一九九九年、を参照のこと。
(35) 東大作『平和構築――アフガン、東ティモールの現場から』岩波新書、二〇〇九年、i頁、を参照のこと。
(36) 同上、二六頁。
(37) この点につき、同上、二二四頁以下の記述を参照のこと。
(38) 棟居快行「アフガン憲法の旅（一）―（四）」『書斎の窓』五二七―五三〇号、二〇〇三年。紙谷雅子「同（五）―（六）」同五三一―五三二号、二〇〇四年。
(39) 同上、五三〇号、一五頁。
(40) 樹神成「行政法整備支援の経験からみた比較法の課題」『法律時報』八二巻一二号、二〇一〇年。
(41) 市橋克哉「行政法整備支援の『メタ理論』と比較行政法への示唆」『法律時報』八二巻一二号、二〇一〇年。
(42) 樹神成「行政法整備支援の経験からみた比較法の課題」『法律時報』八二巻一二号、二〇一〇年、一〇一頁。
(43) 同上、一〇一頁。
(44) 同上、一〇一頁。

(45) 同上、一〇三―一〇四頁。
(46) 同上、一〇四頁。
(47) 市橋克哉「行政法整備支援の『メタ理論』と比較行政法への示唆」『法律時報』八二巻一二号、二〇一〇年、一一〇頁。
(48) 同上、一一〇頁。
(49) 同上、一一〇頁。

おわりに

(1) モンテスキュー（野田良之他訳）『法の精神（上）』岩波文庫、一九八九年、三〇頁。
(2) 戦前・戦時中に行われた「中国農村慣行調査」にかんする研究成果として、内山雅生『現代中国農村と「共同体」』御茶の水書房、二〇〇三年、参照。
(3) 法における「伝統的要素」につき、小林直樹『憲法学の基本問題』有斐閣、二〇〇二年、三八四頁以下、参照。
(4) 韓国の『法律新聞』二〇〇二年一二月一六日号、参照。徐元宇・ソウル大学名誉教授からの教示による。
(5) 緑川久雄「今役立つ消防キーワード（40）国際編／マダガスカル共和国における消防防災体制構築援助の経験から」『近代消防』近代消防社、二〇一〇年三月号、を参照のこと。
(6) 仁井田陞『中国法制史研究（全四巻）』東京大学出版会、一九五九―六四年。
(7) 滋賀秀三『中国家族法の原理』創文社、一九六七年。
(8) 仁井田陞「唐を中心として見たる東亜の法律」『東亜研究講座』七一輯、一九三六年。

あとがき

私が「法整備支援」にかかわることになったのは、たしか一九九三年に、森嶌昭夫教授に「ベトナムに同行してくれないか」という誘いを受けたことに始まる。本書でもすでに紹介したように、それ以来、森嶌教授はベトナムへの法整備支援、とりわけ民法典起草支援に「手弁当」で取り組まれ、その後、日本政府による法整備支援プロジェクトのリーダーとして活躍されることになった。そして、それを機縁として、その後、私はベトナム憲法史研究と法整備支援研究という「二足のわらじ」をはく生活となった。

しかし、本書の中にもその「苦闘」の跡がみてとれるように、ベトナム法研究という地域法研究、基礎法的研究と、法整備支援という新しい開発援助論の双方を追いかける仕事は、私にとってそれほど簡単ではなかった。とくに、二〇〇一年度からの文部省特定領域研究「アジア法整備支援」という五年間の大型プロジェクトの領域代表者となり、その後、名古屋大学法政国際教育協力研究センター長を四年間にわたり務めた、この約一〇年間は、ベトナム法研究ではなく、法整備支援研究・プロジェクトに専ら取り組むこととなった。

このような自身の研究のあり方について、「迷った」時期もあった。そのようなときに、友人であった名古屋大学大学院国際開発研究科の西村美彦教授に、「開発援助一辺倒の日々になってしまった」と愚痴をいったことがある。そうしたら、ＪＩＣＡ出身者でもある西村さんは、「開発援助も、立派な一つの人生だよ」とアドバイスをしてくれて、何となく心が軽くなった気がした。いまは琉球大学で活躍されている西村さんには、この場をお借りして、そのときの友情に感謝の意を表したい。

さらに、私の法整備支援研究をあと押ししてくれたのは、若い世代の学生、他大学も含む法科大学院生の存在であった。名古屋大学に法科大学院ができたとき、私の担当科目は、「法整備支援論」と「アジア法概論」となったが、開講当初は受講生も少なかった。しかし、とくに「法整備支援論」には現在では多くの学生が参加し、また、毎年、そのうちの何人かは、「アジアの地域にもっと積極的にかかわりたい」、「法整備支援に本格的に取り組みたい」、「開発援助と法の研究を欧米の大学で学びたい」といってくれ、その夢を果敢に実現している。

法整備支援研究に取り組んだことは、ベトナム法研究という私の本来の専門からすれば、少し「回り道」をしたような気もするが、しかし法整備支援研究は、私の今後のベトナム法研究の方向を示してくれたように思われる。そこで、私の今後の研究課題を明らかにしておきたい。

第一には、法整備支援研究の中で学問上の課題として明確に浮上してきた、「伝統法」をめぐる諸問題の本格的な追究である。すでに、日本学術振興会科学研究費補助金（基盤研究（B））として採択され、同僚の宇田川幸則先生、姜東局先生とともに共同研究を行っている『「郷約」の比較法的研究――中国、韓国、ベトナム」で得た研究成果にもとづき、ベトナムにおける「郷約」研究を、実証的に、かつ法学研究者の立場から考察することである。

第二には、アジアの人権、民主主義に対する実証的な、また法学的・政治思想的研究を、とりわけベトナム憲法史に即して行うことである。かつての「儒教文化圏論」、「アジア的人権論・アジア的民主主義論」の系譜をいっそう精緻に批判的に検討し、これらの議論は何を私たちに提起してきたかを考察することが、ここでの課題である。

本書が成るにあたっては、ほんとうに多くの方々のお世話になった。とくに、本書をまとめるうえでさまざまなアイデアと情報を提供してくれた、私のゼミ出身の研究者である中村真咲さん、砂原美佳さん、傘谷祐之さんにはあらためて御礼を申し上げたい。また、大学院生の曽根加奈子さん、金井怜己さんは、巻末の文献目録、索引の作成に協力してくれた。

本書はもっと早い時期に出版しなければならなかったが、私の怠惰で刊行が遅れ、そのことによって、是非とも読んでいただきたかった方々が故人となられてしまった。痛恨の極みである。

本書の主題とも関連のある「東アジア行政法学会」の創設者のお一人である室井力先生、亡くなられる三週間前にソウルのご自宅をお見舞いに訪れた際に、法整備支援と比較行政法について熱心に語られた徐元宇ソウル国立大学名誉教授・名古屋大学名誉博士、さきの特定領域研究の外部評価委員としてお世話になり、つねに理路整然と法整備支援について話してくださった三ヶ月章東京大学名誉教授、また私事にわたるが二〇一〇年一〇月に他界した私の父・鮎京重忠、の各氏に本書を捧げたい。

本書の刊行にあたり、名古屋大学出版会の三木信吾氏には、一年半前に出版した編著『アジア法ガイドブック』につづき、たいへんお世話になった。三木さんの励ましと叱咤がなければ、本書の刊行は到底不可能であった。

なお、本書は、平成二二年度日本学術振興会科学研究費補助金（研究成果公開促進費）により刊行される。

二〇一一年二月三日

鮎京正訓

初出一覧

序　章　書下し。

第1章　「『法整備支援』とは何か？　それをどう考えるか？――『近代日本の範』と今日の課題」『社会体制と法』創刊号、二〇〇〇年。

第2章　書下し。

第3章　1、2、5は、書下し。

3　「二人の先学と法整備支援の理論的諸問題」『アジ研ワールドトレンド』一四三号、二〇〇七年。

4　「学界展望　国際シンポジウム『開発』における法の役割――法と開発：その理論と展望」『アジア経済』四六巻四号、二〇〇五年。

6　「名古屋大学と法整備支援事業・研究」『ジュリスト』一三五八号、二〇〇八年。

第4章　書下し。

第5章　1　「ベトナムの『人権』をめぐる用語について」作本直行編『アジア諸国の民主化と法』アジア経済研究所、一九九八年、所収。

2　書下し。

3　「ベトナムにおける『近代経験』をめぐって」『社会体制と法』六号、二〇〇五年。

第6章　1　「第三世界——近代立憲主義とラオス、ベトナム、カンボジアの憲法像」樋口陽一編『講座憲法学』別巻、日本評論社、一九九五年、所収。

2　「『アジア的人権論』の思想と構造」『憲法問題』一一号、二〇〇〇年。

終　章　1　「立憲主義憲法学とアジア」『法律時報』七三巻六号、二〇〇一年。

2　「大学による法整備支援——人材育成と比較法学の課題」『法律時報』八二巻一号、二〇一〇年。

おわりに　「アジア法研究のフロンティア」『法学セミナー』二〇〇三年五月号。

＊本書をまとめるにあたり、各論文とも、訂正、加筆等を行った。

鮎京正訓編
アジア法ガイドブック
A5・442 頁
本体3,800円

安田信之著
開発法学
—アジア・ポスト開発国家の法システム—
A5・384 頁
本体4,800円

石井三記著
18世紀フランスの法と正義
A5・380 頁
本体5,600円

高橋一彦著
帝政ロシア司法制度史研究
—司法改革とその時代—
A5・424 頁
本体9,000円

森際康友編
法曹の倫理［第2版］
A5・426 頁
本体3,800円

浅野豊美著
帝国日本の植民地法制
—法域統合と帝国秩序—
A5・808 頁
本体9,500円

倉田徹著
中国返還後の香港
—「小さな冷戦」と一国二制度の展開—
A5・408 頁
本体5,700円

川島真・服部龍二編
東アジア国際政治史
A5・398 頁
本体2,600円

《著者紹介》

鮎京正訓《あいきょうまさのり》

1950年　愛知県に生まれる
1973年　慶応義塾大学法学部卒業
1979年　早稲田大学大学院法学研究科博士課程満期退学
1979年　名古屋大学法学部助手・講師
岡山大学教養部助教授，名古屋大学大学院国際開発研究科教授を経て，
現　在　名古屋大学大学院法学研究科教授（法学博士）
著　書　『ベトナム法の研究』（共著，日本評論社，1989年）
『ベトナム憲法史』（日本評論社，1993年）
『アジア法ガイドブック』（編著，名古屋大学出版会，2009年）

法整備支援とは何か

2011年2月28日　初版第1刷発行

定価はカバーに
表示しています

著　者　鮎　京　正　訓

発行者　石　井　三　記

発行所　財団法人　名古屋大学出版会
〒464-0814　名古屋市千種区不老町1名古屋大学構内
電話(052)781-5027/FAX(052)781-0697

© Masanori Aikyo, 2011

Printed in Japan
印刷・製本 ㈱太洋社
ISBN978-4-8158-0668-2
乱丁・落丁はお取替えいたします。

R〈日本複写権センター委託出版物〉
本書の全部または一部を無断で複写複製（コピー）することは，著作権法上の例外を除き，禁じられています。本書からの複写を希望される場合は，必ず事前に日本複写権センター（03-3401-2382）の許諾を受けてください。

索　引

あ 行

か 行

な　行

は　行

ま 行

や 行

ら・わ行

法整備支援関係文献目録

＜単行本＞

鮎京正訓編『アジア法ガイドブック』(名古屋大学出版会，2009 年)。

アジア法学会編『アジア法研究の新たな地平』(成文堂，2006 年)。

井上武『体制移行国に対する制度整備・政策立案支援のための基礎研究』(国際協力事業団国際協力総合研究所，2003 年)。

香川孝三『政尾藤吉伝——法整備支援国際協力の先駆者』(信山社出版，2002 年)。

——・金子由芳『法整備支援論——制度構築の国際協力入門』(ミネルヴァ書房，2007 年)。

金子由芳『アジア法の可能性』(大学教育出版，1998 年)。

——『アジア危機と金融法制改革——法整備支援の実践的方法論をさぐって』(信山社出版，2004 年)。

——『国際協力事業団平成 17 年度客員研究員報告書——法整備支援における政策判断に資する立案・評価手法の検討』(国際協力事業団国際協力総合研修所，2006 年)。

——『アジアの法整備と法発展』(大学教育出版，2010 年)。

黒岩郁雄『開発途上国におけるガバナンスの諸課題——理論と実際』(日本貿易振興機構アジア経済研究所，2004 年)。

国際開発センター・アイ・シー・ネット株式会社『プロジェクト研究「日本型国際協力の有効性と課題」』(独立行政法人国際協力機構，2003 年)。

国際協力機構［JICA］『JICA におけるガバナンス支援——民主的な制度づくり，行政機能の向上，法整備支援調査研究報告書』(独立行政法人国際協力機構，2004 年)。

——アジア第一部『ヴェトナム社会主義共和国重点政策中枢支援（法整備支援フェーズ II）終了時評価報告書』(独立行政法人国際協力機構，2002 年)。

——アジア第二部『中華人民共和国プロジェクト形成調査（ガバナンス強化支援）報告書』(独立行政法人国際協力機構，2004 年)。

——国際協力総合研修所『途上国の主体性に基づく総合的課題対処能力の向上を目指して——キャパシティ・ディベロップメント（CD)』(独立行政法人国際協力機構，2006 年)。

——社会開発部『JICA におけるガバナンス支援——民主的な制度づくり，行政機能の向上，法整備支援——調査研究報告書』(独立行政法人国際協力機構，2004 年)。

——中国事務所『経済法・企業法整備プロジェクト　事前評価調査報告書』(独立行政法人国際協力機構，2005 年)。

国際協力事業団国際協力総合研修所『法制度整備支援に関する基礎研究報告書』（独立行政法人国際協力機構，1998 年）。

榊原信次『ベトナム法整備支援体験記――ハノイで暮らした 1 年間』（信山社出版，2006 年）。

作本直行編『アジアの経済社会開発と法』（アジア経済研究所，2002 年）。

佐藤安信『法制度整備支援に関する基礎研究報告書』（国際協力事業団・国際協力総合研修所，総研 JR98-21，1998 年）。

篠田英朗『平和構築と法の支配――国際平和活動の理論的・機能的分析』（創文社，2004 年）。

杉浦一孝他『中央アジアにおける紛争解決過程――ウズベキスタン共和国に関する報告書』（名古屋大学大学院法学研究科，2003 年）。

竹下賢・角田猛之編『マルチ・リーガル・カルチャー――法文化へのアプローチ〔改訂版〕』（晃洋書房，2002 年）。

名古屋大学法学部アジア法整備支援研究会『アジア法整備支援研究会報告書』各号。

名古屋大学法政国際教育協力研究センター（CALE）『ウズベキスタン国際シンポジウム報告集――ウズベキスタンと日本の伝統法，法令改善の諸問題』（文部科学省科学研究費「アジア法整備支援」プロジェクト，2003 年）。

前田啓一『EU の開発援助政策』（御茶の水書房，2000 年）。

松尾弘『良い統治と法の支配――開発法学の挑戦』（日本評論社，2009 年）。

三ヶ月章『司法評論 I ～ III』（有斐閣，2005 年）。

武藤司郎『ベトナム司法省駐在体験記』（信山社出版，2002 年）。

森川俊考・池田龍彦・小池治編『開発協力の法と政治――国際協力研究入門』（国際協力出版会，2004 年）。

安田信之『アジアの法と社会』（三省堂，1987 年）。

――『第三世界開発法学入門』（アジア経済研究所，1992 年）。

――『ASEAN 法』（日本評論社，1996 年）。

――編『転換期の日本の国際協力――政府開発援助を中心に：ワークショップ報告論文集（開発・文化叢書 29）』（名古屋大学大学院国際開発研究科，1998 年）。

――『開発法学――アジア・ポスト開発国家の法システム』（名古屋大学出版会，2005 年）。

早稲田大学比較法研究所編『比較法研究の新段階――法の継受と移植の理論（早稲田大学比較法研究所叢書 30）』（成文堂，2003 年）。

渡辺利夫・三浦有史『ODA（政府開発援助）』（中公新書，2003 年）。

＜論文＞
鮎京正訓「アジアの開発と人権――ベトナムの場合（シンポジウム グローバリゼーションと日本国家）」（『法の科学』27 号，1998 年）。
――「『法整備支援』の実際と理論（比較法学創立 50 周年記念シンポジウム『法整備

支援』と比較法学の課題)」(『比較法研究』62号，2000年)。

――「『法整備支援』とは何か？　それをどう考えるか？」(『社会体制と法』創刊号，2000年)。

――「立憲主義憲法学とアジア」(『法律時報』73巻6号［通巻905号］，2001年)。

――「『法整備支援』事業の現状と問題点について」(早稲田大学比較法研究所編『比較法研究の新段階――法の継受と移植の理論(早稲田大学比較法研究所叢書30)』成文堂，2003年)。

――「法整備支援における比較法(シンポジウム 新世紀における比較法学の課題)」(『比較法研究』65号，2003年)。

――「法整備支援　アジア法研究のフロンティア――わたしたちはどんな法を発信できるか」(『法学セミナー』48巻5号［通巻581号］，2003年)。

――「アジアの法整備支援体制」(猪口孝編著『アジア学術共同体――構想と構築』NTT出版，2005年)。

――「ベトナムなどアジア体制移行国に対する法整備支援と法学研究の課題」(愛敬浩二・水島朝穂・諸根貞夫編『現代立憲主義の認識と実践(浦田賢治先生古稀記念論文集)』日本評論社，2005年)。

――「学会展望　国際シンポジウム『開発における法の役割』――法と開発：その理論と展望」(『アジア経済』46巻4号，2005年)。

――「ベトナムにおける『近代経験』をめぐって――水林彪報告へのコメント」(『社会体制と法』6号，2005年)。

――「法整備支援からみた比較法・基礎法研究の課題(小特集 ロースクール時代の法学研究・教育を問う――基礎法学の主張(日本学術会議シンポジウム［その1］第1部 豊かな法実務のために――基礎法学からの寄与))」(『法律時報』77巻9号［通巻960号］，2005年)。

――「先端研究拠点事業　21世紀の『開発と法』研究」(『学術月報』59巻2号［通巻735号］，2006年)。

――「法整備支援活動による法制度の国際発信――名古屋大学法政国際教育協力研究センター(CALE)設立5周年によせて　(特集 日本法制度のグローバリゼーションへの対応)」(『法律のひろば』59巻8号，2006年)。

――「二人の先学と法整備支援の理論的諸問題(特集『法と開発』研究――途上国問題への新たな学問的貢献)」(『アジ研ワールド・トレンド』143号，2007年)。

――「名古屋大学と法整備支援事業・研究(特集 アジアにおける法整備支援と日本の役割――法整備支援の現状)」(『ジュリスト』1358号，2008年)。

――「大学による法整備支援――人材育成と比較法学の課題(特集 法整備支援の課題)」(『法律時報』82巻1号［通巻1017号］，2010年)。

相澤恵一「犯罪防止及び刑事司法に関する国際研修(特集 法整備に関する国際支援)」(『罪と罰』38巻4号，2001年)。

――・稲葉一生「司法分野における能力向上支援――キャパシティ・ビルディング支

援に関する閣僚宣言に寄せて（特集 G8 司法・内務大臣会議）」（『法律のひろば』61 巻 10 号，2008 年）。

足立昌勝「カンボジアにおける刑事法の現状と法学教育」（『関東学院法学』10 巻 2 号，2000 年）。

——「カンボジアにおける法学教育の現状——プノンペン大学とノートン大学における刑法特別講義を中心として」（『関東学院法学』10 巻 3・4 号，2001 年）。

——「2003 年度 新生カンボジア王国における治安の回復と刑事関連法規の制定」（『ジュリスコンサルタス』14 号，2004 年）。

——「東ティモールにおける新たな国家建設（共同研究プロジェクト 国連統治後の民族和解と新たな国家建設（3））」（『ジュリスコンサルタス』16 号，2007 年）。

——「東ティモール暫定統治下における犯罪と刑罰について——特別法廷を中心として」（『関東学院法学』10 巻 3・4 号，2008 年）。

飯孝行「書評 榊原信次著『ベトナム法整備支援体験記——ハノイで暮らした 1 年間』」（『法学セミナー』52 巻 2 号［通巻 626 号］，2007 年）。

石田眞「戦後の慣行調査が『法整備支援』に問いかけるもの——台湾旧慣調査・満州旧慣調査・華北農村慣行調査」（早稲田大学比較法研究所編『比較法研究の新段階——法の継受と移植の理論（早稲田大学比較法研究所叢書 30）』成文堂，2003 年）。

——「アジア法研究と開発法学——安田報告へのコメント」（早稲田大学比較法研究所編『比較と歴史のなかの日本法学——比較法学への日本からの発信（早稲田大学比較法研究所叢書 34）』成文堂，2008 年）。

磯井美葉「弁護士会に対する支援の意義と課題——モンゴル弁護士会支援の経験から（特集 法整備支援の課題）」（『法律時報』82 巻 1 号［通巻 1017 号］，2010 年）。

市橋克哉「ウズベキスタンにおける行政法改革」（『名古屋大学法政論集』225 号，2008 年）。

——「行政法整備支援の『メタ理論』と比較行政法への示唆（小特集 法整備支援からみた新比較行政法学の展開）」（『法律時報』82 巻 12 号，2010 年）。

伊藤隆「法整備支援に学ぶ——外から見直した日本の法制度（2） 注釈書の在るべき姿について考える」（『法曹』669 号，2006 年）。

——「法整備支援に学ぶ——外から見直した日本の法制度（6） 韓国との研修を通じて思う」（『法曹』673 号，2006 年）。

伊藤知義「ウズベキスタンに対する法整備支援と伝統法をめぐる国際シンポジウム」（『ユーラシア研究』28 号，2003 年）。

——「社会主義法部会 ウズベキスタンにおける民法典の位置づけ」（『比較法研究』66 号，2004 年）。

——「グローバリゼーションとウズベキスタン，モンゴル，中国の経済法制改革——報告へのコメント」（『社会体制と法』10 号，2009 年）。

——「中央アジアにおける法解釈——法整備支援事業の経験から」（『社会体制と法』

11号，2010年）。

伊藤文規「法整備支援の現場から」（『法曹』703号，2009年）。

——「実務のしおり 法整備支援の現場から——ベトナムにおける法・司法制度改革支援プロジェクトについて」（『研修』733号，2009年）。

稲葉一生「法整備支援に学ぶ——外から見直した日本の法制度（8・最終回） 法整備支援の今後の課題」（『法曹』675号，2007年）。

——「法整備支援に学ぶ——外から見直した日本の法制度　法整備支援の今後の課題」（『研修』709号，2007年）。

——「法整備支援の軌跡と今後の課題」（『法の支配』147号，2007年）。

——「みんけんプラザ　法整備支援に学ぶ——外から見直した日本の法制度　法整備支援の今後の課題」（『みんけん』607号，2007年）。

——「法整備支援事業のいま（特集 アジアにおける法整備支援と日本の役割——法整備支援の現状）」（『ジュリスト』1358号，2008年）。

上原敏夫「カンボディア王国民事訴訟法起草支援作業について（比較法学創立50周年記念シンポジウム 『法整備支援』と比較法学の課題）」（『比較法研究』62号，2000年）。

——「カンボディア王国民事訴訟法日本語条文案（判決手続編）について」（『国際商事法務』30巻8号，2002年）。

——「カンボジア民事訴訟法起草支援」（『ジュリスト』1243号，2003年）。

——「カンボディア王国民事訴訟法日本語条文案（強制執行編，保全処分編ほか）について」（『国際商事法務』34巻2号，2006年）。

——「カンボジア民事訴訟法典の成立——起草支援作業を振り返って（特集 アジアにおける法整備支援と日本の役割——カンボジアにおける法整備支援）」（『ジュリスト』1358号，2008年）。

——・竹下守夫・大村雅彦他「座談会 法整備支援の現状と課題——カンボディア民事訴訟法起草支援に携わって」（『ジュリスト』1243号，2003年）。

上柳敏郎「国際社会における人権と日本の弁護士（特集 これからの司法と弁護士(3)　国際化の中の弁護士）」（『自由と正義』50巻10号，1999年）。

——「法整備支援の制約条件とその克服　特集あと書きにかえて（特集 法整備支援の課題）」（『法律時報』82巻1号［通巻1017号］，2010年）。

宇田川幸則「中国における司法制度改革——裁判官制度改革と『裁判官の独立』を中心に」（『社会体制と法』2号，2001年）。

——「名古屋大学の取り組み——名古屋大学上海事務所長　宇田川幸則氏に聞く（特集 留学という文化）」（『中国21』33号，2010年）。

内田勝一「ヴェトナム民法改正共同研究の現状と課題」（早稲田大学比較法研究所編『比較法研究の新段階——法の継受と移植の理論（早稲田大学比較法研究所叢書30）』成文堂，2003年）。

大谷美紀子「国際司法支援活動における国際法曹団体との協同——日本の弁護士の役

割と課題（特集 法整備支援の課題）」（『法律時報』82 巻 1 号［通巻 1017 号］，2010 年）。

大屋雄裕「透明化と事前統制／事後評価」（『ジュリスト』1394 号，2010 年）。

岡崎有二「JICA におけるガバナンス支援とその中における警察民主化支援（警察政策フォーラム 警察における国際協力の推進）」（『警察学論集』60 巻 5 号，2007 年）。

岡村泰孝「㈶国際民商事法センターの法整備支援活動（特集 法整備支援の新たな動き――顔の見える国際協力）」（『法律のひろば』54 巻 10 号，2001 年）。

尾崎道明「法務省による法整備支援事業の新たな展開――国際協力部の新設（特集 法整備に関する国際支援）」（『罪と罰』38 巻 4 号，2001 年）。

――「みんけんプラザ 法務省による法整備支援事業の新たな展開――国際協力部の新設」（『みんけん』532 号，2001 年）。

――「法整備支援の新たな展開――国際協力部の新設 （特集 法整備支援の新たな動き――顔の見える国際協力）」（『法律のひろば』54 巻 10 号，2001 年）。

――「法務総合研究所国際協力部における民商事法を中心とした法整備支援活動について」（『法の支配』126 号，2002 年）。

――「各国の司法制度改革への取組みと法整備支援（1） 法整備支援の広がりと今後の展望」（『法律のひろば』55 巻 9 号，2002 年）。

落美都里「我が国の法整備支援の現状と問題点――法分野からの平和構築（総合調査 平和構築支援の課題）」（『レファレンス』57 巻 3 号［通巻 674 号］，2007 年）。

小野耕二「シリーズ 法整備支援のための比較政治学（2） 法整備支援の比較政治学的考察をめざして――E・オストロームの支援論を手がかりに」（『名古屋大学法政論集』206 号，2005 年）。

戒能通厚「総論『法整備支援』と比較法学の課題（比較法学創立 50 周年記念シンポジウム 『法整備支援』と比較法学の課題）」（『比較法研究』62 号，2000 年）。

――「学界展望 比較法学会創立 50 周年記念シンポジウム 『法整備支援』と比較法学の課題」（『アジア経済』42 巻 1 号，2001 年）。

――「総論――『比較法研究の新段階――法の継受と移植の理論』に寄せて」（早稲田大学比較法研究所編『比較法研究の新段階――法の継受と移植の理論（早稲田大学比較法研究所叢書 30）』成文堂，2003 年）。

香川孝三「海外 Topic & Report 在ベトナム日本大使館公使として触れたベトナムの法と社会（3） 法整備支援事業」（『法学教室』315 号，2006 年）。

――「政尾藤吉伝補遺」（『国際協力論集』15 巻 1 号，2007 年）。

――「政尾藤吉の業績と現代の法整備支援事業との比較」（『アジア法研究』2009 年号，2009 年）。

――「ベトナムの法整備支援」（『科学研究費「アジア法整備支援」研究成果報告書』2006 年）。

葛西康徳「法の透明化プロジェクトへの比較法，法制史からのお返し」（『ジュリス

ト』1394 号，2010 年)。

笠原俊彦・宮越極「日本警察における国際協力の現状と課題（特集・インドネシア警察改革の支援)」(『警察学論集』56 巻 10 号，2003 年)。

加藤久和「進展するモンゴルの土地法制改革と環境保護の課題」(『国際開発研究フォーラム』34 号，2007 年)。

金子浩之「法整備支援の研修の協力，相互理解の促進を担う民間団体（特集 2 アジア法整備支援)」(『法律文化』11 巻 3 号［通巻 188 号］，1999 年)。

金子由芳「コメント 経済法の観点から（比較法学創立 50 周年記念シンポジウム『法整備支援』と比較法学の課題)」(『比較法研究』62 号，2000 年)。

――「法整備支援における『司法改革』再考――法の実施強化の見地から」(『国際開発研究』13 巻 1 号，2004 年)。

――「市場経済化における法整備の比較考察――ベトナム・ロシア・中国（1・2)」(『国際協力論集』12 巻 2 号，2004 年)，(12 巻 3 号，2005 年)。

――「法整備支援における司法改革支援の論点」(『神戸法學雜誌』55 巻 3 号，2005 年)。

――「アジア市場経済化諸国のコーポレート・ガバナンス制度構築の新展開――中国・ベトナム・ラオス・カンボジア・モンゴル」(『国際協力論集』14 巻 2 号，2006 年)。

――「法整備支援における法制モデル選択のありかた――国際機関と日本の援助の対比」(『国際開発研究』15 巻 1 号，2006 年)。

――「移行・市場経済化における法整備支援（特集『法と開発』研究――途上国問題への新たな学問的貢献)」(『アジ研ワールド・トレンド』13 巻 8 号，2007 年)。

――「アジア危機十年の法制改革の検証――IMF・世銀コンディショナリティの帰結」(『国際協力論集』16 巻 2 号，2008 年)。

――「土地法改革における法的多元主義の克服　日本・インドネシア・カンボジアの比較検討」(『国際協力論集』16 巻 3 号，2009 年)。

――「ベトナム民事訴訟の改革と動態――日本の法整備支援をめぐる一考察」(『神戸法學雜誌』59 巻 3 号，2009 年)。

神木篤「法曹養成支援の課題――カンボジア（特集 法整備支援の課題)」(『法律時報』82 巻 1 号［通巻 1017 号］，2010 年)。

紙谷雅子「アフガン憲法の旅――『憲法支援』日誌（5)・(6)」(『書斎の窓』531-532 号，2004 年)。

――「2001-2004 年アフガニスタン憲法制定過程」(『学習院大学法学会雑誌』40 巻 2 号，2005 年)。

川嶋四郎「ベトナム民事司法に関する課題と展望――債権回収システムの課題と展望を中心として」(『法政研究』73 巻 3 号，2006 年)。

――「日本における法整備支援の課題と展望について」(『法政研究』73 巻 4 号，2007 年)。

川畑博昭「ラテンアメリカにおける『法と開発』研究／運動――序論的考察」(『社会体制と法』5 号, 2004 年)。

河村有教「刑事司法分野における日本の国際協力――現状及び課題と展望」(『神戸法學雑誌』56 巻 3 号, 2006 年)。

――「刑事法分野における法整備支援の展望」(『CDAMS（神戸大学「市場化社会の法動態学」研究センター）ディスカッションペイパー』07/4, 2007 年)。

――「アジアの地域統合と共通法形成に向けて――法整備支援をめぐる言説を手がかりに」(樫村志郎編『規整と自律（法動態学叢書・水平的秩序 3)』法律文化社, 2007 年)。

亀卦川健一「法務省法務総合研究所国際協力部の行う法整備支援について」(『慶應法学』13 号, 2009 年)。

木下毅「『法と開発』運動の基礎理論――社会科学における人間論（比較法学創立 50 周年記念シンポジウム 『法整備支援』と比較法学の課題)」(『比較法研究』62 号, 2000 年)。

工藤恭裕「各国の司法制度改革への取組みと法整備支援（6～7） 癒し系の国ラオスの法制度（上・下)」(『法律のひろば』56 巻 2-3 号, 2003 年)。

黒川裕正「各国の司法制度改革への取組みと法整備支援（10～11） カンボジアの司法事情（上・下)」(『法律のひろば』56 巻 6-7 号, 2003 年)。

桑原尚子「法整備支援における『法の移植（Legal transplants)』をめぐる議論の序論的考察――理論と実践の架橋をめざして」(『国際開発研究フォーラム』34 号, 2007 年)。

國分隆文「法整備支援に学ぶ（3） ベトナムと判例の微妙な関係」(『法曹』670 号, 2006 年)。

樹神成「ウズベキスタンのマハラと法」(『社会体制と法』4 号, 2003 年)。

――「ウズベキスタンにおける行政改革と行政立法」(『社会体制と法』6 号, 2005 年)。

――「行政法整備支援の経験からみた比較法の課題（小特集 法整備支援からみた新比較行政法学の展開)」(『法律時報』82 巻 12 号, 2010 年)。

小森田秋夫「『社会体制と法』の観点から （比較法学創立 50 周年記念シンポジウム『法整備支援』と比較法学の課題)」(『比較法研究』62 号, 2000 年)。

――「体制転換と司法改革――ポスト社会主義ポーランドの文脈」(『社会体制と法』2 号, 2001 年)。

斉藤善久「ベトナムに見る労働市場のグローバル化と関係法制の現状」(『社会体制と法』10 号, 2009 年)。

酒井享平「中国 経済法・企業法整備プロジェクト独占禁止法立法支援研究会に参加して」(『公正取引』661 号, 2005 年)。

榊原一夫「日本の法整備支援 （比較法学創立 50 周年記念シンポジウム『法整備支援』と比較法学の課題)」(『比較法研究』62 号, 2000 年)。

榊原信次「裁判官と法整備支援」(『慶應法学』6 号，2006 年)。

――「『法と開発』フォーラム　裁判官と法整備支援」(『慶應法学』6 号，2006 年)。

坂野一生「カンボジアにおける『法の支配』の現状と課題――法制度整備支援の取組みから」(㈶アジア・太平洋人権情報センター『アジア・太平洋人権レビュー 2005』現代人文社)。

佐々木雄太「大学による国際協力の一例としてのアジア法整備支援（特集 法整備支援の新たな動き――顔の見える国際協力)」(『法律のひろば』54 巻 10 号，2001 年)。

佐藤岩夫「法の構築――趣旨説明と基調報告（シンポジウム・法の構築)」(『法社会学』58 号，2003 年)。

佐藤恵太「ベトナム社会主義共和国における知的財産法制の発展と日本の支援」(相澤英孝他編『知的財産法の理論と現代的課題』弘文堂)。

佐藤直史「法整備支援実施機関の近年の取組みと法律家（法整備支援専門家）の役割（特集 法整備支援の課題)」(『法律時報』82 巻 1 号［通巻 1017 号］，2010 年)。

佐藤創「法と経済発展について　所有権と経済成長に関する諸学説の再検討」(『国際開発研究フォーラム』34 号，2007 年)。

――「『法と開発』研究と開発経済学の交差点――学際的研究の方向性は？（特集『法と開発』研究――途上国問題への新たな学問的貢献)」(『アジ研ワールド・トレンド』13 巻 8 号，2007 年)。

佐藤安信「法制度整備への国際協力の動向」(『アジ研ワールド・トレンド』50 号，1999 年)。

――「コメント 国際機関による法整備支援と日本の役割（比較法学創立 50 周年記念シンポジウム 『法整備支援』と比較法学の課題)」(『比較法研究』62 号，2000 年)。

――「『法の支配』のジレンマ――カンボジアの法整備支援の課題と展望（特集 法整備支援の課題)」(『法律時報』82 巻 1 号［通巻 1017 号］，2010 年)。

柴田紀子「法整備支援に学ぶ――外から見直した日本の法制度 (4) プノンペンから」(『法曹』671 号，2006 年)。

――「法整備支援に学ぶ――外から見直した日本の法制度 プノンペンから」(『研修』705 号，2007 年)。

――「みんけんプラザ 法整備支援に学ぶ――外から見直した日本の法制度 プノンペンから」(『みんけん』601 号，2007 年)。

――「法整備支援の中の日本――ひとりの法律家として（特集 美しい国，日本が誇る国際協力の現場で活躍する日本人)」(『外交フォーラム』227 号，2007 年)。

――「カンボジア裁判官・検察官養成支援（特集 アジアにおける法整備支援と日本の役割――カンボジアにおける法整備支援)」(『ジュリスト』1358 号，2008 年)。

――「法整備支援だより――カンボジアでの 771 日間を振り返って」(『みんけん』620 号，2008 年)。

——「カンボジアの法の夜明け——キムセンへの手紙」(『法律のひろば』2009年4月から2010年12月で11回)。

島田弦「インドネシアにおける植民地支配と『近代経験』——インドネシア国家原理とアダット法研究」(『社会体制と法』6号, 2005年)。

——「インドネシア・アダット法研究における一九世紀オランダ法学の影響——ファン・フォレンホーフェンのアダット法研究に関する考察」(『国際開発研究フォーラム』38号, 2009年)。

杉浦一孝「社会主義法部会　中央アジア諸国の司法改革とその課題について——ウズベキスタンとカザフスタンを対象として」(『比較法研究』63号, 2001年)。

——「中央アジア諸国における裁判の独立の実態とその基本的特徴——ウズベキスタンおよびカザフスタンを例として」(『社会体制と法』8号, 2007年)。

砂原美佳「スウェーデン開発協力政策の理念と評価システム——ベトナム法整備支援を事例として」(『国際開発研究フォーラム』30号, 2005年)。

関根澄子「法整備支援に学ぶ——外から見直した日本の法制度 (1)　インドシナ三国の判決書雑感」(『法曹』668号, 2006年)。

——「法整備支援に学ぶ——外から見直した日本の法制度 インドシナ3国の判決書雑感」(『研修』704号, 2007年)。

——「みんけんプラザ 法整備支援に学ぶ——外から見直した日本の法制度　インドシナ3国の判決書雑感」(『みんけん』600号, 2007年)。

——「法整備支援の現場から カンボジア・ベトナムにおける裁判実務の改善に向けて」(『慶應法学』8号, 2007年)。

染田惠「ヴィエトナムへの更生保護に係る法整備支援と同国の社会内処遇制度」(『刑政』111巻7号 [通巻1295号], 2000年)。

——・横地環「ヴィエトナムに対する更生保護に係る法整備支援について」(『研修』621号, 2000年)。

田内正宏「法整備支援の新しい課題」(『法の支配』135号, 2004年)。

高橋実枝「ベトナムにおける日本の法整備支援に関する一考察——妥当な評価基準構築を目指して」(『国際関係論研究』25号, 2006年)。

竹内努「最高裁と法整備支援——現地報告を兼ねて (特集 法整備支援の新たな動き——顔の見える国際協力)」(『法律のひろば』54巻10号, 2001年)。

竹内真由美「法整備支援活動における通訳翻訳」(津田守編『法務通訳翻訳という仕事』大阪大学出版会, 2008年)。

竹下守夫「法整備支援の現状と課題——カンボディア民事訴訟法典起草支援の経験を踏まえて」(『比較法文化 (駿河台大学比較法研究所紀要)』12号, 2003年)。

——「カンボディア民訴法典起草支援と法整備支援の今後の課題」(『法の支配』129号, 2003年)。

——「法整備支援の理念と課題」(『みんけん』596号, 2006年)。

——「特別寄稿 法整備支援の理念と課題」(『研修』702号, 2006年)。

田中嘉寿子「各国の司法制度改革への取組みと法整備支援（4～5）フィリピンと日本の法制度の比較（上・下）」（『法律のひろば』55 巻 12 号-56 巻 1 号，2002-2003 年）。

――「法整備支援に学ぶ――外から見直した日本の法制度（7）インドネシア和解・調停制度強化支援プロジェクトの開始」（『法曹』674 号，2006 年）。

――「法整備支援に学ぶ――外から見直した日本の法制度　インドネシア和解・調停制度強化支援プロジェクトの開始」（『研修』708 号，2007 年）。

――「みんけんプラザ 法整備支援に学ぶ――外から見直した日本の法制度 インドネシア和解・調停制度強化支援プロジェクトの開始」（『みんけん』605 号，2007 年）。

――「明治初期（1868-1912）における商法起草過程を例とした自立的法整備について」（『慶應法学』8 号，2007 年）。

田邊正紀「モンゴル法整備支援活動報告（特集 1 日弁連の国際司法支援活動）」（『自由と正義』55 巻 9 号，2004 年）。

タマナハ，ブライアン・Z.（松尾弘訳）「開発法学の教訓」（『慶應法学』4 号，2006 年）。

千葉和則「雑記帳（315）カンボディアと法整備支援」（『みんけん』529 号，2001 年）。

塚原長秋「ベトナム法整備支援活動報告（特集 1 日弁連の国際司法支援活動）」（『自由と正義』55 巻 9 号，2004 年）。

テイラー，ベロニカ・L.「法制度改革支援の倫理（特集「法と開発」研究――途上国問題への新たな学問的貢献）」（『アジ研ワールド・トレンド』13 巻 8 号，2007 年）。

寺本匡俊「カンボディア国開発パートナー事業『弁護士会司法支援プロジェクト――JICA（国際協力事業団）の立場から』（特集 2 カンボディア司法支援）」（『自由と正義』54 巻 2 号，2003 年）。

寺脇一峰「雑記帳（295）『ホウセイビシエン』て何？」（『みんけん』506 号，1999 年）。

――「法務省の法整備支援事業について」（『法律のひろば』52 巻 12 号，1999 年）。

土井香苗「連載・エリトリア立法体験記」（『法学セミナー』42 巻 11 号-43 巻 6 号，43 巻 8-9 号，1997-98 年）。

――「法整備支援――エリトリアその後」（『法学セミナー』44 巻 9 号，1999 年）。

トゥルーベック，デイヴィッド（杉山直之・松浦好治訳）「開発援助における『法の支配』――過去，現在，そして，未来」（『名古屋大学法政論集』205 号，2004 年）。

――（松尾弘訳）「法の社会理論へ向けて――法と開発研究に関する小論」（『慶應法学』15・16 号，2010 年）。

栃木庄太郎「日本法の押しつけではない平和国家としての知的支援（特集 2 アジア法整備支援）」（『法律文化』11 巻 3 号［通巻 188 号］，1999 年）。

中井愛子「開発支援としての法整備支援をめぐる構造的諸問題——理論的考察」(『法學新報』115巻9・10号，2009年)。

中井憲治「随想 カンボジアの法整備支援のことなど」(『研修』700号，2006年)。

中村真咲「モンゴル土地法における牧地保有権の展開」(『社会体制と法』10号，2009年)。

中村良隆「アメリカ合衆国における『法と開発』の理論と法整備支援の実際」(早稲田大学比較法研究所編『比較法研究の新段階——法の継受と移植の理論（早稲田大学比較法研究所叢書30)』成文堂，2003年)。

西林秀隆「法整備支援だより ようこそ！ 国際協力部へ」(『みんけん』621号，2009年)。

新美育文「『法整備支援』における法概念——民法を中心として（比較法学創立50周年記念シンポジウム『法整備支援』と比較法学の課題)」(『比較法研究』62号，2000年)。

——「ODA＝法整備支援の一斑（1〜37・完）——ベトナムとカンボジアでの経験」(『時の法令』1729，1731，1733，1736，1738，1740，1750号，2005年；1754，1756，1762，1766，1768，1770，1774，1776号，2006年；1778，1780，1782，1784，1786，1792，1796，1800号，2007年；1802，1806，1812，1816，1818，1822号，2008年；1826，1830，1834，1840，1846号，2009年；1850，1854，1858号，2010年)。

野口元郎「アジアの法整備レポート（23） アジア開発銀行（ADB）からの報告——法整備支援における英語による情報発信の重要性」(『法律のひろば』55巻4号，2002年)。

能見善久「カンボジア民法典と売買法（シンポジウム 債務不履行——売買の目的物に瑕疵がある場合における買主の救済)」(『比較法研究』68号，2006年)。

野村豊弘「市場経済化と民法——カンボジア・ベトナムにおける法整備支援」(『東洋文化研究』8号，2006年)。

——・青木清・大村敦志他「座談会 アジアの民法——その比較法的意義と特色（特集 アジアの民法——財産法を中心にして)」(『ジュリスト』1406号，2010年)。

原優「アジアへの立法支援」(『ジュリスト』1126号，1998年)。

林一郎「JICA法整備支援（Legal and Judicial System Development）とカンボジア——帰朝報告」(『熊本法学』98号，2000年)。

林秀弥「アジアにおける競争法の法整備支援」(『公正取引』715号，2010年)。

原田輝彦「ベトナム私法整備の経緯と日本支援の役割——社会的共通資本としての法学の視点から」(『経済経営研究』26巻5号，2006年)。

平石努「インドネシア司法改革支援活動報告（特集1 日弁連の国際司法支援活動)」(『自由と正義』55巻9号，2004年)。

——「ADR支援の意義と課題——インドネシア（特集 法整備支援の課題)」(『法律時報』82巻1号［通巻1017号]，2010年)。

広渡清吾「補論 法整備支援と比較法社会論」同『比較法社会論研究』(日本評論社, 2009 年)。

福田健治「キャロサーズの『法の支配支援』論（特集 法整備支援)」(『Law and practice』2 号, 2008 年)。

法務省法務総合研究所国際協力部「私たちの法整備支援――カンボジアからの報告」(『研修』694-695 号, 2006 年)。

粗信仁・水野光明・田村晃「人材育成が鍵――ベトナム，カンボジアに対する支援の内容（特集 2 アジア法整備支援)」(『法律文化』11 巻 3 号［通巻 188 号］, 1999 年)。

本間（安田）佳子「カンボジア法制度整備支援報告――JICA 専門家としての活動を振り返って（特集 1 日弁連の国際司法支援活動)」(『自由と正義』55 巻 9 号, 2004 年)。

――「法令の外国語訳の必要性――法整備支援の体験から（特集 1 法令の外国語訳整備にむけて)」(『ジュリスト』1284 号, 2005 年)。

――「講演録 カンボジア法制度整備支援報告」(『女性法律家協会会報』43 号, 2005 年)。

――「カンボジアにおける法整備と法の支配（渥美東洋先生退職記念論文集)」(『法學新報』112 巻 1・2 号, 2005 年)。

――「カンボジア法制度整備支援と日本の法律家の役割」(『中央ロー・ジャーナル』2 巻 4 号, 2006 年)。

――「法律起草後の課題――カンボジア（特集 法整備支援の課題)」(『法律時報』82 巻 1 号［通巻 1017 号］, 2010 年)。

松浦好治「日本法令・判例の翻訳と日本法の透明化」(『ジュリスト』1394 号, 2010 年)

松尾弘「善良な政府と法の支配（1〜3・完）――法と開発研究の展開と法学の課題再考」(『横浜国際経済法学』7 巻 2 号, 8 巻 1-2 号 1999 年)。

――「開発法学と法整備支援の理論化」(『横浜国際経済法学』11 巻 1 号, 2002 年)。

――「開発と『良い政府』――開発法学への『良い政府』・『良い統治』論の寄与」(『法社会学』56 号, 2002 年)。

――「グローバル・ガバナンスと法整備支援――法整備支援の目的は何か」(石川明編集代表『国際経済法と地域協力（櫻井雅夫先生古稀記念論集)』信山社出版, 2004 年)。

――「『法と開発研究』とは何か」(『社会体制と法』5 号, 2004 年)。

――「国際開発援助と『法の支配』（特集『法の支配』の現代的位相)」(『社會科學研究』56 巻 5・6 号, 2005 年)。

――「『法の支配』概念の柔軟化とアジア法の分析視角――『法の支配』の重層性・段階性・動態性の観点から」(アジア法学会編『アジア法研究の新たな地平』成文堂, 2006 年)。

――「法整備支援における民法典整備の意義と課題」(『慶應法学』4号, 2006年)。

――「『法と開発』(law and development) への法科大学院の取組み」(『慶應法学』5号, 2006年)。

――「ロー・クラス 開発法学への招待 (1～24・完) 『法と開発』(Law and Development) の理論と実践」(『法学セミナー』51巻10号-53巻9号 [通巻622-645号], 2006-2008年)。

――「日本発『開発法学』の理論構築の試み (特集「法と開発」研究――途上国問題への新たな学問的貢献)」(『アジ研ワールド・トレンド』13巻8号, 2007年)。

――「開発法学の根本問題――法の支配と良い統治の関係を中心に (特集 法整備支援)」(『Law and practice』2号, 2008年)。

――「『法の支配』をめぐる国際的動向と『法の支配ユビキタス世界』への展望――国連総会およびNGOの動きを中心に」(『慶應法学』12号, 2009年)。

――「ロー・ジャーナル 『法の支配ユビキタス世界』への国際的トレンド」(『法学セミナー』54巻2号 [通巻350号], 2009年)。

――「『良い統治』は法整備支援の目標たりうるか? その内在的ジレンマを解く鍵のありか (特集 法整備支援の課題)」(『法律時報』82巻1号 [通巻1017号], 2010年)。

松下淳一「法整備支援のあり方について――カンボディア王国民事訴訟法案起草支援作業の経験から」(塩川伸明・中谷和弘編『国際化と法 (法の再構築2)』東京大学出版会, 2007年)。

松嶋希会「グローバリゼーションと経済法改革――経済体制移行国の倒産法について」『社会体制と法』10号, 2009年)。

――「移行経済国に対する支援――ウズベキスタン・中央アジア諸国 (特集 法整備支援の課題)」(『法律時報』82巻1号 [通巻1017号], 2010年)。

松本恒雄「インドシナ諸国における民法典の整備と開発――民事法整備支援への参加を通じて感じたこと」(『一橋法学』1巻2号, 2002年)。

――「モンゴルにおける土地法・土地私有化法と民法の不整合性――遊牧社会の市場経済化と土地法制の動向 (ミニ・シンポジウム 旧 (現) 社会主義国における土地所有制度改革の比較研究)」(『比較法研究』67号, 2005年)。

――「民法からのコメント――日独以外の視点及び法整備支援から見た日本にとってのドイツ民法学 (特集 日本にとってのドイツ法学とは? (2) 民事法の場合)」(『民商法雑誌』132巻6号, 2005年)。

――「体制移行国における市場経済化と土地所有権――モンゴルの場合」(『海外投融資』15巻2号, 2006年)。

丸山毅「各国の司法制度改革への取組みと法整備支援 (8～9) ――ウズベキスタンの司法事情 (上・下)」(『法律のひろば』56巻4-5号, 2003年)。

――「法務省法務総合研究所による法整備支援への取組み」(『慶應法学』5号, 2006年)。

三ヶ月章「法律分野での国際協力――財団法人国際民商事法センター設立によせて」(『みんけん』472号，1996年)。

――「日本の法とアジア諸国の法――21世紀に向けて（福岡大学法学部40周年記念講演)」(『福岡大学法学論叢』44巻2号，1999年)。

――「アジア諸国の法整備に対する支援と協力――一法学者による若干の感想と展望(特集 法整備支援の新たな動き――顔の見える国際協力)」(『法律のひろば』54巻10号，2001年)。

――「アジア諸国に対する法整備のための支援と協力――現状と若干の感想ならびに展望（特集 法整備に関する国際支援)」(『罪と罰』38巻4号，2001年)。

――「巻頭言 日本法律家協会の対外活動をめぐる新たな展開」(『法の支配』128号，2003年)。

三澤あずみ「『法と開発』フォーラム カンボジアにおける法整備支援の概要」(『慶應法学』5号，2006年)。

――・関根澄子・柴田紀子他「座談会 私たちの法整備支援（上・下）――カンボジアからの報告」(『法曹』666-667号，2006年)。

身玉山宗三郎「日本による法整備支援における通訳・翻訳についての小論――誤訳を避けつつ誤解を恐れず」(『六甲台論集（国際協力研究編)』11号，2010年)。

蓑輪靖博「発展途上国に対する法律整備支援について（一)～(三)――ADBの対モンゴル支援を題材として」(『九州産業大学商経論叢』40巻2-4号，1999-2000年)。

宮坂富之助「経済のグローバル化の中での『アジア法』研究のあり方を展望する」(早稲田大学比較法研究所編『比較法研究の新段階――法の継受と移植の理論(早稲田大学比較法研究所叢書30)』成文堂，2003年)。

宮崎朋紀「法整備支援の現場から――カンボジアにおける法曹養成，ベトナムにおける裁判実務改善について」(『慶應法学』13号，2009年)。

武藤司郎「JICAによるベトナム法整備支援の理念（比較法学創立50周年記念シンポジウム 『法整備支援』と比較法学の課題)」(『比較法研究』62号，2000年)。

――「ベトナム法整備支援に参加して」(『海運』通巻874号，2000年)。

――「ひと筆 ベトナム法整備支援に参加して」(『自由と正義』51巻3号，2000年)。

――「ベトナムにおける法の受容と展開――民法等の財産法と法整備支援との関連を中心にして（第3回国際シンポジウム『東アジアにおける法の受容と展開』)」(『ジュリスコンサルタス』10号，2001年)。

――「ベトナムの体制移行と法制度の変遷――ベトナム民法とその関連法令を例にとって」(『社会体制と法』4号，2003年)。

――「日本の法整備支援の実情――JICAによるベトナム法整備支援の実情を中心にして」(早稲田大学比較法研究所編『比較法研究の新段階 ――法の継受と移植の理論（早稲田大学比較法研究所叢書30)』成文堂，2003年)。

棟居快行「アフガン憲法の旅――『憲法支援』日誌（1)～(4)」(『書斎の窓』527-530号，2003年)。

森嶌昭夫「ベトナムにおける法整備とわが国法律家の役割」(『自由と正義』47巻7号, 1996年)。

――「ベトナムに対するわが国の法整備支援」(『書斎の窓』464号, 1997年)。

――「ベトナム民事法制整備の現状と今後の展望（特集 中国・東南アジアにおける金融取引と債務管理)」(『旬刊金融法務事情』45巻16号［通巻1486号], 1997年)。

――「記念講演『法整備支援』と日本の法律学（比較法学創立50周年記念シンポジウム 『法整備支援』と比較法学の課題)」(『比較法研究』62号, 2000年)。

――「法整備支援の理念とその課題（特集 法整備支援の新たな動き――顔の見える国際協力)」(『法律のひろば』54巻10号, 2001年)。

森永太郎「あなたの知らない法総研――国際協力部だより ベトナム法整備支援の現場から」(『研修』678号, 2004年)。

――「各分野で活躍する検察職員――ベトナム法整備支援雑記」(『研修』688号, 2005年)。

――「法整備支援に学ぶ――外から見直した日本の法制度 (5) ベトナム国家大学ハノイ校日本法講座」(『法曹』672号, 2006年)。

――「法整備支援に学ぶ――外から見直した日本の法制度 ベトナム国家大学ハノイ校日本法講座」(『研修』706号, 2007年)。

――「みんけんプラザ 法整備支援に学ぶ――外から見直した日本の法制度 ベトナム国家大学ハノイ校日本法講座」(『みんけん』602号, 2007年)。

――「インドシナ法整備支援雑感――ラオス新プロジェクト始動」(『法の支配』159号, 2010年)。

安田信之「東アジア法の現状と日本の法整備支援の課題（特集2 アジア法整備支援)」(『法律文化』11巻3号［通巻188号], 1999年)。

――「法制度の国際的均質化と途上国・移行国 開発法学の視点から」(西川潤・高橋基樹・山下彰一編『国際開発とグローバリゼーション』日本評論社, 2006年)。

――「アジア法研究の四十年――アジア法から開発法学へ」(『国際開発研究フォーラム』34号［安田信之教授退職記念号], 2007年)。

――「アジア法研究の方法と開発法学――3つの法理・社会・開発と法の3層構造」(早稲田大学比較法研究所編『比較と歴史のなかの日本法学――比較法学への日本からの発信（早稲田大学比較法研究所叢書34)』成文堂, 2008年)。

――「アジア法, 開発法学と法の三層構造――いくつかの批判にこたえる」(角田猛之・石田慎一郎編『グローバル世界の法文化――法学・人類学からのアプローチ』福村出版, 2009年)。

柳原克哉「アジアの法整備レポート (14) ――法整備支援とヴィエトナム」(『法律のひろば』54巻7号, 2001年)。

――「各国の司法制度改革への取組みと法整備支援（12～13・完）――ベトナムの司法事情（上, 下)」(『法律のひろば』56巻8-9号, 2003年)。

矢吹公敏「国際司法支援と弁護士会——カンボディア司法支援研修を例として」(『自由と正義』47 巻 12 号，1996 年)。

——「国際司法支援と弁護士（特集 これからの司法と弁護士 (3) 国際化の中の弁護士)」(『自由と正義』50 巻 10 号，1999 年)。

——「日弁連における法整備支援（特集 法整備支援の新たな動き——顔の見える国際協力)」(『法律のひろば』54 巻 10 号，2001 年)。

——「『カンボディア王国弁護士会司法支援プロジェクト』報告（特集 2 カンボディア司法支援)」(『自由と正義』54 巻 2 号，2003 年)。

——「日弁連における法整備支援」(『慶應法学』5 号，2006 年)。

——「日本弁護士連合会と国際司法支援活動（特集 アジアにおける法整備支援と日本の役割——法整備支援の現状)」(『ジュリスト』1358 号，2008 年)。

——・桜木和代・山田洋一「国際的司法支援の様々なかたち——カンボディアで汗を流した弁護士たち」(『自由と正義』50 巻 8 号，1999 年)。

——・鈴木多恵子「アジアにおける司法アクセスの現状と日弁連の役割——アジア司法アクセス・クアラルンプール会議報告」(『自由と正義』60 巻 3 号，2009 年)。

山下輝年「紹介 ラオスで感じたこと」(『研修』631 号，2001 年)。

——「法整備支援への誘い（特集 法整備に関する国際支援)」(『罪と罰』38 巻 4 号，2001 年)。

——「各国の司法制度改革への取組みと法整備支援（2〜3）——何処へ行くインドネシア司法（上・下)」(『法律のひろば』55 巻 10-11 号，2002 年)。

——「インドネシア民事訴訟手続の実情」(『国際商事法務』32 巻 3 号，2004 年)。

——「あなたの知らない法総研——国際協力部だより アジアへ流す汗と知恵」(『研修』670 号，2004 年)。

——「日本の法令を英語に——標準対訳辞書改訂と法令翻訳」(『法の苑』47 号，2007 年)。

——「法令外国語訳整備の現状と今後——標準対訳辞書改訂と法令翻訳」(『旬刊金融法務事情』55 巻 15 号，2007 年)。

——「法令外国語訳整備の現状について——充実しつつある翻訳整備計画」(『エヌ・ビー・エル』880 号，2008 年)。

——「法整備支援がもたらすもの （特集 法整備支援の課題)」(『法律時報』82 巻 1 号［通巻 1017 号]，2010 年)。

山田卓生「開発と法——開発途上国の法の研究のために」(『横浜国際経済法学』10 巻 2 号，2001 年)。

山田美和「貧困の法学——開発援助における『法と貧困』(特集『貧困』で学ぶ開発——諸学の協働)」(『アジ研ワールド・トレンド』11 巻 6 号，2005 年)。

——「『法』と『開発』の関係——法制度改革支援は正当化されるのか（特集 『法と開発』研究——途上国問題への新たな学問的貢献)」(『アジ研ワールド・トレンド』13 巻 8 号，2007 年)。

――「書評 香川孝三・金子由芳編著『法整備支援論――制度構築の国際協力入門』」(『アジア経済』49 巻 7 号，2008 年)。

山田洋一「『法と発展との関係』再考――法整備支援の正当化根拠としての効率性 (efficiency) の意義」(早稲田大学比較法研究所編『比較法研究の新段階――法の継受と移植の理論 (早稲田大学比較法研究所叢書 30)』成文堂，2003 年)。

楊東「東アジア法制調和と日本の対中法整備支援プロジェクト (中国法から見た日本法の透明化 特定領域研究『日本法の透明化』国際民事訴訟法班・国際金融法班合同シンポジウム)」(『阪大法学』59 巻 5 号，2010 年)。

四本健二「アジア情勢 カンボジア国民議会総選挙と法制度整備」(『法学セミナー』44 巻 3 号，1999 年)。

――「カンボジアにおける社会問題と法――トラフィッキング取締法制の展開を中心に」(天川直子編『カンボジア新時代』アジア経済研究所，2004 年)。

労働政策研究・研修機構編「労働分野の国際援助動向及びわが国の援助の在り方に関する調査研究報告」(『労働政策研究報告書』58 号，2006 年)。

この他に，法務省法務総合研究所国際協力部が発行する『ICD NEWS (法務省法務総合研究所国際協力部報)』にも，法整備支援にかんする重要な記事が頻繁に掲載される。同誌に掲載された論文は，国際協力部のウェブサイト (http://www.moj.go.jp/housouken/houso_icd.html) から PDF 形式でダウンロードすることができる。

CALE News 各号
(http://cale.law.nagoya-u.ac.jp/research_and_projects/calenews.html)